- 2015年国家社科基金重大项目"提升中国政治话语体系的国际影响力研究"子课题"海外华人对中国政治话语的认知与传播"阶段性成果
- 广东省重点研究基地项目"海外华人传媒与华人文化的建构"成果

海外华文报纸的本土化与传播全球化

彭伟步 著

·广州·

版权所有　翻印必究

图书在版编目（CIP）数据

海外华文报纸的本土化与传播全球化/彭伟步著. —广州：中山大学出版社，2015.8

ISBN 978-7-306-05370-1

Ⅰ. ①海… Ⅱ. ①彭… Ⅲ. ①中文—报纸—研究—世界 Ⅳ. ①G219.1

中国版本图书馆 CIP 数据核字（2015）第 169570 号

出 版 人：徐　劲
策划编辑：翁慧怡
责任编辑：翁慧怡
封面设计：林绵华
责任校对：刘丽丽
责任技编：何雅涛
出版发行：中山大学出版社
电　　话：编辑部 020-84111996，84113349，84111997，84110779
　　　　　发行部 020-84111998，84111981，84111160
地　　址：广州市新港西路135号
邮　　编：510275　　　传　真：020-84036565
网　　址：http://www.zsup.com.cn　E-mail：zdcbs@mail.sysu.edu.cn
印 刷 者：广东省农垦总局印刷厂
规　　格：787mm×960mm　1/16　15.25 印张　280 千字
版次印次：2015 年 8 月第 1 版　2015 年 8 月第 1 次印刷
定　　价：38.00 元

如发现本书因印装质量影响阅读，请与出版社发行部联系调换

目　录

绪论 ……………………………………………………………… (1)
　第一节　研究综述 …………………………………………… (1)
　第二节　研究意义 …………………………………………… (11)
　第三节　理论框架 …………………………………………… (14)
　第四节　研究方法 …………………………………………… (15)
　第五节　创新和突破 ………………………………………… (17)

第一章　海外华文报纸本土化与全球化问题的提出 …………… (19)
　第一节　全球化理论的起源与发展过程 …………………… (19)
　第二节　大众传媒本土化与全球化 ………………………… (29)
　第三节　海外华文报纸的本土化与全球化发展和历史使命 … (35)
　第四节　小结 ………………………………………………… (41)

第二章　海外华文报纸历史与现状 ……………………………… (42)
　第一节　海外华文报纸历史概况 …………………………… (42)
　第二节　海外华文报纸现状 ………………………………… (45)
　第三节　海外华文报纸与当地主流社会的关系 …………… (48)
　第四节　小结 ………………………………………………… (52)

第三章　海外华文报纸本土化现象解析 ………………………… (54)
　第一节　社区化传播满足移民的信息需求和情感寄托 …… (55)
　第二节　族群和文化认同的想象共同体构建和情感寄托 … (65)
　第三节　基于本土化的传播全球化进程 …………………… (77)
　第四节　小结 ………………………………………………… (83)

第四章　海外华文报纸全球化的图景 …………………………… (85)
　第一节　移民变迁与报纸内容变化 ………………………… (85)

第二节　移民资本积累与报纸融资 …………………………（100）
　　第三节　传播技术发展与办报模式变革 ……………………（104）
　　第四节　小结 …………………………………………………（111）

第五章　扩大海外华文报纸影响力的全球化路径 ………………（114）
　　第一节　海外华文报纸影响力分析 …………………………（114）
　　第二节　增强报纸影响力的必然举措 ………………………（135）
　　第三节　提高报纸经营管理水平的重要手段 ………………（155）
　　第四节　提升报纸本土化层次的主要目的 …………………（159）
　　第五节　全球化的困难、机遇与策略 ………………………（165）
　　第六节　小结 …………………………………………………（189）

第六章　总结、结论与启示：一个少数族群传媒发展的视角 …（193）
　　第一节　总结：海外华文报纸本土化与全球化的呈现方式 ……（193）
　　第二节　结论：本土化与全球化是海外华文报纸的历史和现实
　　　　　　选择 …………………………………………………（203）
　　第三节　启示：全球化背景下对少数族群传媒的思考 ……（209）
　　第四节　研究延伸：少数族群传媒的理论建构 ……………（220）

参考文献 ……………………………………………………………（227）

出版感言 ……………………………………………………………（236）

绪　　论

我国海外华文报纸研究始于20世纪80年代。随着中国经济迅速发展，以及大量中国移民移居海外，作为移民文化和现象的重要组成部分，海外华文报纸研究逐渐受到世人的关注。许多研究海外华人华侨的研究者开始涉足于此领域。迈入21世纪，随着中国进一步强大和国际形势的变化，以及海外华人实力的强大，海外华文报纸的研究进入一个新的发展阶段，特别是随着全球化的进一步深入和时空的拓展，海外华文报纸全球化的研究逐渐引起学术界和业界的关注。本书正是在海外华文报纸不断壮大的现实情况下，展开对它们的研究的。

第一节　研究综述

华人华侨研究的三大支柱——华文教育、华文传媒、华人社团，伴随着中国的迅速发展，已经成为世界性的研究课题。研究者纷纷从学理上探讨各种促使中国社会发展和经济建设的因素，以及海外华人族群和文化认同的成因。比如说，他们从政治、文化上去研究中国经济和社会何以得到迅速发展的原因，探讨华人的文化性和族群性。他们对海外华人一落地就焕发出巨大的生命力和创造力，以及对他们强烈的文化寻根意识、祖籍观念和建设家乡的情结相当惊奇，并展开多角度的研究。

在有关华人的研究中，华人与华侨、华文与中文、海内与海外的概念一直受到研究者的重视，笔者根据多年对它们的研究，认为华人与华侨最大的区别就是国籍问题。华人是具有中国人血统，但没有中国国籍的外国人，而华侨不但有中国人血统，而且还保留中国国籍。随着华侨身份的转变和老华侨的逝去，华侨的数量越来越少。现在，许多研究者为了研究的方便，将具有华人血统的华侨、华人、留学生、中国外出经商人员等泛称为华人。本书所指的华人，就是采用泛指的华人概念。

华文与中文本质上没有太大的差异，但是在海外，由于华文受到当地语言的影响，加入了一些当地词语，这样对华文的使用和表达，就与中文产生了一些差别。在海外，许多中文报纸由于使用和借鉴了当地词语，因此，不了解该地文化和词语的读者在阅读该报纸时常常受此困扰。为了尊重在海外注册、创刊、出版、发行的华文报纸地域性等现实，在海外大部分使用中文编辑出版，但夹杂当地语言转化而来的词语的报纸，学术界把它们统称为华文报纸。

关于"海内""海外"，现代汉语词典对其有如下定义。"海内"的定义为"古人认为我国疆土四面环海，因此称国境以内为海内"[①]，"海外"的定义为"国外"[②]。澳门、香港、台湾自古以来都属于中国，不属于海外。因此，海外华文报纸可定义为，把华文作为传播语言，在海外登记、出版、发行的报纸。澳门、香港、台湾印刷、出版的报纸空运到海外就不能归类为海外华文报纸，但是如果它们在海外开设分版，并且在海外印刷、出版，本土的色彩比较浓，就可称之为海外华文报纸，如香港《明报》在美国创刊、出版，《明报》的美国版就称为海外华文报纸。同理，中国内地许多报纸也在海外发行，但是它们没有在当地登记、出版，就不能说是海外华文报纸，如《人民日报·海外版》等。一些国家和主流媒体鉴于境内生活着大量华人的事实，为加强与华人的沟通，也创办了以华文为载体的报纸。由于它们是在海外创刊、出版、发行，我们也把它们列入海外华文报纸的行列。由此可见，海外华文报纸的构成比较复杂。

100多年前，海外华文报纸就在东南亚诞生，且又随着大量华人移居海外得到了迅速发展，并在海外传播中华文化，承担了族群和文化认同的责任，因此受到学术界的重视。

对于学术界对海外华文报纸的研究，王士谷先生在《华人华侨百科全书·新闻卷》中说，大致有三种研究者。

一是在华文报纸工作的报人。他们以亲身经历为基础记述历史、总结经验，写得有血有肉、生动感人。许多报纸的报庆纪念刊，不仅记录了本身的历史，也有关于本地其他华文报刊的论述文字和相关资料，有重要的史料价值。

[①] 中国社会科学院语言研究所词典编辑室：《现代汉语词典》，商务印书馆2002年增补本，第491页。

[②] 中国社会科学院语言研究所词典编辑室：《现代汉语词典》，商务印书馆2002年增补本，第492页。

还有的报人不仅根据亲身经历写回忆录和有关报史,也搜集其他资料,就某一地区或某一专题的研究所得写成专著。

二是海外各国华人学者。他们广泛收集第一手资料,不辞劳苦到图书馆查阅报刊原件,以科学方法进行学术研究,研究成果更显理性和系统性。其中,国别华文报刊史的研究成果最为突出。新加坡、马来西亚、泰国、菲律宾、印度尼西亚、柬埔寨、美国、法国等一些国家,都有海外学者撰写的关于各国华文报刊历史和现状的多篇论文,有的国家甚至有专著出版。研究者对大多数日报和部分期刊、杂志的基本情况,都有归纳和记载。一些海外学者就所在国的华文报刊进行个案研究,并采用田野调查的研究方法,努力获取第一手材料,以实现研究的科学性和客观性,做法令人敬佩。

三是中国有关机构和学者。中国是海外华文报刊的故乡,有广阔的视野,并和海外有着千丝万缕的联系,有关成果特别是那些涉及全局和反映深层次情况的资料,是那些海外学者难以得到的。

我国对海外华文媒体的研究,始自20世纪80年代,以华文报纸的研究为突破点,在21世纪得到了相当迅速的发展。中国新闻社自2001年每隔两年举办"世界华文媒体研讨会",邀请所有的海外华文媒体的负责人相聚一堂,共同探讨华文媒体的发展,对促进海外华文媒体的发展起到了推动作用。在所有有关海外华文媒体的研究著作中,王士谷先生主编的《华人华侨百科全书·新闻卷》相当详尽地论述了海外华文媒体的历史和现状,介绍了各种海外华文媒体的发展历史、宗旨、传播内容、刊期、版面等,为我国的海外华文媒体研究做出了相当重要的贡献。中国新闻社属下的世界华文媒体年鉴社,2003年开始每隔两年编纂《世界海外华文传媒年鉴》,介绍最新海外华文媒体的研究状况,向读者提供相当翔实的各种海外华文媒体的现状,为我们了解海外华文媒体最新的状况提供了极好的窗口。

笔者统计了国内外研究海外华文媒体的学者以及其出版的著作,发现新加坡和马来西亚仍然是海外华文媒体研究的"重镇",但是国内对海外华文媒体的研究也逐渐增多。具体的海外华文研究专著见表1。

表1 有关海外华文报纸研究的代表著作

作　者	书　名	出　版　单　位	出版时间
冯爱群	华侨报业史	学生书局（台湾）	1967年
陈蒙鹤（音译）Chen Mong Hock	*The Early Chinese Newspapers of Singapore* 1881—1912	University of Malaya Press (Singapore)	1967年
何舒敏（新加坡）	新加坡最早的华文日报——《叻报》（1881—1923）	南洋学报（新加坡）	1978年
王慷鼎（新加坡）	战后初期的新加坡华文报刊（1945—1948）	新加坡国立大学（新加坡）	1982年
王慷鼎（新加坡）	《中南日报》研究	新加坡国立大学（新加坡）	1983年
王慷鼎（新加坡）	郁达夫研究论集	新加坡同安会馆（新加坡）	1987年
王慷鼎（新加坡）	新加坡华文报刊史论集	新社（新加坡）	1987年
王慷鼎（新加坡）	新加坡华文日报社论的沿革	新加坡国立大学（新加坡）	1989年
方积根、胡文英	海外华文报刊的历史与现状	新华出版社（北京）	1989年
杨力	海外华文报业研究	燕山出版社（北京）	1990年
崔贵强（新加坡）	新马华人国家认同的转向1945—1959	南洋学会（新加坡）	1990年
崔贵强（新加坡）	新加坡华文报刊与报人	海天文化企业（新加坡）	1993年
王慷鼎（新加坡）	新加坡华文报刊史研究的回顾与前瞻	新加坡国立大学（新加坡）	1994年
朱自存（马来西亚）	纵观华报五十年，马来西亚华文报纸发展实况	马来西亚东方企业有限公司（马来西亚）	1994年
王慷鼎（新加坡）	新加坡华文日报社论研究1945—1959	新加坡国立大学（新加坡）	1995年

续表1

作　者	书　名	出　版　单　位	出版时间
王慷鼎（新加坡）	《槟城新报》政论编目索引	新加坡国立大学（新加坡）	1996年
杨力	启迪与借鉴：新加坡华文报业的源与流	福建省海外交流协会（福州）	1996年
叶观仕	马新新闻史	马来西亚韩江学院（马来西亚）	1996年
吴庆裳	新加坡华文报业与中国	上海社会科学院出版社（上海）	1997年
王士谷	海外华文新闻史研究	新华出版社（北京）	1998年
王士谷	华人华侨百科全书新闻卷	中国华侨出版社	1999年
刘子政	砂劳越华文报业史	马来西亚砂劳越华族文化协会出版（马来西亚）	2000年
程曼丽	海外华文媒体研究	新华出版社（北京）	2001年
林德顺等	报殇——南洋报业沦陷评论集	马来西亚飞脚制作室（马来西亚）	2001年
卓南生（新加坡）	中国近代报业发展史	中国社会科学出版社（北京）	2002年
崔贵强（新加坡）	东南亚华文日报现状之研究	南洋华裔馆（新加坡）	2002年
徐艰奋（新加坡）	铁笔春秋：马来亚《益群报》风云录	新社（新加坡）	2003年
彭伟步	东南亚华文报纸研究	社会科学文献出版社（北京）	2005年
段跃中	日本华文传媒研究	北溟社（日本）	2003年
古玉梁	我在南洋133天	马来西亚大众科技出版有限公司（马来西亚）	2006年
赵振祥	菲律宾华文报史稿	世界知识出版社（北京）	2006年

续表1

作　者	书　名	出 版 单 位	出版时间
彭伟步	海外华文传媒概论	暨南大学出版社（广州）	2007年
彭伟步	《星洲日报》研究	复旦大学出版社（上海）	2008年
彭伟步	少数族群传媒的文化记忆与族性书写——星洲日报文艺副刊不同时期对华人的身份建构	暨南大学出版社（广州）	2012年

从研究的著作来，有关东南亚研究著作占了大多数。33部著作中有23部研究东南亚华文报纸，说明东南亚华文传媒特别是华文报纸研究仍是海外华文传媒研究的主要领域。不过，日本华人学者段跃中针对在日华文传媒的现状与特点，出版了《日本华文传媒研究》一书，打开了东南亚地区之外对华文传媒研究的窗口。

在众多有关海外华文报纸的研究中，陈蒙鹤（音译，Chen Mong Hock）所撰写的《早期新加坡华文报纸1881—1912》（*The Early Chinese Newspapers of Singapore* 1881—1912）是一本以英文写成的专著，记录了1881—1912年新加坡华文报纸的特点与传播功能。虽然此书属综述性质，但由于用英文撰写，因此可为西方了解早期新加坡华人社会提供相当珍贵的学术资料，也有助于文化交流。王慷鼎和崔贵强是多年从事此方面研究的新加坡学者。他们著述丰硕，出版了比较多有关新加坡华文报刊研究的著作，不仅为后人提供了丰富的研究资料，而且也为后人的研究提供了许多独到的视角。卓南生出版的《中国近代报业发展史》一书，通过对早期华文报刊的考证，以翔实和可信的资料，论述了《察世俗每月统记传》等早期华文报刊的报样、版面、特点与内容，是早期海外华文报刊研究的比较权威的书籍。不过，客观而言，上述大多数研究著作的理论色彩较淡，只是针对华文报纸的特点与功能进行挖掘，缺乏理论的归纳与总结。

北京大学程曼丽教授2001年出版的《海外华文媒体研究》全面深入地论述了各个时期海外华文媒体的发展历史，对每个时期的华文媒体进行总结，并对其作学理的归纳和梳理，有很浓的学术色彩，也为我们更加深入地了解和研究海外华文媒体提供了条件。此外，还有一批学人，如杨力、胡文英、方积根、方曙、吴庆裳、黄昆章、周聿娥、卓南生（新加坡）、杨松年（新加坡）、许云樵（马来西亚）等，在华文媒体的研究上也做出了贡献。

"在此要提及的是，新加坡国立大学中文系老师指导学生以华文报刊研究为本科学位论文，收集了大量华文报刊研究资料。这些以华文报刊研究为学位论文题目的同学，花费了大量心血统计了一些有代表性报纸，如《叻报》《群益报》《总汇报》《南洋商报》等言论、新闻的数量，并通过这些统计数量来反映当时华人社会的动态，描述该报的办报特色。有些论文的质量相当高，几乎可以与研究生的硕士学位论文相媲美。"① 不过，这些海外华文报纸研究的论文也有一定的缺陷，就是大多局限于综述和资料的整理，缺乏用更前沿的视角和科学的研究方法对其作进一步的理论阐述，因此，它们的研究层次仍有待提高。鉴于提高海外华文传媒研究水平的目的，本书希望通过应用全球化、民族学和传播学等理论，对海外华文传媒特别是华文报纸全球化进程进行理论的归纳与总结，以促进海外华文传媒研究的发展。

关于全球化的著作和论文数不胜数，由于篇幅有限，本书无法全部列出有关全球化研究的著作和文章，但是表2所列举的著作在某种程度上反映了国内外学者对全球化的思考，而且不乏许多值得借鉴的学术观点，对本书的写作尤其有借鉴价值。如英国著名社会学家安东尼·吉登斯（Anthony Giddens）的《现代性的后果》，对全球化作了深入分析，并提出了改良社会的观点。由欧美等发达国家学者组成的专门研究全球化问题的专家组"里斯本小组"则通过定量统计，分析了全球化的状况与趋势。德国社会学家尤尔根·哈贝马斯（Juergen Habermas）则从批判性的角度出发，对理性重新进行反思，批评了全球化带来的种种危险，并提出对话、交往来改善人与人的关系。

表2　有关全球化研究的代表性著作

作者	书名	出版社	出版时间
安东尼·吉登斯	现代性与自我认同：现代晚期的自我与社会	生活·读书·新知三联书店	1998年
马歇尔·麦克鲁汉	人的延伸——媒介通论	四川人民出版社	1999年
里斯本小组	竞争的极限：经济全球化与人类未来	中央编译出版社	2000年

---

① 彭伟步：《族群和文化认同：从新马华文报纸的历史看其与华人的关系》，现存于新加坡国立图书馆（未公开出版），第14页。

续表2

作者	书名	出版社	出版时间
罗兰·罗伯森	全球化：社会理论和全球文化	上海人民出版社	2000年
安东尼·吉登斯	现代性的后果	译林出版社	2000年
马丁·阿尔布劳	全球时代	商务印书馆	2001年
杨雪冬	全球化：西方理论前沿	社会科学文献出版社	2002年
贾斯廷·罗森伯格	质疑全球化理论	江苏人民出版社	2002年
杨伯溆	全球化：起源、发展和影响	人民出版社	2002年
简·阿尔特·斯科尔特	解析全球化	吉林人民出版社	2003年
戴维·赫尔德	全球化与反全球化	社会科学文献出版社	2004年
尤尔根·哈贝马斯	现代性的哲学话语	译林出版社	2004年
尤尔根·哈贝马斯	交往行为理论	上海人民出版社	2005年
郑晓云	全球化与民族文化	中国书籍出版社	2005年
俞可平	全球化与政治发展	社会科学文献出版社	2005年
张旭东	全球化时代的文化认同：西方普遍主义话语的历史批判	北京大学出版社	2005年
缪家福	全球化与民族文化多样性	人民出版社	2005年
方铁	民族文化与全球化	民族出版社	2006年
刘康	文化·传媒·全球化	南京大学出版社	2006年
托马斯·弗里德曼	世界是平的——"凌志汽车"和"橄榄树"的视角	东方出版社	2006年
关世杰	世界文化的东亚视角：全球化进程中的东方文明	北京大学出版社	2007年
张国良	全球化背景下的新媒体传播	上海人民出版社	2008年
翟学伟	全球化与民族认同	南京大学出版社	2009年

续表2

作者	书名	出版社	出版时间
张兵娟	全球化时代：传播、现代性与认同	中国广播电视出版社	2010年
刘义	全球化背景下的宗教与政治	上海大学出版社	2011年
李丽娜	全球化背景下的文化焦虑与探寻	社会科学文献出版社	2013年
萨斯基亚·萨森	全球化及其不满	上海书店出版社	2011年
韩震	全球化时代的文化认同与国家认同	北京师范大学出版社	2013年
张旭东	全球化与文化政治	北京大学出版社	2014年
尹晓煌、何成洲	全球化与跨国民族主义经典文论	南京大学出版社	2014年

上述有关全球化的著作大多是从哲学、社会学、文化学、国际关系学等角度对全球化进行深入的讨论，对传媒的全球化研究较少。有关传媒全球化的代表作为马歇尔·麦克鲁汉（Marshall McLuhan）《人的延伸——媒介通论》、托马斯·弗里德曼（Thomas L. Friedman）的《世界是平的——"凌志汽车"和"橄榄树"的视角》、杨伯溆的《全球化：起源、发展和影响》等。麦克鲁汉从迅速发展的电子传媒改变了世界传播形态的角度出发，提出了著名的"地球村"的概念。弗里德曼进一步扩展了麦克鲁汉的"地球村"概念，认为以网络为代表的新媒介对世界传播产生了深远的影响，提出了因为网络的出现，全球实现了信息传输、联动、组合，并呈现出扁平化的现象。北京大学教授杨伯溆从传播学的视角深入探讨了全球化的起源、发展和影响，其中对跨国公司的文化全球化提出了相当独特的见解。这些著作扩展了信息传播全球化的视野，加深了人们对全球化的认识，然而，面对世界华文热的兴起，特别是海外华文报纸在全球化过程中所表现的特质和传播特点，有关研究成果不多。不过一些论文有借鉴价值，如北京大学程曼丽教授从族群的角度，在国内学术杂志上发表了三篇论文——《关于海外华文报纸的战略性思考》《海外华文媒体的新变化》《华文媒体：面对"中国热"的冷思考》，论述了海外华文报纸随着

华人族群的变化而发生了变化,对海外华文报纸的全球化背景下的发展趋势作了深入探索。(见表3)

表3 海外华文报纸本土化与全球化研究相关有代表性的论文

作者	文 章	刊物	刊期
程曼丽	关于海外华文报纸的战略性思考	国际新闻界	2001年第3期
郭招金	全球化浪潮中的海外华文报纸的定位与角色	侨园	2001年第6期
刘翎	华文媒体的全球化生存	南京政治学院学报	2002年第2期
程曼丽	海外华文媒体的新变化	新闻战线	2004年第10期
裴永刚	海外华文报纸态势分析	当代传播	2005年第2期
郭招金	全球化浪潮中的海外华文媒体	对外大传播	2005年第3期
程曼丽	华文媒体:面对"中国热"的冷思考	新闻记者	2005年第11期
邓绍根	世界华文传媒协作化趋势的形成和特点	青年记者	2006年第19期
方玲玲	全球化背景下移民传媒的文化建构作用与生存空间——基于传播人种学的角度	新闻与传播研究	2006年第2期
苏永延	浅谈中国与马华乡土文学	福州大学学报	2008年第3期
张琴凤	华人新生代作家边缘意识和身份建构比较论——以中国大陆、中国台湾、马来西亚为例	山东师范大学学报	2009年第2期
陈湘琳、伍燕翎	马华文学的中国图象	外国文学研究	2011年第6期
廖建裕	全球化中的中华移民与华侨华人研究	华侨华人历史研究	2012年第1期

东京大学社会情报所刘雪雁于2001年举办的首届世界华文传媒论坛上发表了《全球化与海外华文报纸研究的视点》①的文章，阐述了在全球化背景下，海外华文报纸研究不应把视角全放在文化传播上，而是应该从"媒体论"的角度对海外华文报纸进行整体研究，并提出了对海外华文报纸相互关系进行研究等观点。中国新闻社总编辑郭招金于2001年和2005年两次针对海外华文报纸面对全球化浪潮如何发展提出了自己的观点，他还在2003年举办的世界华文传媒论坛上发表了《发展中的世界华文媒体具备四特点》，阐述了海外华文媒体在新形势下呈现出新特点、新气象，同年，中国新闻社副总编辑夏春平发表了《新移民华文报刊成因、区域流向及特点》的论文，论述了海外华文报纸作为移民文化在全球化的发展浪潮中应承担的角色与责任。另外一些学者也发表了相关论文，把海外华文报纸作为移民族群的文化现象进行研究，如方玲玲《全球化背景下移民传媒的文化建构作用与生存空间——基于传播人种学的角度》。这些论文从一定程度上反映了当前海外华文报纸研究的状况，也从某个侧面反映了当前海外华文报纸研究缺乏更加前瞻和开阔的视野，亟须得到丰富和提高。

第二节　研究意义

在海外，虽然电子传媒对华文报纸冲击相当大，但是华文报纸由于历史悠久，而且发挥华文教育功能，再加上以华文为媒介语言进行传播，因此尤其受到海外华人的欢迎。海外华文报纸的规模化、产业化、集团化也是从本土的华文报纸开始的，因此，它是所有海外华文传媒中最具代表性的媒介。深入研究海外华文报纸，能够更加深刻地帮助我们认识它们与华人之间的关系，了解华人社会的历史、现状与未来。

海外华文报纸是一面镜子，通过这面镜子，我们可以看到世间百态，看到社会的历史变迁。报纸是反映社会现实和精神走向的重要窗口。通过这个窗口，我们可以看到海外华人的文化与精神价值观的取向，了解他们的精神苦闷

---

① 刘雪雁：《全球化与海外华文报纸研究的视点》，首届世界华文传媒论坛论文，http://www.fcm.chinanews.com.cn/2001-09-06/2/55.html。

和希冀，面对的困境与展望。报纸是反映社会动态的晴雨表。它对社会动态的嗅觉特别敏锐，非常敏感，一是因为报纸每天要报道新闻，所以记者要到基层采访，把基层中的现实情况报道出来；二是因为传媒容纳了大量读者的来信、来稿，刊载作家的作品，而读者来信、作家的作品又往往是对现实生活的浓缩和提炼，因此最能反映读者的精神面貌和华人社区的文化走向，所以我们从报纸内容就可感觉到当地社会的变化和文化状态，感受到华人的心理变化，把握到华人的思想脉动，如早期的华文报纸具有浓郁的时代特征，刊登的作品表现早期移民无奈之下背井离乡、远渡重洋到异国他乡寻找生存之地的无奈、痛苦和迷茫，流露出他们漂泊异国他乡的孤独凄悯的感情。华文报纸直接面对华人，反映华人社区的现实，传递华人社区对社会的态度，承传中华文化，成为维系族群和文化认同的承载物，这就为我们更加深入了解华人社会提供了窗口，帮助我们多层面、多角度地辨析华文报纸的文化现象，也因此能够更加深入了解海外华人在华文报纸的促进下，积极融入主流社会，得到当地主流社会的理解与尊重，消除误会，实现各种族的和谐发展。

面对全球化趋势，海外华文报纸又面对新的挑战，那就是开启全球化的历史，在全球化的过程中发展壮大，增强海外华人的声音。越来越多的海外华文报纸走上全球化的道路，为我们开展海外华文报纸本土化和全球化提供了很多很好的研究案例。

有海水的地方，就有华人的足迹。世界上几乎每个国家都有华人的存在。海外华人与我们同根同源。一衣带水的乡情，落叶归根的观念，服务桑梓的热情，是一股传播中华文化的强大力量。华文报纸《欧洲时报》曾经报道，美国有不少华人一直保持着中国的风俗习惯，在家里讲"家乡话"，让孩子们读中文，希望古老优美的"中华文化"能在异国土地上代代相传，绵延不息。在海外华文报纸的诸种功能中，传承中华文化无疑是其最重要的一项功能，无论在哪种环境和时代背景下，中华文化都是它们不可或缺的内容。有些报刊还以宣传华文教育为己任，开辟专栏专版，协助华文学校推广华文教育。

目前，西方传媒在其强大的经济、政治、军事势力的支持下，在日新月异的通讯科技的推动下，正在推行"全球化"战略。无论哪一个国家，无论多么偏远的地区，哪怕是对外实行封闭政策的民族国家，从技术上说，都处于西方通讯网、广播网和发行网的覆盖之下。这种强大的力量对世界造成的冲击和影响是不言而喻的。同时，由于西方国家在国际事务中一直处于主导地位，习惯于将自己的价值观念强加于其他国家，甚至推动以西方文化为主导的一元世界文化,对世界多元文化产生了强烈的冲击。要想改变这种状况,掌握信息传播的主动权,我们除了采取相应的应对措施之外,还应当在族群、民族文化上做文章。著名华文媒体研究者王士谷先生认为,争取信息传播的主动权,就是通过拥有世界 1/5 人口的汉字、汉文化,通过具有强大向心力的"大中华圈",建立我们在国际传播中的优势,逐步改变信息传播中的不平衡状态。他认为,为数众多的海外华文媒体正可以在此过程中发挥重要的作用。

事实上,有一项研究的数据说明:"美国的节目虽然在世界传播内容的数量上居于垄断地位,但其成功并不像人们想象的那样巨大。如果本土节目艺术上乘、制作精良的话,会比国外节目更具吸引力。"① 这为我们提供了一个很好的思路,如果我们对外传播内容制作精良,传播延伸至海外,其影响将不仅限于华语地区,还会在世界范围内产生影响。新加坡南洋理工大学传播学院院长郭振羽教授对此也有很好的见解。他指出:"世界上不同地区华文报业,所处环境不同,经验有异,但是隐隐然却是血脉相连,命运与共。这不止是因为共同的历史和文化语言背景所带来的认同感,同时也因为今日各地华人社会经济和文化互动日益频繁,已经形成了'大中华经济网络'以及'大中华文化网络'。未来世界华文报业的发展,势必成为这经济网络和文化网络之中重要的一环,发挥整合联系的功能。各地华文报加强合作交流,建立'世界华文报业网络',可以说是大势所趋。"② 这个"世界华文报业网络完全可以纳入我们对外传播的战略格局中"③。

海外华文报纸是联系海外华人的重要桥梁和纽带,是他们重要的精神食粮,是增强华人族群认同感的重要媒介。开展海外华文报纸本土化和全球化的研究,了解当前海外华文报纸的研究状况,对我们加强了解海外华文报纸的发展状况,深入了解它们在海外的影响力和中华文化传播的效果,促进中国软实力的发展,无疑具有相当重要的借鉴作用和现实意义。

---

① 郭镇之:《全球电视传播环境对中国与加拿大的影响》,载《国际新闻界》1997 年第 5 期。
② 郭振羽:《展望二十一世纪世界华文报业》,载《中央日报》1993 年 12 月 9 日。
③ 程曼丽:《海外华文报纸研究》,新华出版社 2000 年版,第 323 页。

第三节　理论框架

在全球化的背景下，讨论海外华文报纸本土化与全球化，了解海外华文报纸如何传承中华文化，如何实现传媒的飞跃，如何参与全球化，并提升海外中华文化的传播水平，是很值得研究的课题。

一般情况下，传媒主要的功能就是传播新闻和娱乐信息，但是在海外，华文报纸不仅要承担新闻、娱乐传播的任务，而且还要承担教育功能和族群认同作用，这是华文报纸特有而且必须承担的重要功能之一。翻开所有的华文报纸，在副刊上我们几乎都可以看到许多华文教育的版面。

在海外，华人族群认同主要靠文化认同，而文化认同要靠文化教育，所以，维系华人族群认同主要体现在三个方面：华文教育、华文传媒、华人家庭教育。在许多国家，当地政府为了强化少数族群的国家认同，淡化民族差异，教育国民树立强烈的爱国思想，都会推行当地国家语言的教育。在世界各国当中，除了中国、新加坡外，在其他国家，华人在当地国都是少数族群。这种生活和政治环境，迫使华人一方面要融入当地社会以获得生存的机会，另一方面又要维持自己的华人色彩和文化。于是，在华文教育无法开展的情况下，华人就只好通过家庭教育和报纸来承传中华文化，以使自己的华人族群色彩和思想得以维系。然而，家庭教育毕竟比不上正规的华文教育，因此，要提高华文水平和增强对中华文化的认识，最终还要通过语言文字的掌握，于是华文报纸就成为华文教育的一种特殊的补充方式。

海外华文报纸研究是一个多学科交叉的研究，它既有华人华侨研究，也有新闻传播学研究；既有人类社会学研究（如从人种学与民族学的角度探讨海外华文报纸作为族群性传媒，它们在社会上呈现何种作用，以及如何影响主流社会），也有传播学研究（如信息再转译和再传播研究），因此，我们要从族群学的角度对华文报纸进行研究，如何把华人声音传达到当地主流社会，以引起主流社会的关注。因此，海外华文报纸本土化和全球化研究必须建基于社会学、人类学、民族学、传播学等多学科之上，借鉴这些学科的特点和优点，特别是全球化相关理论，采用整体观察和研究的方法，把海外华文报纸当作一个整体放在全球化的视野中进行观照，并应用有关的全球化和民族学理论对其本土化与全球化的关系，全球化的方式、原因、作用进行全面的研究，多角度、多侧面地观察海外华文报纸的表现方式和传播特点。

鉴于海外华文报纸本土化与全球化的研究特点和目的，本书的研究框架首先对有关研究进行文献综述，阐述海外华文报纸的相关概论，并提出海外华文报纸本土化与全球化研究需创新和突破的内容。其次从全球化的概念出发，围绕全球化理论，提出海外华文报纸全球化的问题，并提出海外华文报纸与华人、当地主流社会、西方社会在政治、经济、文化上的互动机理。最后从海外华文报纸的发展状况、本土化与全球化表现方式出发，探讨海外华文报纸本土化与全球化的原因、话语权、扩展社会影响力，指出本土化、全球化是海外华文报纸发展趋势之一。本书通过对海外华文报纸发展过程中存在的问题，提出了加快发展海外华文报纸，实现集团化、产业化，不但可增强实力，而且也可扩大社会影响力和话语权，维护海外华人权益等观点。本书还提出海外华文报纸应促进文化交流和融合，实现世界各国了解中华文化，使中华文化走向世界的目的，通过与其他文化的交流与融合，实现中华文化的自我发展。

第四节 研究方法

鉴于海外华文共性多、差异少的特点，本书采取整体研究的方法，把海外华文报纸作为一个整体，放到更加宽广的背景下，观察其与华人、当地主流社会、西方社会、文化教育等方面的关系。因此能从一个比较宏观的角度展开对海外华文报纸本土化与全球化的研究。

本书采取定性与定量研究相互补充的研究方法，对海外华文报纸的本土化与全球化进行全面、客观、深入的分析，既寻找共性，也发现它们的差异，以更加全面、准确地反映海外华文报纸本土化与全球化的原因、传播方式、话语权与社会影响力。

比如说，笔者在暨南大学充分利用该校图书馆征订多种海外华文报纸（东南亚华文报纸尤多）的机会，收集到许多海外华文报纸比较珍贵的资料。同时，为了解世界海外华文报纸的情况，笔者上网浏览了几乎所有能够看到的华文报纸网站，如新加坡的《联合早报》，马来西亚的《星洲日报》和《南洋商报》，美国的《侨报》《世界日报》《星岛日报》《明报》，日本的《华人周报》，欧洲的《欧洲时报》《欧华报》，等等。这些华文报纸网站对笔者了解海外华文报纸的内容和报道特点提供了相当大的帮助。事实上，许多关于海外华文报纸现状与发展的认识，也是通过对这些网站内容仔细和深入研究后形成的。除此之外，笔者还对来自马来西亚、印度尼西亚、泰国、美国、加拿大等国家的华人留学生，以及从这些国家回来的中国留学生进行访谈，了解各国华文传媒的发展情况和面对的困难。

在撰写过程中，笔者也利用各种机会向海外华文报纸的负责人了解传媒发展情况，因此能够掌握海外华文报纸发展及其实际运作的最新情况，这对于本书的撰写有相当大的帮助。比如说，在2005年、2007年世界华文传媒论坛期间，笔者与多位传媒负责人进行交流，了解到相当多关于各国华文报纸的实际情况，倾听他们在开拓海外华文报纸市场中的经验和酸甜苦辣。与海外华文传媒负责人的面对面交流，为笔者提供了相当丰富的资料。

海外华文报纸历史悠久，数量众多，运作规范，繁荣发达，影响广泛，是众多海外华文传媒最具代表性和典型性的媒体。一些华文报纸经过数十年的发展，已经组建了报业集团，向跨媒体方向发展。考虑到海外华文报纸不仅发展先于其他华文传媒，而且影响也强于其他华文传媒的事实，本书将其作为主要的研究对象。同时，在众多华文报纸中，马来西亚《星洲日报》迄今已有86年历史，而且发展速度很快，运作规范，实力雄厚，经营状况良好，华人财团管理，又没有官方色彩，是海外华文报纸中最具代表性的报纸，因此本书把它作为主要的研究案例。

2006年7月，笔者赴马来西亚进行了为期30天的学术研究，并在2个华人聚集的社区进行田野调查，发放156份问卷，深度采访10人，其中访问1个马来人家庭，了解华人与马来人的种族关系。2007年1月至4月又赴新加坡进行田野调查，在新加坡国家图书馆收集资料。在此期间，笔者采取深度访谈的方式，采访了新加坡小学、中学、大学三个阶段的3名学生，了解他们对《联合早报》的态度。此外，笔者还随机采访了3名市场小贩、1名经理、4名分别在图书馆、教育、信息产业和超市工作的华人。笔者又顺便到柬埔寨进行调查，了解当地的华文报纸发展情况。通过三地的田野调查，笔者收集了大量第一手材料。这些第一手资料有力地支撑了本书的论述，使本书的观点更具客观性、科学性。

第五节 创新和突破

本书力求在理论上对海外华文报纸的全球化研究有所突破。例如，提出了海外华文报纸在全球化进程中具有矛盾性，一方面欢迎全球化，借此获得较大的言论空间；另一方面又警惕甚至抵制全球化，希望中华文化不至于被西方文化所吞噬，中华文化能够在全球传播并发扬光大，改变西方文化一极独大的局面，使世界文化朝多元化方向发展。

面对反全球化的浪潮，本书认为，海外华文报纸要吸纳西方媒体受民族国家抵制的教训，不以意识形态宣传为先导，着重在文化方面进行传播，达到世界了解中华文化的目的。针对少数族群传媒在全球化背景下有时比跨国传媒的声音更大、影响力更大的现实情况，本书建议海外华文报纸要利用全球化的契机，适时地提出维护华人权益的课题，从而在世界上有效地反映华人诉求。本书利用在海外从事田野调查的机会，对海外华人社会进行问卷调查，深入地探讨了海外华文报纸的社会影响力，并提出了扩展和增强政治、经济、文化的影响力的观点。

本书以海外华文报纸为例，深入论述了少数族群传媒的传播特点，认为在全球化背景下，少数族群有其存在的合理性，并在此基础上探讨了族群文化、民族文化、西方文化之间的关系，指出作为传播少数族群文化的海外华文报纸，不仅要面对主流文化的同化，而且还要面临西方文化的冲击。因此，少数族群传媒在民族国家中的全球化具有双重认同的特点。

海外华文报纸的全球化既有当地主流传媒、跨国传媒的共性，但是作为少数族群传媒，它们又与当地主流传媒、跨国传媒存在差异。本书认为，由于全球性的移民活动，少数族群作为当地主流传媒和跨国传媒的有益补充，不仅履行为少数族群服务的责任，而且还在少数族群和跨国传媒之间担当沟通和联系的桥梁，促进少数族群更好地融入当地社会。本书强调，少数族群传媒的存在，并不是阻止少数族群融入当地社会，加强国家认同的障碍，反而是促进少数族群增强国家认同的重要工具。

本书总结了海外华文报纸的传播特点，论述了它们面对全球化的矛盾性、族群和国家认同的双重性、向主流社会传播需二度编码、全球本土化等特点，并在此基础上修正人们对少数族群传媒只注重族群认同的误解，提出少数族群传媒在全球化进程需注意的问题。这是本书创新和突破前人研究之处。

根据全球化理论，结合海外华文报纸全球化的现实要求，本书不仅在学理上对海外华文报纸如何在族群与民族国家之间互动进行总结，提出海外华文报纸面对族群文化认同与民族文化认同的身份危机，而且针对过度竞争、培养新闻人才、加强资本积累等问题，提出了注重本土化策略、传媒资源整合、集团化和产业化等创新观点。

第一章　海外华文报纸本土化与全球化问题的提出

作为少数族群传媒，海外华文报纸要不要全球化，一直是人们关注和讨论的话题。一些学者和业界人士认为，只要做精做好海外华文报纸，为华人服务就足够了，没有必要全球化。他们认为，即使他们走向全球化，也仍然无法改变中华文化处于弱势地位，以及海外华文报纸隶属少数族群传媒，始终不可能主导当地主流社会的事实。然而，如果我们研究本土化和全球化的有关理论，探析海外华文报纸的角色与功能，我们就深深地感到海外华文报纸在本土化的同时，有必要走全球化道路。

第一节　全球化理论的起源与发展过程

全球化的概念波及面相当广，而且影响深远，它的理论发展过程也很悠久。其中既有值得我们借鉴的思想，也有一些观点需要我们用客观和辩证的眼光对待。笔者认为，即使不合理的观点，它们仍然有可取之处，我们不应一概否定，也不应全部肯定。就各种流派的全球化观点而言，我们要洞察它们产生的背景和理论构想，并为我们认识全球化、为海外华文报纸本土化与全球化提供参考坐标系。

一、本土化概念

本土化的概念，包含使用、停留和传播当地的经济、文化、语言、服装、习俗、传统等内容。从语义上说，"本土化就是使某事物发生转变，适应本国、本地、本民族的情况，且在本国、本地继续生长，并浸染了本国、本地、本民族的特色或特征。本土化是外来文化与本民族传统文化相互沟通、融合的过程；是外来文化及传统文化改变自己的初始形态以适应社会文化发展要求的过程；也是两种不同的文化发生碰撞必然要出现的一个阶段"①。本土化既包含对本土性的继承，又包含对非本土性的借鉴，是一个在继承和借鉴中动态生成的过程。其中，本土性或族群、民族性所概括的是族群、民族的特性或个性，是族群（民族）心理、精神、生活、语言、气质等特性的总和。

本土化在某种程度上与族群性、民族性有密切的联系。传播本土的文化，常常被理解为传播族群、民族文化。面对全球化的浪潮，使用、保留和传播本土文化的人们，一方面不得不迎接其他文化，特别是强势的西方文化的挑战；另一方面又为保留本土或者说族群、民族的文化，抵抗全球同质化而感到焦虑。在他们深深的焦虑中，不仅体现为他们对无法保留族群文化、民族文化、国家文化而产生焦虑，而且还反映了他们对族群、民族前途的焦虑。

本土文化建构了族群和民族认同的形式，反映了人们生活的方式，这些都形成了抵抗外来思想、文化和生活方式的有力屏障。因此，当其他文化渗透和冲击本土文化，而本土文化又是在"我们"与"他们"之间产生缓冲时，本土文化就成为一个复杂而冲突不断的场域。殖民与反殖民、渗透与抗拒，成为本土化与全球化的主要战场。对于持保留本土文化观点的人士来说，抵制全球同质化或者是其他形式的混合文化，已经成为一个刻不容缓的问题，而这个问题也成为全球化效应下当地社会极其迫切而又复杂棘手的社会文化议题。

当前全球化已经成为趋势，伴随着经济全球化，文化全球化也随之出现。在适应和面对全球化冲击的时候，在社会转型期间，人们对本土文化的调适，就产生了对本土文化认同的问题。在旧的文化认同正在消解、新的文化认同还未形成的时候，各个族群、民族国家就产生了文化选择和策略运用的各种可能性。有的采取全盘接受同化的政策，有的则采取部分接受的态度，还有一些则是拒绝同化。因此，在民族国家，全球化不仅受到民族国家的过滤，而且还受到族群的过滤。民族国家的执政者通过两重过滤，希望维护本土文化，由此产生了旷日持久的西方文化与族群文化、民族文化之间如何发展、相互适应的争论。

二、全球化的理论发展与文化全球化的概念

如何定义全球化，各个学科的学者都会根据自己学科的特点提出不同的观

---

① 刘家访：《我国课程理论本土化的问题及未来走向》，载《教育研究与实验》2006年第5期。

点。比如说，英国著名学者安东尼·吉登斯（Anthony Giddens）认为，全球化是指由不同地域之间日益紧密和快速的联系所产生的一种"时空压缩"的状态和感觉。美国学者托马斯·弗里德曼（Thomas L. Friedman）认为，全球化就是资本、技术和信息通过形成单一全球市场并在某种程度上形成地球村的方式，实现跨越国家边界的一体化。詹姆斯·罗西瑙（James N. Rosthau）主张，全球化是行为、习惯和技艺等方面的效仿，是制度、惯例等方面的同化与建构。美国学者约翰·汤姆林森（John Tomlinson）认为，全球化指的是快速发展、不断密集的相互联系和互相依存的网络系统。这些学者从不同角度对全球化的概念进行阐述，体现了全球化不分学科、不分领域的特点。

1. 全球化的理论发展

1951年，荷兰经济学家简·丁伯根（Jan Tinbergen）从经济学角度，提出了"经济一体化"概念，它是全球化概念比较早的表述，其基本含义是指人类经济活动突破国家民族的界限，逐渐融合为一体的过程。20世纪70年代以来，学术界对世界经济体系、跨国公司和信息经济、知识经济的研究基本上都是遵循这一思路。

在国际政治学领域，70年代出现的"相互依存"概念与全球化概念有着密切的关系。这一概念被用来表述全球体系中各种关系的特点是合作而不是冲突，它要求在研究中采用"地球中心"的方法而不是"民族中心"的方法思考问题。它认为先进的科学技术促进了相互依存，民族国家不再是世界事物的主要单元，全球化的研究要循世界视角进行全面考量。

从全球化理论的发展过程来说，出现了各种流派，在此列出四种比较有代表性的全球化理论流派。

（1）技术传播论。该理论认为随着传播技术的迅速发展，人类可以无障碍地实现全球性的信息传播。比如说，麦克鲁汉从信息传播学的角度，提出因为不断涌现的传播技术，克服和超越了地理的限制而实现无距离传播，使地球变成"地球村"。美国匹兹堡大学教授罗兰·罗伯逊（Roland Robertson）受麦克鲁汉"地球村"思想的启发和影响，进一步丰富和发展了全球化概念。他认为："作为一个概念，全球化既是指世界的压缩（Compression），又是指对世界作为一个整体的意识的增强。"美国学者托马斯·弗里德曼（Thomas L. Friedman）在麦克鲁汉"地球村"观点的基础上，提出了全球"扁平化"的概念，认为随着网络技术的发展，全球化已经扁平化。

（2）现代化理论。该理论认为西方资本主义是实现富裕的最好制度。一些学者，如美国经济学家威廉·阿瑟·刘易斯（William Arthur Lewis）、理查德·纳尔逊（Richard R. Nelson）等，从经济的角度，认为人类的经济活动超越了国家和民族的界限，促进了世界经济的一体化。世界各国各自分工、合作，变成一个世界性、统一的市场，资本、财富在全球化的过程中自由流动，从而形成相互影响的态势。在这样的经济全球化的观点对应下，一些学者提出只有西方社会制度和文化才是最有效地促进商品经济发展的制度和文化，才完全符合现代化的特征，才有可能致富，提高人民的生活水平，因此他们认为，只有西方文化才是唯一先进的文化，西方的社会制度才是最先进、合理的制度等观点。很显然，按照这种观点，还没有实行西方制度的国家，就必须接受西方商业文化和价值意识形态，必须向西方社会看齐，才能脱离贫困。

早期现代化的理论起源于社会学理论，特别借鉴了社会进化论和西方中心主义。圣西门（Saint-Simon）、孔德（Auguste Comte）、斯宾塞（Herbert Spencer）等作为社会学早期的研究者，把西方文明当作人类最先进、最富有想象力和创造力的文化。德国著名的社会学家马克斯·韦伯（Max Weber）通过对新教伦理与资本主义合理性的研究，以及对几种宗教的比较分析，认为资本主义缘何产生于新教，就是因为新教徒节俭，信奉宗教，勤奋创造财富，因此他认为，"最好的社会只产生于西方，不可能产生于东方"。对西方制度的过度推崇，使得许多学者片面地认为，只有实施美国式的制度，民族国家才能实现繁荣。美国学者弗兰西斯·福山（Francis Fukuyama）认为，各国向市场经济转型表明西方的自由民主思想已彻底获得胜利，人类社会进化已达到顶峰，今后，社会发展不会再出现更新的形态。然而，这种观点受到一些学者的强烈批评。迪恩·C. 蒂普斯一针见血地指出："现代化的观念主要是美国的观念，是由美国社会科学家在第二次世界大战以后的时期提出并在60年代中期进入鼎盛时期的。"① 而美国的决策者"实际是把'发展理论'和'现代化理论'看作可以一劳永逸地解决不稳定和防止第三世界的共产主义威胁的方法"②。

事实上，现代化理论受到了依附理论学派的强烈反对。因为西方国家掌握了先进的生产技术，又制定了有利于它们的经济贸易制度，从而形成了不公平的经济环境，使第三世界国家遭受不公平的对待。第三世界国家致力于国内经

---

① （美）迪恩·C. 蒂普斯：《现代化理论与社会比较研究的批判》，见（美）西里尔·E. 布莱克《比较现代化》，杨豫、陈祖洲译，上海译文出版社1996年版，第97页。
② （美）迪恩·C. 蒂普斯：《现代化理论与社会比较研究的批判》，见（美）西里尔·E. 布莱克《比较现代化》，杨豫、陈祖洲译，上海译文出版社1996年版，第97页。

济的全球化非但没有实现富强的目的,反而更加受到西方国家的剥削。

(3) 文明冲突论。伴随世界经济一体化的深入,美国哈佛大学教授塞缪尔·亨廷顿(Samuel P. Huntington)在《文明的冲突与世界秩序的重建》一书中详细阐述了文化冲突的思想。他认为,冷战后,世界冲突的根源,不是意识形态和经济上的,而是文化上的原因,全球政治的主要冲突将发生在不同文明的国家和集团之间,文明的冲突将主宰全球政治冲突,"不同文明之间的地理分界线,将是未来的战争线",西方文明将与儒家文明、日本文明、伊斯兰文明、印度文明、斯拉夫－东正教文明、拉美文明和非洲文明产生冲突,未来重大的冲突都将爆发在这些不同文明间的地理分界线上。然而,把冲突建立在其他文化与西方文化不相容的基础上,把非西方文化抵制西方文化的入侵当作对西方文化的挑战,很明显地反映了亨廷顿视野的狭窄性。世界上发生的许许多多的冲突并非完全是由文明冲突而引起的,还有其他因素在起作用。从亨廷顿的文明冲突论的反思中,我们认为,文化全球化不一定就非要实现单极文化的全球统一,世界文化也可以多元文化并存、相互包容的形式存在和发展。

(4) 反殖民主义理论。当前西方全球化研究主要集中在民族国家的命运、现代性与后现代性、民族主义和民族性、新认同政治等问题的研究。这些研究主要集中在对文化的研究。其中最突出的理论就是反殖民主义理论,它旗帜鲜明地提出了全球化对世界文化产生危害的观点。该理论着重研究了西方文化的文化霸权,揭示了西方国家通过其雄厚的经济和文化实力,以及庞大的传播机器,对发展中国家进行文化和思想的控制。该理论反对文化殖民主义,主张各个民族国家都有自己特殊的文化背景,有各自不同的发展道路。持该理论的代表是爱德华·赛义德(Edward W. Said)。他在《东方学》中通过对西方话语文本的分析,揭示了文化帝国主义的现象,抨击了文化帝国主义。

此外,还有一些学者从社会学、人类学等角度提出了全球化和反全球化的观点。如美国学者麦克格鲁(A. G. Mcgrew)认为,全球化是"组成当代世界体系的国家与社会之间的联系和相互沟通的多样化",是"世界某个部分发生的事件、决定和活动能够对全球遥远地方的个人和团体产生重要影响"的过程。

作为全球化社会学的创始人、德国慕尼黑大学乌尔利希·贝克(Ulrich Beck)把全球化的概论划分为客观现实、主观战略与主客观相互作用的发展进程三个不同的层次,分别使用了全球性、全球主义与全球化三个不同的概念。他说:"全球化描述的是相应的一个发展进程,这种发展的结果是民族国家与民族国家主权被跨国活动主体，被它们的权力机会、方针取向、认同与网络挖掉了基础"，"全球化指的是在经济、信息、生态、技术跨国文化冲突与市民社会的各种不同范畴内可以感觉到的、人们的日常行动，日益失去了国界的限制"。[①] 美国著名社会学家伊曼纽尔·沃勒斯坦（Immanuel Wallerstei）认为："随着几个世纪国际关系的发展变化，一个世界体系已经形成。要真正认识当代世界，原有的单一结构分析模式已经过时，需要一种包含政府、经济因素在内的结构分析模式即'世界体系分析'模式。"[②] 他强调指出，理解社会变迁必须以世界体系为研究对象，而世界体系常常是超越国家和民族的，因此不宜以民族或国家的变迁作为研究单位，而应该以"世界体系"取而代之。

德国著名的社会学家尤尔根·哈贝马斯（Juergen Habermas）从对现代性的批判的角度论述全球化，阐述了现代性带来残缺和破碎的生活世界形成对个性的压抑。哈贝马斯认为，要摆脱现代性的窘境，唯有从启蒙理性哲学的范式回归生活世界，过渡到交往理性哲学的范式，通过交往理性以达到防止理性扭曲的目的，从而保持现代性的进步性，为克服和解决现代性难题提供新的立足点。

总结全球化的概论，我们不难发现，全球化的概念包含了"同化""压缩""一体化""相互联系、相互影响"等要素，核心的内容仍然是世界"各民族的各方面的互相往来和各方面的互相依赖"，但由于涉及的面太广，如何定义全球化的概念仍然在学术界没有形成共识。不过，综观今天全球化研究的理论，我们发现，虽然许多学者从不同的领域和视野出发，提出了许多不同的理论体系，但是几乎都认为，全球化并不必然造成民族和地区的消失，甚至也不排斥国家主权的观点，只是认为随着全球化的深入，"世界正在变小""全球相互依赖"，将世界看作一个整体。

因此，综合不同学者对全球化概念的阐述，笔者结合对其的认识，提出了全球化的概念，即全球化是个人或公司企业可自由地从事跨国文化、经济活动，即因技术创新，透过贸易、资金、人员、信息等流动，加深经济、文化整合的一种过程。其特色包括资金流通、信息网络、跨国企业兴起、人员大量移动、消费与文化生活模式一致化。全球化的核心是效益，它是全球化的动力。

---

① 转引自张世鹏《什么是全球化》，见陈定家《全球化与身份危机》，河南大学出版社2004年版，第7页。

② （美）伊曼纽尔·沃勒斯坦：《沃勒斯坦精粹》，黄光耀、洪霞译，南京大学出版社2003年版，第162页。

全球化的表现形式是联结,反映在文化同化或一致化,时空的压缩、权力的转换造成社会关系的重构。由于全球化造成世界各个领域的联结相当紧密,带来对世界各国政治、经济、文化的冲击,特别是对发展中国家影响更大。

2. 文化全球化的概念

(1) 文化全球化的概念。除了经济全球化对世界影响深远外,文化全球化也对人类文明产生了重大的影响。随着传播技术的进一步发展,以及社会进入新的信息发展阶段,文化全球化的规模与范围都比过去有所扩大。事实上,早在秦、汉、唐时期,中国就迈出了文化全球化的步伐,推动了中华文化在全球的传播。如秦王朝时期,随着秦军铁骑进入越南,把越南划归桂林郡,对越南进行统治,就把秦朝时期的官僚制度和文化思想传到了那里。汉朝张骞通西域,也把中华文化传到中西亚。在唐朝时期,闻名中外的"丝绸之路",把中华文化传到更远的欧洲。

文化的全球化依赖于人员频繁的来往和思想的交流。随着传播技术的日新月异,文化全球化变得更加快捷和迅速,使世界各民族、国家或地域文化因为广泛的接触和交流而有趋于世界文化系统发展的趋势。因此,从这个角度来说,文化全球化就是凭借种种传播工具,以及人员的频繁流动和交流,各民族、国家文化进行广泛而且快速交流的活动,并在这个历史过程中相互整合、相互影响,从而产生文化同质化、异质化、混合化、文化发展不平衡化的现象。

事实上,与经济全球化相对应,文化全球化也通过高科技的大众传媒迈出了惊人的步子,而且对人们的思想造成很大的影响。"阿兰·伯奴瓦说到文化全球化的'新奇'现象之一是,资本主义卖的不再仅仅是商品和货物,它还卖标识、声音、图像、软件和联系。它不仅仅将房间塞满,而且还统治着想象领域,占据交流空间。当然,精神文化生产与物质生产还是有本质区别的,作为精神活动和审美活动,文化生产理所当然要比商品生产更加纷繁复杂、更加丰富多彩。但在经济生活日益'全球化'的语境中,东方与西方、传统与现代、民族与民族之间的文化交流、观念碰撞、相互影响、彼此渗透也会日益加强。在现代高科技条件下借助于'大众传媒'迅捷地跨越国界的大众文化在这方面表现得尤其突出,'最典型的莫过于动态图像文化的普遍化与全球化'。"① 从目前的文化全球化的发展来看,很明显西方文化占据优势地位,而其他文化则处于弱势位置和边缘化区域。世界各国人民为了保留各种民族文

---

① 陈定家:《全球化与身份危机》,河南大学出版社2004年版,第19~20页。

化，都不遗余力地推广族群、民族文化，希望形成世界多元文化并存的局面。在海外，作为少数族群中的一种文化，中华文化在面对全球化的过程中呈现了许多民族文化全球化不同的特点。

由于族群与民族的概念有相当大的差异，因此，作为传播中华文化的重要载体，海外华文报纸的传播活动就与当地主流传媒、西方跨国传媒在文化全球化的进程出现很大的差异。海外华文报纸是以少数族群传媒的形态出现在人们面前。这样，我们研究海外华文报纸就要避免完全用主流传媒和西方传媒的传播理论对其传播过程展开研究。

（2）族群、族群文化、民族、民族文化的概念。族群强调文化、习俗、相貌和信念等相似性。马克思·韦伯（Max Weber）指出："我们应称'Ethnic Groups'为具有主观上相信自己拥有共同祖先的群体，而他们之所以相信各自拥有共同祖先是因为共同体成员的外貌特征相似，或习俗相似，或两者都相似，或者是因为对殖民和移民的回忆；这种主观的信念对群体建构的传播十分重要；相反，它并不在乎是否真有血缘关系的存在。"① 后人在韦伯对族群定义的基础上，进一步提出了文化和身份认同的问题，并把族群视为由共同文化组成的共同体。这个概念更强调从分散个体的角度来处理族群关系，在强调少数族群的文化特点的同时淡化其政治利益，在人口自然流动的进程中淡化少数族群与其原居住地之间的历史联系，即"文化化"。综合各种对族群的定义，安东尼·史密斯对族群如此描述："那是仰赖居住同一个地方的人，共同产生一种深层集体意识，以及'一种永续、分离同样回忆与共同命运体的感受和价值'的共识。"②

从族群的概念出发，它包括："①对血统和谱系的重视超过基于领土的认同；②在情感上有强大的感召力和动员效果；③对本土文化（语言、价值观、习俗和传统）的重视超过了法律。"③ 这三点内容强调了人们生存的共同体、本土文化和血缘关系。因此，族群是在朝民族发展过程中的初始阶段。它虽然也依靠文化作为纽带，把各成员联系在一起，但是它与民族的概念有很大的差异，主要因为它较少政治色彩，以文化认同作为衡量族群身份的标准，来区分

---

① 叶江：《当代西方"族群"理论探析》，载《华东师范大学学报》（哲学社会科学版）2005年第5期。

② Anthony D. Smith. Towards a Global Culture. In Mike Featherstone. Global Culture: Nationalism, Globalization, and Modernity. London: Sage Publications, 1990, p.179.

③ Anthony D. Smith. National Identity. London: University of Nevada Press, 1991, p.11.

成员与其他族群的差异。中国社会科学院纳日碧力戈因此认为:"民族和族群的关系是'族群-文化与民族-政治共同体'。"①

由于民族国家中,各族群的地位不同,因此就会出现主流文化与非主流文化的区别。何谓主流文化?就是在同一文化系统中,处于主导地位、决定共同体文化发展方向、起着团结和凝聚其他文化作用的文化,是我们通常所说的占主导地位的文化或者说是强势文化。族群文化则是指某一族群的价值观、生活习俗、宗教信仰、语言文字等构成的思想精神和物质体现的综合体。

少数族群文化是一个民族国家中的一种文化,既是当地民族国家文化的重要组成部分,也是世界文化的组成部分。(见图1-1)作为少数族群文化的中华文化,在全球化过程中同时要面对民族和国家文化认同、世界文化认同的问题。这样就会使海外华人产生族群身份认同与国家身份认同的问题。这两个问题不仅困扰海外华人,而且困扰当地政府,海外华人的问题也因此产生。

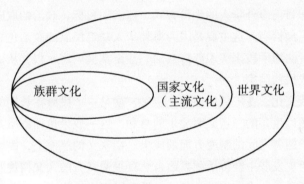

图1-1 族群、国家、世界文化关系

何谓民族?学术界普遍解释为:"①指历史上形成的、处于不同社会发展阶段的各种人的共同体。②特指具有共同语言、共同地域、共同经济生活以及表现于共同文化上的共同心理素质的人的共同体。"② 西方理论界也认为,民族的定义不仅指拥有相同文化、相同语言等共同体,而且还应包含有民族自治和政治意识形态的色彩和意义。比如说,美国学者安东尼·史密斯(Anthony Smith)就认为,民族的含义包括四个方面:"①历史形成的领土;②法律和政治共同体;③成员在法律和政治上的平等权利,即'公民权'的构建;④共

---

① 纳日碧力戈:《全球场景下的"族群"对话》,载《世界民族》2000年第1期。
② 中国社会科学院语言研究所词典编辑室:《现代汉语词典》,商务印书馆2002年增补本,第884页。

同的文化和意识形态。"① 因此，民族的含义带有民族从"自然状态"向"政治形态"的转变，一方面超越了组成民族各基本要素的某些部分，如血缘关系、宗族关系等；另一方面又把这些要素的某些文化、心理部分，如认同感、归属感纳入到一个新的历史范畴，即民族国家中。因此，民族主要是指依靠文化和政治纽带而形成的统一政治共同体，其成员分享共同的文化传统和领土，享有管理国家的权利。西方理论界对民族概念的论述自20世纪80年代以来逐渐得到中国学者的认同。比如说，北京大学社会学系教授马戎区分了学术上的"民族"和"族群"的概念差异。他认为："'民族'（Nation）与17世纪出现于西欧的'民族主义'和'民族自决'政治运动相联系，而'族群'（Ethnic Groups）作为具有一定文化传统与历史的群体，和作为与固定领土相联系的政治实体的'民族'（Nation）之间，存在重要的差别。我国的55个少数民族，在概念上相当于上述的'族群'而非'民族'。"②

综合考虑目前海外华人的生活方式、追求的目标、政治的取向，把海外华人称为族群更加恰当。这主要是因为海外华人缺乏民族的政治色彩，缺乏条件通过暴力或者法律手段来实现族群自治，甚至掌握国家政权，从而在华人聚居的地方发展成民族国家。

何谓民族文化，在广义的层面上定义，就是一个民族在长期的历史发展中共同创造并赖以生存的一切文明成果的总和。这一成果包括物质方面的、精神方面的和介于两者之间的制度方面的成果。在狭义的层面上，民族文化就是民族在长期的历史发展中经传承积累而自然凝聚的共有的人文精神及其物质体现的总和，包括科学技术、文学、艺术、思想道德、价值观念、宗教信仰、语言文字、风俗习惯、民间工艺等。由于民族带有政治色彩，因此民族文化在某种程度上反映一定的政治倾向和意识形态。

民族国家是指一个独立自主的政治实体，国家权力与占有一块领土并有着许多共同点（历史、文化、语言）的民族概念合并到一起，即一个民族和政府结构的结合体，是20世纪主导的现代性民族自决和自治的概念及实践。与18—19世纪传统帝国或王国不同，民族国家成员效忠的对象乃是具有共同认同感的"同胞"（族群、民族）及其共同形成的体制。认同感的来源可以是传统的历史、文化、语言或新创的政治体制。由于大多数国家是由多族群（民

---

① Anthony Smith. National Identity. London：University of Nevada Press, 1991, p. 11.
② 中国民族宗教网，2010年10月8日，http：//www. zgmzyx, com/html/report/145615. htm。

族）组成，因此，当代民族国家经常面对国内各族群的文化和国家认同问题。许多族群并不认同人口占多数的民族历史、语言、文化，但是认同国家的政治体制。一些族群既不认同人口占多数的民族历史、语言、文化，也不认同该民族国家的政治体制，这样就会产生族群、民族冲突和国家分裂问题。

就海外华人来说，他们对当地国的认同基本有两种情况。一是有些国家的华人认同人口占多数的主流（族群）民族的文化和该国的政治体制，如西方国家中的华人；二是有些国家的华人不认同人口占多数的主流（族群）民族的文化，但是认同政治体制，如大多数东南亚国家，其中尤以马来西亚的华人最具代表性。不过，即使海外华人认同当地主流（族群）民族的文化，他们仍然很注重保持华人的族群和文化认同。这种认同从海外华文报纸的繁荣景象可以反映出来。

因此，从微观的角度看文化全球化，它还应包含更具体的族群文化的全球化。在反全球化的浪潮中，也可以看到少数族群文化对主流文化抗争的现象。比如说，海外华人移民面对当地主流文化的同化所展现出来的抗争思想，就是族群文化抵制西方文化全球化的典型现象。从这个角度来说，民族（族群）文化对文化全球化的抗争其实还体现了两层的意思：一是宏观层面上，各国为保留民族（族群）文化所做的努力；二是在微观层面上，一个国家中少数群为保留少数族群文化，不仅对文化全球化进行抗争，而且还有对以主流族群为主导的国家文化（民族文化、主流文化）的同化进行抗争所做的努力。这种微观层面的族群文化与国家文化（民族文化、主流文化），国家文化（民族文化、主流文化）与文化全球化，族群文化与文化全球化之间的关系，是本书讨论的内容之一。

第二节 大众传媒本土化与全球化

伴随经济的全球化，大众传媒在本土化的基础上走向全球化。大众传媒利用经济全球化的各种有利条件，也像商业性公司企业那样通过在全球合理地配置资源，减少传媒的运转成本，尽可能地获得利润，涌现了美国在线-时代华纳、新闻集团、维旺迪、贝塔斯曼等大型跨国集团。它们从本土起家，发展壮大后，为了寻取更大的经济利润，扩展发展空间，走上了全球化道路。然而，它们全球化,并不意味着它们把节目一成不变地在世界各地发行、播放,而是根据世界各国受众的文化背景,选择最能让受众接受的方式重新改造内容,甚至制作内容,最大限度地被受众接纳,以获得丰厚的经济回报。除此之外,它们还进一步扩展本土业务,提升它们为本土受众的服务质量。从这个角度说,跨国传媒集团的全球化仍然需要本土化,两者之间并无矛盾,反而是相互促进、互为补充的关系。

一、大众传媒本土化

跨国传媒虽然纵横世界,但是很注重本土化。因为本土化,以当地受众喜闻乐见的形式制作节目,才能贴近受众,才能获得商业效益。世界传媒大亨鲁伯特·默多克领导了跨越全球的新闻集团,他的成功很大程度取决于其采取的四种措施:购并、本土化、纵向一体化和结盟。在这四种措施中,默多克把传媒集团的全球化与本土化结合起来。他认为,没有本土化,跨国传媒就不可能实现全球化。这是因为全球化的趋势虽然不可逆转,但是民族文化仍然客观存在。它是过滤外来文化的第一个过滤器。大多数民族国家由不同族群组成,因此,族群文化又是过滤外来文化的第二个过滤器。如何通过这两个过滤器,就成为跨国传媒集团经营管理是否成功的关键。比如说,新闻集团进入中国后,首先要考虑的是,寻找中国的合作伙伴,要聘请中国本土的电视制作人才,用中国人的文化表现方式,嫁接西方的节目模式,从而在本土化方面取得长足的进步。

对于跨国传媒本土化的策略,CNN 新闻总监艾德·特纳(Ed Turner)早在 1994 年香港泛亚有线电视、卫星电视会议说了这样一番话:"我们从来没有跑到这里来告诉人们,你们应该怎样去经营一个电视台。我们到这里来,只不过带来了我们小型的 CNN 卫星国际栏目,而现在人人都在复制它了。"① 这句话很明显地反映出这样一个事实,就是 CNN 相当注重节目的本土化。它输出的不是美国式的节目,而是它的节目模式。CNN 朝全球化扩张时,并不是把美国制作的节目直接搬出来播放,而是按照节目模式在某一国家进行制作,以该国家观众能够接受的表现方式进行包装,但实质上传播的仍然是美国式的文化和价值理念。因此,从表面上来看,CNN 制作的是本土的节目,但是骨子里却是 CNN

---

① (英)约翰·汤姆林森:《全球化与文化》,郭英剑译,南京大学出版社 2002 年版,第153 页。

的节目形态和模式，文化实质仍然没有得到根本的改变。从这个角度看本土化，跨国传媒的本土化其实走的是形式的本土化、内容的全球化的道路。

本土化是基础，全球化是方向，换句话说，只有立足本土，才能走向世界，但是传媒全球化又反过来促进本土化层次的提升，利用传媒全球化后的资金、技术和管理经验，更好地实现本土化战略。所以，跨国传媒之所以在某一国家实施本土化战略，就会对当地的传媒带来巨大冲击，取得好业绩，原因就是它们利用了雄厚的资金、人才、技术和管理经验。

二、大众传媒全球化

随着经济全球化，大众传媒全球化也成为现实。作为全球化的重要标志，跨国公司的快速发展也为大众媒体全球化提供了空间和资本。全球广播电视网、电信网和因特网的迅速发展，使地球成为"地球村"，甚至使地球"扁平化"。在经济全球化的一波又一波的资本流动和刺激下，全球媒介市场也经历了前所未有的并购浪潮，涌现了一批世界性的跨国传媒集团，如美国在线-时代华纳、迪斯尼、新闻集团、维亚康母、贝塔斯曼这样的传媒巨无霸。这些跨国传媒集团的出现，以及由此获得巨大的利润，强大的社会权力，重组社会关系的力量，无可辩驳地说明大众传媒全球化成为传媒产业发展的主要趋势。

这些跨国传媒集团通过创新的技术和符合现代形势发展的组织机构，急剧向世界各地进行扩张，从而在生产、发行、分销、消费等方面产生了深远的影响。大众传媒的全球化，也促成了传播的全球化，突破了国家、民族的地域局限和意识，实现了全球范围内的信息共享。大众传媒全球化不仅体现在信息的全球化传播，而且还体现在媒介经营、媒介竞争、媒介协作等方面。

根据全球化的概念，以及组成要素和表现方式，大众传媒的全球化不仅指其传播的全球化和网络化，更表现在经济领域的全球性。全球性的传媒公司是指以某一国家为基地，并为全球化发展进行策略决策，在国外进行制造，同时以效率为原则对自己的资源进行分配。公司将不同的业务分包给各国的承包商，并对业务进行有效整合，从而促成产业价值链，最终实现整个价值链的跨国管理。全球化是国际化的高级阶段，相对于以产品出口为主的国际战略而言，跨国战略以市场为导向。因此，全球化的传媒要根据不同的国家政治、经济、文化情况，考虑当地的偏好与需求，推出适宜的对策，不仅满足当地人们的要求，而且实现传媒全球化的有效性。全球化和数字技术的革命促进了全球开放的市场,为不同国家之间的贸易和交流创造了更多的机会。

目前,世界对传媒全球化没有一个明确的标准,笔者根据对其的理解,认为传媒全球化包括了三个重要的衡量标准:传媒经济要素在全球范围的流动运行变得非常方便快捷,世界上绝大多数国家和地区的经济被纳入一个统一的传媒市场体系和规则体系,传媒经济要素在世界市场上进行配置的信息和交换网络形成。尽管这几个方面的发展还处在初级阶段,全球化的程度因地区和国家参与各异而受到影响,许多国家的经济甚至没有进入全球化的范围之内,但是,全球化的基础毕竟已经奠定,全球市场和网络已开始形成。

当前,跨国传媒集团主导了世界的信息传播秩序,控制了世界传播市场,掌握了强大的国际话语权,不仅在文化全球化方面起着主导作用,而且在政治、经济的全球化中也扮演着重要的角色。大众传媒全球化不仅没有减少信息和知识鸿沟,反而拉大了西方国家与发展中国家的信息和知识鸿沟。由于信息和知识可以转换成资本,因此西方国家和发展中国家之间的信息和知识鸿沟进一步拉大了两者的经济距离。大众传媒不仅是一种信息传播工具,而且还是改变社会的重要力量。因此,我们要改变纯粹把大众传媒当作传播工具的视角,而是要把它当作影响全球的重要因素来进行全面、综合地研究。

作为少数族群传媒的海外华文报纸,它的全球化不仅体现在全球华人社会的传播,而且还体现在华人社会与其他种族社会的交流上。它不仅在族群内部承担重要的全球化传播的作用,而且还在族群间承担文化交流的责任。海外华文报纸不仅逐步走向全球性的信息传播,而且也涌出了数个有实力的跨国报业集团。这些华文报业集团,不仅有效地分流了当地主流媒体的一部分话语权,对全球华人的生态变化、华人与当地主流社会的关系重构也产生了相当大的影响。从这一方面来看,海外华文报纸的全球化已经初步搭建了影响全球华人和其他种族的平台。

三、本土化与全球化的辩证关系

本土化与全球化可以相互转换,相互影响。全球化并不一定消灭本土的东西,本土的东西也可以有选择地进行全球化。

在全球化的诸多要素中,"距离的消失"或"时空的压缩"是其中重要因素。时空的压缩意味着某一个国家和某一种文化话语权力的扩张,意味着"疆界模糊"与"重新划界"的过程。民族国家、文化等界限愈来愈模糊,也愈来愈无法限制人员、信息、资金的全球性流动。事实上，全球化所带来的不仅是疆界的模糊，更重要的是，它在政治、经济、社会与文化等多个层面产生了错综复杂的联动。然而，在全球化的历史过程中，一些国家、民族、族群也因为有选择地进行全球化，或者是有限制地进行全球化，而呈现出不同程度的全球化，因此出现世界各国、各民族、各族群对全球化政治、经济、文化不同的响应程度，从而产生了本土化与全球化的不同研究视角。笔者认为，全球化不能简单地认为政治、经济、文化的同质化，也不能单纯、片面地说全球化被民族国家所完全抗拒。各个民族国家的政治、经济和文化都在有意无意地接受全球化，只不过程度不同而已。

那么，如何在本土化与全球化之间保持平衡呢？是不是说全球化就一定要消灭本土化？要保护本土文化就不能全球化？笔者认为，由于多种因素的作用与影响，以及在西方占据主导地位的情况下，应该辩证地看待两者的关系。不进行全球化，就会被边缘化，边缘化的结果就有可能会是消亡。完全排斥全球化，势必使自己隔离于世界文明的发展大潮中；中国曾有过惨痛经历。完全接受全球化，又会使族群文化和民族文化消亡，成为西方国家的文化殖民地，长远来说，不利于族群和民族的发展。因此，有选择地进行全球化，既让他人看到自己的优点，又要学习他人的优点，这样才能既参与和推动世界多元文化的形成，又能使自己在全球化的过程中得到提升。

就以西方媒体的传播全球化的例子来说，一般而言，在传播过程中，传播者的传播内容要通过文字图像等符号表达出来，受众看到后需把符号解读成意义才能了解传播的内容，这个过程就涉及比较复杂的语境转换和正确解读问题。可能一条内容正面的新闻，在别人看来，却是负面的。因此，文本转换的语境受到很多因素，诸如心理、文化、认知程度等制约和影响，其中文化背景的差异性将导致文本语境转换可能产生更大的差异，甚至是产生相反的意思解读。因此，如果传播者考虑到受众本身的思维习惯和阅读心理，以本土化的表达方式传播内容，那么传者与受者之间就可能产生共同领域，从而在共同领域中很顺畅地实现信息有效传播。文化的接受和解读模式已经成为全球化的重要障碍，也说明本土化与全球化需要协调。

对于海外华文报纸的全球化来说，资本相当欠缺，在国际市场筹集资金就要借助资本市场，实现全球资本与本土文化的结合。于是，我们才会看到一些有规模的海外华文报业上市融资，增强实力，实现资本积累和传媒滚动发展的目标。海外华文报纸全球化有助于打造一个世界性的传媒集团，在本土化的基础上，实现全球传播的目标。因此，两者是辩证统一的，不存在两者相争、两败俱伤的问题。

全球化绝不是西化，而是充分发扬族群文化特色的一种整体化过程。从这个角度说，一种文化要想参与到世界文化发展的过程中，就一定要在弘扬和保留族群文化的基础上，在全球扩散，既让他人了解自己，也让自己了解他人，从而在世界文化系统的整体化过程中占有一席之地。因此，全球化与本土化是普遍性与特殊性的关系，两者是辩证统一的。

四、海外华文报纸本土化与全球化

从上述有关大众传媒本土化与全球化的关系来看，不论是西方跨国传媒集团，还是海外华文报业集团，它们要想在世界各地取得成功就得采取本土化的策略。就以海外华文报纸的全球化过程来看，它同样经历了类似于西方跨国传媒集团全球化进程。

首先，海外华文报纸是在海外华人比较密集的国家中诞生、发展起来，实现资本积累后，它们鉴于当地发展空间有限的现实，开始把眼光转向其他地区的华人社会，萌发了在其他地区办报的念头。当它们实践这种念头后，它们就开始了全球化的进程，虽然这种全球化还处于初级阶段，但毕竟迈出了全球化的步伐。它们到其他地区的华人社会创办华文传媒，最有利的条件是华人社会语言相通、文化相近，因此它们几乎没有阻碍地进入华文传媒业，而跳过了西方跨国传媒到一个非英语国家中首先要进行文化适应的过程。但是，即使全球华人社会文化相近，本土化仍然是华文报业集团进入另一个华人社会的策略。比如说，马来西亚《星洲日报》到柬埔寨创办《柬埔寨星洲日报》，就要全面客观报道柬埔寨的华人社会新闻，而不能把马来西亚华人社会新闻照搬过去。海外华文报纸的全球化过程，也要按照新闻价值规律中的"接近性"要求进行传播，从这一点来说，本土化仍然是海外华文报纸全球化的基础。

全球的本土化和本土的全球化是两条并行不悖的全球传播道路。全球的本土化是最简便、快速、有效贴近受众，赢得受众青睐的方法。实际上，"一个越来越具商业化压力的传媒工业正在制造文化的地方观念"①。在传媒业的发

---

① （英）约翰·汤姆林森：《全球化与文化》，郭英剑译，南京大学出版社2002年版，第250页。

展历史中,资本积累的逻辑正成为全球传播体系的统一规则。各种媒体都无法离开商业而运转。美国如此,其他国家的媒体同样如此。商业化的传媒发展规则,决定了在全球媒体系统中,只要有利润,一切都可以用任何语言、在任何地方传播。在商业化传媒的世界传播背景下,跨国传媒的发展表明跨国传媒愿意接受文化差别的事实,而不是改变这种差别——只要文化差别能带来利润,它就是可以接受的商业原则。因此,对于跨国传媒来说,解决文化差别的方法不是去否定和同化不同的文化,而是采取一套有效的控制机制去支持和管理它们,以获取更大的利润。与早期的殖民主义相比,全球化使跨国传媒集团更有能力整合民族国家中的传媒业,吸纳当地精英,而不再是从政治或经济上消灭他们。由此我们看到跨国传媒为获取商业利益,也不得不走本土化道路。

作为市场经济的产物,海外华文报纸也要走西方传媒的道路。本土化是包括海外华文报纸在内的少数族群传媒走向世界的第一步,只有先打下本土化的基础,才能实现全球化,而全球化又反过来推动它们的本土化,两者相互促进,互为提高。

第三节 海外华文报纸的本土化与全球化发展和历史使命

很显然,从上两节关于全球化的有关理论阐述中,我们把海外华文报纸置于海外华人问题、自身的发展,以及中华文化与其他文化交流等角度进行思考,就深深地意识到作为在海外传播中华文化的主力军,海外华文报纸必须全球化。

如果我们采取整体观察的方法论,来研究海外华文报纸的本土化与全球化问题,不难发现,不论是海外华人问题,还是海外华文报纸的发展,甚至中华文化作为统一、完整的文化形态与其他文化交流等问题,我们可以获得更加宏观整体的印象。本文的研究也借鉴整体观察和研究的方法,对整个海外华文报纸全球化的前景进行研究,从而能够更加清晰地描述它们全球化的状况。

一、困扰世界各国的海外华人问题

自从华人移居到海外,海外华人问题就因此产生。困扰海外华人和当地国家的一个非常重要的问题是海外华人的政治效忠和文化认同的问题。这两个问题一直以来都成为困扰当地国家和海外华人的主要问题，而这两个问题很大原因又归咎于海外华人的经济成就。

由于天生勤奋，且又节俭勤劳，华人移民海外后，很容易致富，然而，出于对华人的不信任，以及文化背景的不同和国家认同的差异，当地主流族群利用掌握政治权力的机会，对华人实施种种限制政策，如马来西亚的"新经济政策"，印度尼西亚的"三无政策"（取消华文传媒、华人社团、华文教育）等。海外华人面对当地政府的压制，不断起来抗争，甚至采取不合作态度，如坚持华文教育的完整性，坚持创办华文报纸，如马来西亚，不仅华文教育相当完整、系统，而且华文报纸也相当发达。由于海外华人入籍当地国后，中国就失去了对他们的领事保护，因此面对当地政府压制华人时，也左右为难，只能通过外交途径或国际法处理有关问题。这样海外华人就犹如悬在空中，一方面感叹得不到当地主流社会的理解，常常要面对主流的怀疑眼光；另一方面又感叹一旦遇上华人权益受侵害的事件，很难得到中国政府的保护。于是在这样的心理作用下，华人在面对全球化时常常感到有种漂浮、无力的感觉，而华人的这种困境又时常体现到对国家建设的参与上，于是又加剧了当地主流族群的怀疑态度，造成恶性循环。

海外华人问题之所以受到人们的关注，一个重要原因就是族群文化认同与身份认同的问题。一直以来，华人形成了与其他人种不同的文化特征，并依据这些文化特征来区分其他人种，而维系这些文化特征最重要的媒体当然是海外华文报纸。海外华文报纸使族群文化在历史过程中长期形成的族群传统习俗、生活方式、社会风情、心理意识及思维模式得到保留和传播，并成为一种具有特殊超稳定性的族群的整体心理结构和精神力量。海外华文报纸所具有的稳定性、长久性、普遍性、承继性、象征性等多种属性，使得海外华人在面对当地主流文化的同化和文化全球化时，仍然能够保持着自身鲜明独特的个性色彩。

由于中华文化具有5000多年的悠久历史，接受过中华文化熏陶的华人，无论是思想，还是在行动上都被打上深深的烙印。他们常常利用报纸来维系这份对文化的热诚。这样，海外华人与当地主流社会所形成的认同差异，便成为很难解决的海外华人问题，而且也因为这个原因，华人时常成为某些政客的牺牲品，成为当地政府排华反华的主要借口。

因此，如何减少甚至避免出现海外华人问题，笔者认为，推动当地国家融入全球化，并推进当地民主和法制建设，才能尽可能地使华人避免成为当地政府施政错误的替罪羊。荷兰政治学家阿兰德·利法特认为:"民族的多元性通常是自变量,民主是因变量,问题是一个按民族划分的社会是否能够维持住民主制度。而其逆关系,即以民主作为自变量和以民族的多元性作为因变量相联系的关系,说得更明确些,就是民主化与民族冲突相联系的关系。这种逆关系显然更有助问题的解决。"① 事实也告诉我们,只有在当地建设民主法制,华人才能逐渐获得与当地原住民平等的民族自决权,也才能保护自己的生命财产安全。因此,全球化在某种程度上是有利于维护华人自身权益的,如1998年印度尼西亚苏哈托下台,国内实行民主选举后,许多歧视华人的法律和政策都被取消,华人的生活和习俗也得到尊重。这说明海外华文报纸的全球化有助于反映海外华人声音,也有助于自身的生存与发展。

二、海外华文报纸生存与发展

目前的全球化,资本和技术现代化的扩张以更快的速度增强了跨文化交流的能力。西方传媒也借助资本和技术实现传播的迅捷化和便利化,在国际话语权方面得到急剧提升。然而,相比较海外华文报纸的整体力量,后者显然无法与西方强势媒体相提并论。美国新闻集团,其传播网络遍布世界,不仅每年为其带来数百亿美元的收益,而且还传播了西方的舆论和价值观,对其他国家构成了重大的舆论压力。

海外华文报纸虽然随着中国的发展以及大量华人移民、定居在海外,数量有所增长,但是质量提升得很慢,网络的冲击使其生存面临着严峻挑战,在全球化的语境下,很难形成强大的话语权。按照全球化的发展历史来看,首先是经济全球化,然后才会形成政治、文化全球化。也就是,海外华文报纸要想全球化,首先必须实现资本和技术的全球化,要加快资本的积累,完成跳跃式发展,才能实现与西方传媒平等的对话,才能进一步扩展与海外华人的互动范围和规模,才能增强它们与海外华人联系的能力。因此,海外华文报纸只能走全球化道路,依据全球化资源的优化和调整要求,减少交易成本,实现利益的最大化,才能为其进一步发展提供条件,也才能真正参与到全球化的活动中,出现在世界重大新闻事件的发生现场中。

海外华文报纸已有200年的历史,从20世纪80年代开始,海外华文报纸

---

① 宁骚:《民族与国家》,北京大学出版社1995年版,第349页。

随着移居海外的人数日渐增加亦愈办愈多，愈办愈蓬勃。可以说凡是有华人的地方，几乎都有华文报纸。早期的华文报纸既关注当地的新闻，也关注中国的动态，特别是抗日战争期间中国军民抵抗日军侵略的情况，成为"二战"期间华文报纸特别是东南亚华文报纸报道分量最重、篇幅最多的内容。"二战"结束后，随着各国相继实现民族解放和独立，海外华文报纸成为当地传媒，于是把更多的精力和篇幅放在当地华社的新闻报道中，中国以及其他地区的华社新闻只占其中一小部分。随着中国改革开放，国力日益强大，也随着大量中国人到国外留学、经商、移居，海外华文报纸几乎遍地开花。它们不仅为当地的华人服务，而且大量传播中国信息，在海外华人之间、海外华人与中国之间搭起了互相沟通的桥梁，同时进行内部整合，海外华文报纸逐渐从本土走向集团化、产业化、全球化。

当前，电子媒体迅猛发展，对海外华文媒体的生存与发展提出了新的挑战，也促进了它们在全球的传播。如果说早期海外华文报纸囿于传播工具的限制而无法实现更快捷的全球传播，专注于本土新闻的报道，那么今天随着新媒体特别是网络的迅速发展，海外华文报纸的全球化传播已经成为现实。

三、担负促进族群相互了解的使命

作为传播中华文化的重要力量，海外华文报纸记录了海外华人艰苦奋斗的感人事迹，是联系海外华人感情的重要纽带，是缓解海外华文文化疏离感、失落感的重要精神食粮，是维护海外华人权益的重要喉舌。它们在记录海外华人感人故事的同时，还向世界传播了海外华人刻苦勤奋的创业精神。它们是最有条件传承中华文化，实现与其他文化交流的目的的传媒。

海外华文报纸不仅是信息传播工具，也不仅是商业机构，而且还是文化传播机构，是实现族群和解、文化相融的重要社会公器。海外华文报纸除了履行维护海外华人权益的社会责任外，还需履行文化传播的重要社会责任。海外华文报纸虽然是族群性的传媒，但它们却可以采取很多形式，与世界其他族群文化进行对话，展现中华文化博大、宽容的文化性格，塑造海外华人的新形象，从而减少负面声音。海外华文报纸也可借此担当文化使者的角色，实现文化融合和种族和解的使命，与其他民族（族群）共同缔造多种文化共处、多元思想共存的和谐社会，扩大报纸的影响。比如说，马来西亚《星洲日报》一直努力履行这方面的责任。在副刊，它不但介绍了中华文化，也刊登了翻译过来的异族文学作品；不但为华人提供了丰富的精神食粮，而且为他们提供了了解异族文化的窗口和渠道，充分体现了文化传播、联结和融合的功能。

　　笔者常听到海外华文报纸抱怨华人受到当地政府的边缘化，笔者表示同情的同时，也从另一个视角反思海外华人被边缘化的原因。海外华文报纸是否有过反思？在政府做出边缘化的政策之前，海外华文报纸有没有从异族的角度思考他们构建国族的紧迫感？有没有想到，华文报纸与华人也在有意无意地边缘化异族的文化呢？华文报纸除了一味抗争外，有没有在各民族文化融合和交流上做出努力？是否带着先天的文化隔阂感和抗拒感去与其他种族文化交流呢？比如说，海外华文报纸有无出版以当地主流语言的书籍来介绍中华文化？有无报道主流社会的思想和文化？一味对抗是否能解决问题，有没有更好的角度或方法去解决种族矛盾，维护华人权益呢？诸如此类的问题，都使得我们对海外华文报纸在承担不同文化交流和沟通角色的反思，也促使我们更进一步思考报纸如何更好地承担文化使者的角色，去履行文化间的互动，从而达致种族间的和解。

　　隔阂产生偏见，偏见产生冲突，而要解决冲突的问题，最佳的途径就是沟通，特别是文化的沟通。经过悠久历史文化熏陶的华人，应该有宽广的胸怀去面对文化观念的转变。事实上，一种优秀文化的形成，是吸收了其他文化的精髓而发展起来的。中华文化要想继续得到发展，除了保持许多美德和良好传统外，也应吸收异族的文化，形成更具包容性、更具全球化的文化视野，从而培育华人良好的公民道德、宽广的胸怀去面对文化间的竞争，提升华人的形象。

　　当前，许多国家对华人的崛起存在相当多的疑虑。这是因为中国经过长达近40年的改革开放，经济得到长足发展，国际地位得到空前提升。许多国家的主流社会由于与中国的意识形态有很大的差异，加上中国地域辽阔，人口众多，它们对中国的强大产生诸多疑虑，也对国内的华人产生不信任感。由于华人勤奋、刻苦、节俭，很容易在与异族的竞争中占得上风，这使得当地政府为压制华人的发展，不得不出台许多歧视性的政治、文化、经济、教育政策。这种对华人的疑惧，实质上来自对中华文化的不了解，也是缺乏文化自信的表现。在这种政治文化背景下，一些别有用心的政客便利用主流族群缺乏对中华文化的了解，出台和渲染了"黄祸论""中国威胁论"等，不仅丑化了海外华人，也丑化了中国。

　　一个民族精神上的成熟绝非表现在排他性，而是以深刻的理性思维、辩证的分析、严谨和宽容的思想、不断学习的精神为标志，这是建设海外华人良好形象的重要动力。海外华文报纸要有宽容大度的气质展开与其他族群的思想精神交流。这种交流不仅有助于各族群间的相互了解，而且能够促进世界文明的发展。比如说，马来西亚一位马来族学者奥斯曼峇卡对《星洲日报》多年来在促进族群思想、文化交流的努力给予了相当正面评价。他对《星洲日报》与其他主流媒体破除种族藩篱，携手合作联办"两大文明（伊斯兰与儒家）对话"研讨会大加赞赏。他认为伊斯兰和儒家文化的对话，不但能促进马来西亚伊斯兰教与儒家思想的研究，而且拉近了马来社会与华人社会之间的距离。他说："《星洲日报》举办这个活动，将有助于学术界对回教和儒家思想的相互了解，也有助于两个种族的相互理解。"[①] 他非常希望，《星洲日报》能够继续承办这些活动，在马来西亚促进马来文化与中华文化相互影响与融合。

介绍异族文化，吸纳异族的文化精髓，同时向异族展示绚丽多彩的中华文化，以全球化的视野了解世界的文化格局及各种地域文化的特色和趋向，这是海外华文报纸必须要解决的问题，也是化解种族矛盾、增进理解的重要渠道。我们有博大的文化胸怀，有璀璨的历史文明，应该主动展现善意和诚意，迈出与异族和解和共同发展的步伐，在相互碰撞和交流中体现中华文化的内涵，让异族感受和了解中华文化。因此，秉持"让世界了解华人，让华人了解世界"的文化传播理想，海外华文报纸在构建文化传播的平台时，可以采取很多种形式。比如说，可以把一些有关中华文化的新闻报道或者文学作品结集翻译成当地语言出版，举办文化交流活动，邀请异族学生参与，与他们展开文化对话等，这些都是建构文化平台，加强不同文化的了解与沟通的有效措施。

文化交流是理解对方、沟通心灵的最佳途径。中华文化在传播过程中不但可以增进各个国家主流社会和异族对中华文化的了解，而且可以推动华人与异族友好关系的发展，增进彼此之间的了解，从而彰显文化交流的独特魅力。构建文化传播的平台，让世界了解中华文化，了解华人勤劳、善良的性格，不仅可以展示中华文化的风采，使华人在当地赢得更多的理解，而且通过潜移默化的文化熏陶活动，影响和感动异族，并与他们一起喊出"求同存异""和平相处""共同发展"的心声，是海外华文报纸的历史使命。鉴于文化交流的重要作用，笔者希望，海外华文报纸应在族群间的理解和交流中履行文化传播的责

---

① 《奥斯曼峇卡赞本报拉近华巫社会距离》，载《星洲日报》1996年9月4日。

任，致力于建设文化交流的平台，减少族群间的误会，在当地形成更加多元化的思想和观念。

第四节 小 结

　　本章讨论了本土化与全球化的概念，阐述笔者对全球化的理解，对全球化特点进行了筛理，指出"联结"是全球化最显著的特点，并根据此特点，指出了全球化实质是"时空压缩、权力与重组社会关系"。本章对各种全球化理论进行点评，特别指出族群文化、民族文化、国家文化的差异，在肯定全球化对世界做出贡献的同时，也对其造成族群和国家的解构表示担忧。

　　随着经济全球化的进一步深入，文化全球化也在世界各地对族群文化、民族文化和国家文化带来强烈冲击。本章论述了文明终结论和文化殖民论等观点，指出文化全球化虽然对民族国家带来冲击，但是仍然会受到国家文化、民族文化和族群文化的过滤。文化全球化并不意味着世界文化的一元化，反而可以促成世界文化的多元化，但这需要世界各国的共同努力。

　　本章讨论了本土化与全球化的辩证关系，指出本土化与全球化是传媒壮大实力、增强话语权的最好出路，指出即使西方跨国传媒挟雄厚的资金和先进的传媒理念到其他国家落地，面对族群文化和民族文化的强烈抵抗，也不得不本土化，因此本土化与全球化是相辅相成关系。

　　借鉴西方跨国传媒的成功经验，本章深入论述了海外华文报纸在注重本土化的同时，也需要全球化，指出这不仅关系到华人的切身权益，而且也影响到华文报纸的长远发展。本章论述了海外华文报纸全球化的原因，指出它牵涉到海外华人的文化认同问题，认为要消除族群间的误会，增进中华文化与当地主流文化、西方文化相互间的了解，华文报纸要走出华人社区，面向世界，这不仅能够更好地维护华人的权益，展现华人良好的品格，而且可促进自身的发展。

　　本章强调了文化交流的重要性，指出华文报纸作为社会重要的媒介，应当承担不同族群文化交流的责任，促进各族群的相互了解，不仅让其他族群有机会了解中华文化，而且也在向其他族群传播中华文化的同时，促进自身的发展。

第二章 海外华文报纸历史与现状

在全球化的浪潮中，不管人们是否承认，都无法置身于全球化之外。同样，海外华文报纸随着中国迅速发展和华人向全球移民，发展相当迅猛，原来华文报业比较发达的国家继续保持发展趋势，而一些没有华文报纸的国家和地区也有新的华文报纸诞生。海外华文报纸不仅数量显著增长，而且销量都有所增长，涌现了一批市场化程度较高、规模较大、社会影响力较强的媒体集团。伴随媒体网站的迅速发展，海外华文报纸在注重本土化的同时，把眼光投向世界，建设全球性的华文信息传播网络，不仅推动了海外华文报纸的本土化，而且还推动了海外华文报纸的产业化、集团化、全球化，对当地主流社会、西方社会也产生了重大影响。

第一节 海外华文报纸历史概况

海外华文报纸历史悠久。如果从1815年创刊的《察世俗每月统记传》开始算起，至2015年已有200年的历史。华文报纸种类繁多，内容丰富。它的历史，就是一部华人在海外开拓和生存的血泪史和奋斗史。

一、"二战"前的海外华文报纸

19世纪初至19世纪中期，在华人聚集的地区，如东南亚地区和美国先后涌现出一批华文报刊。例如1815年马礼逊、米怜在马六甲创办《察世俗每月统记传》；1823年麦都思在巴达维亚创办《特选撮要每月统记传》；1828年纪德在马六甲创办《天下新闻》；1833年郭实腊在广州创办《东西洋考每月统记传》，该刊第二年停刊，1837年又在新加坡复刊；1854年威廉·霍德华在旧金山创办《金山日新录》；1855年基督教长老会在旧金山创办《东涯新录》；等等。综合早期创办的华文报刊来看，它们有一个共同的特点，即它们都是由外国传教士创办的，有浓郁的宗教色彩。

从19世纪50年代开始，中国人自己创办的华文报刊在华人聚居的美国和东南亚一带相继出现。如广东籍华侨司徒源于1856年12月在美国加利福尼亚州首府萨克拉门托创办《沙架免度新录》，福建籍侨商薛有礼于1881年12月在新加坡创办《叻报》，福建籍华侨杨汇溪于1888年在马尼拉创办《华报》等。中日甲午战争以前，海外华文报刊数量不多（海外各地总共出版过30多种华文报刊），发行量有限，内容也大多以商业信息为主，不介入国内及所在地的政治斗争。甲午战争以后，由于国内政局发生剧烈动荡，各派政治力量纷纷到海外创办报刊，宣传政见，以争取华人的支持。海外华文报刊也因此而具有了越来越鲜明的政治色彩。

为了推翻清朝政府，以孙中山为首的革命派与以康有为、梁启超为首的保皇派在世界各地创办华文报刊，并利用它们展开言论激战，以争取世界各地华侨的支持。在美国，梁启超利用《文兴报》《新中国报》《中国维新报》宣传维新保皇的观点，而以孙中山为首的革命派则利用《檀山新报》《大同日报》和《少年中国晨报》宣传革命观点。在日本，梁启超等创办《清议报》《新民丛报》，鼓吹君主立宪，革命派则以《国民报》《民报》与之对垒，主张民权共和。在新加坡和马来西亚，保皇派创办了《天南新报》《新民丛报》等，革命派则创办《光华日报》《星洲晨报》等，与之对峙。两派在海外在各自创办的报刊宣传各自的政治主张，发生了言论大战，结果以革命派全胜告终。

"二战"前，由于世界对橡胶原产品的需求多，东南亚的经济命脉橡胶价格上涨，华人收入随之增加，谋生比较容易，吸引了更多中国沿海人们赴南洋打工。中国南来的移民掀起了一波又一波的浪潮，其中也包括许多落难的文人，他们解决了报纸人才荒的问题，并提高了海外华文报纸的办报水平。由于经济得到发展，华人生活水平有所提高，而且大量华人移居海外，促进了海外，特别是东南亚华文报纸的迅速发展。

日本侵华后，为赶出日本侵略者，世界各地华侨创办大量华文报刊，传播中国抗日消息，号召华人募捐，以支持中国抗日斗争。东南亚一带的华文报刊为此做出了巨大的贡献，《南洋商报》《星洲日报》在当时成为东南亚华人华侨抗日的喉舌，也成为筹集抗日经费的重要机构。不过，这两份报纸在抗日战争时期的政治主张也不尽相同，《南洋商报》亲共，《星洲日报》亲蒋。

虽然海外华文报纸发生过政治论战，但是在维护当地的华人利益，传播中华文化，推动当地华文教育的开展方面，均做出重大贡献。

二、"二战"后的海外华文报纸

抗战胜利后，中国共产党和国民党为获取各地华侨的支持，各自说服华文报刊支持自己的主张，于是华文报刊分为两派，如《南侨日报》亲共，而《南洋商报》则亲蒋。

1955年，为解决华人的国籍问题，也为了保护华人在当地的生存权，获得更多的政治权利，中国政府放弃了双重国籍政策，明确表示华人只能选择一个国籍。绝大多数的华人选择了归化当地国籍的道路，自然，他们创办的华文报纸就变成当地国家的传媒之一，从此要效忠当地国家，受当地国家的管理，再不以中国的利益为依归。这个根本性的转变，使得华文报纸的宗旨发生了根本性的变化。从当初拥护和效忠中国，转变为效忠当地国家，为当地社会的发展做出贡献，把维护华人利益，争取华人权益，作为诉求宗旨。于是华文报纸转变成维系华人族群和文化认同的重要工具。

华文报纸转变宗旨之后，受当地政府管理。20世纪60—70年代，由于国际形势相当复杂，华文报纸在各国特别受到了严格监管，甚至常被取缔。在东南亚各国，随着当地政府推行反华、排华的政策，华文报纸也受到极大摧残，许多华文报纸都被取缔。

中国大陆改革开放后，经济迅速发展，社会不断进步，偏向台湾的华文报纸逐渐改变对中国大陆的看法，变得客观公正，甚至转向中国大陆，特别是李登辉、陈水扁上台后，这些报纸对其鼓吹台湾"独立"相当不满。

20世纪80年代以来，为加强与中国的联系，同时在世界范围内形成保护各族群、民族权利，维护人权的共识的情况下，世界各国政府逐渐改变了压制华文报纸的政策，放松对它们的管理，甚至鼓励华文报纸创办，于是华文报纸又得到了迅速发展，推动了海外华文报业的发展。如香港的《星岛日报》《明报》、台湾的《世界日报》等在许多国家创办发行，传播中国大陆、台湾的有关信息，维护华人利益，日益发展壮大。

踏入21世纪，随着留学生和移民大量增加，海外华文报纸得到了进一步的发展。大量的华文报纸如雨后春笋般涌现，仅在美国，华文报纸数量就超过了60种。一大批华文报纸不断得到创办，不但为华人华侨、留学生提供了中国的最新信息，而且也推动了海外华文报纸的发展，延伸了海外华文报纸的历史。海外华文报纸相互交流，互通信息，初步形成了全球性的传播网络。

第二节 海外华文报纸现状

从媒介经济学的角度来说，传媒的生存与发展离不开大量的受众。大量走出国门的中国商人、留学生、到其他国家定居的移民，成为海外华文报纸新的受众群。这些数量庞大的受众群不仅改变了原来的海外华文报纸读者构成，而且也改变了当地传媒业的生态，促进了海外华文报纸的发展。

一、发展迅速

中国经济迅猛发展，又采取和平共处原则与其他国家交往，国际地位日益提高。鉴于中国迅速发展的客观现实，以及国际形势的变化，世界各国基于与中国发展经贸关系的要求，都放松了对华人的限制，在一定程度上促进了当地华文报纸的发展。比如说，在东南亚，华文报纸虽然面临诸多困难，但是呈现良好的发展势头，华文报纸的销量普遍比过去有所上升。在美国，"最大的华文报纸《世界日报》从1991年到2001年间，销量增长了50%，在三藩市、洛杉矶、纽约聘请了100名记者，可与美国报纸销量排第24位的波特兰《俄勒冈州报》相媲美"[①]。美国的华文报纸不仅数量多，销量也不断上升，发展相当迅速，华文日报、周报、杂志、广播、电视、网络不计其数。如果一座城镇生活着上千华人，就有可能发行至少一份华文报刊。

目前，许多国家的华人创办了大量华文报纸，有些国家还出版了华文日报。例如，美国的《世界日报》《侨报》《星岛日报》《明报》，澳大利亚的《澳大利亚日报》《新报》《星岛日报》，法国的《欧洲时报》《欧洲日报》《星岛日报》等。不仅华人聚集的国家出现了大量的华文报纸，人数比较少的国家也相继出现了华文报纸，如非洲西部国家尼日利亚首都拉各斯的华人于2005年创办了《西非统一商报》。

众多华文报纸不仅为当地的华人提供了丰富的资讯，而且也成为当地传媒

---

① New Voices. Crusading Reforters Help U.S. Ethnic Press Thrive in Tough Times. Financial Times World Media, July 31, 2001, p.1.

业的重要组成部分。根据澳大利亚官方的统计，就传媒业而言，华文报纸在各少数族群传媒中最为发达。如该国最大少数民族族群意大利人，至今还没有一份意文日报，仅有周报和月刊而已，而华文报纸不仅数量可观，而且种类齐全，堪称一枝独秀。在日本，中国留学生和华人所出华文、华文日文双语合刊和日文报纸、期刊、电子传媒数量也相当惊人，涌现了如《知音》《留学生新闻》《中国导报》等规模比较大、办报比较规范的华文报纸。大量华文报纸不断创办，反映了海外华文报业迅速发展的事实。

二、竞争激烈

大量华文传媒不断涌现，既促进了传媒业的发展，但同时也直接形成了激烈竞争的态势。据不完全估计，包括各种周报在内，日本的华文报刊有50多种。许多留学生留日后，由于办报门槛很低，为了生存也选择办报，结果造成华文报刊几乎免费派发，大多数发行量不高，靠广告费来支撑。

在马来西亚，华文报纸相当繁荣，但竞争激烈。该境内大约有20份华文报纸，其中《星洲日报》《南洋商报》《中国报》《东方日报》《光明日报》《光华日报》等为获得更大的市场份额在进行激烈竞争。

由于竞争激烈，华文报纸出现了独有的出报特点，比如说，《星洲日报》《南洋商报》一天要改动7次版面，要编辑7个地方版，因此每天要印刷7次，一有记者新的消息，编辑就会根据记者从外面采写回来的新闻的重要性来决定是否更替版面，所以，有时读者会在一天看到《星洲日报》《南洋商报》7个不同的头版。为了首先满足吉隆坡读者的需要，《星洲日报》《南洋商报》等都推出了夜报。它们不同于中国的晚报。中国的晚报只印刷一次，下午大约2点钟就可以在市面上销售。而《星洲日报》《南洋商报》的夜报，却是在下午大约4点钟印刷，5点钟在市面上销售，读者在吉隆坡就可以看到当天最新的消息。晚上11点的时候，编辑再根据记者采访回来的新闻，确定新的头版新闻，更替版面内容，然后在凌晨印刷，第二天早上再次推出市场。因此，吉隆坡的读者还可以在第二天凌晨再次看到与夜报不同的新闻与版面。从新闻传播的角度来看，《星洲日报》《南洋商报》已经做到了滚动报道的要求，极大地增强了新闻的时效性。

为了在激烈竞争中抢夺读者，各报都在时效性上下功夫，造成编辑工作相当紧张。一方面他们不仅要根据记者采写的新闻内容决定其是否上版面；另一方面他们的神经高度紧张，恐怕其他的华文报抢先上版，并在市面销售，特别是非常担忧其他报纸抢先报道了独家新闻。所以，在这样的竞争态势下，新闻编辑面对的压力可想而知。

在澳大利亚，华文报纸之间的竞争也相当激烈，大多数的华文报刊都免费发行，关门停刊者大有人在。一位报人就指出："文人办报的时代已经过去，现在是汰弱留强的局势，必定要有足够弹药的大企业，才有实力涉足这个行业，否则很难生存。"①

三、逐步朝全球化方向发展

客观来说，大多数海外华文报纸的规模不大，实力不强，但是也涌现了一些实力雄厚、影响力很大的华文媒体集团，成为海外华文报纸的领头羊。如马来西亚的星洲媒体集团、南洋报业集团等，它们利润可观，而且形成了品牌效应，不仅在华人中拥有很高的影响力，而且在当地主流社会也产生很大的影响。

马来西亚星洲媒体集团2014年收入逾5亿令吉（相当于11亿元人民币）。该集团不仅有华文报纸，还有华文杂志、华文网站。该集团旗舰报《星洲日报》每天发行量36万份，读者群超过100万人，是海外发行量最高的华文报纸，在马来西亚影响很大。该集团在2008年4月与香港明报集团、南洋报业集团合并成世界华文媒体集团。合并后的媒体集团，足迹遍及全世界，每日报纸总发行量逾100万份，员工5000人，控制5份大报：《星洲日报》《光明日报》《南洋商报》《中国报》《明报》，拥有超过30份杂志，成为中国本土之外最大的华文媒体集团。

台湾联合报系走出台湾，把视野转向全球，在世界华人比较聚集的国家和地区办报，如在加拿大、美国、泰国、印度尼西亚创办了《世界日报》，在法国创办了《欧洲日报》等，这些海外华文报纸与台湾的《联合报》一起构建了台湾联合报系。

香港的《星岛日报》《明报》以香港为中心，在全球开拓华文报业市场，在加拿大、美国等地创办了分版。特别是《星岛日报》，除了加拿大、美国外，还在英国、澳大利亚等地创办了当地版，组建了横跨世界的报业集团。

---

① 咏之：《澳大利亚的华文报纸》，载《新闻爱好者》1999年第1期。

"在1990年时,美国《星岛日报》的销量就达到了5万份,读者群超过10万人。"① 如今该报在美国每日销量超过10万份,成为影响美国华人社会和主流社会的重要媒体。

这些媒体集团以报纸为基础,逐渐向多元化方向发展,如开办网站和华文电视,出版书籍等,不仅为海外华人提供了丰富、快捷的资讯,而且也拓宽了华文媒体的生存空间,延伸了它们的生命线,促进了华文信息在全球的流动与扩散。

第三节　海外华文报纸与当地主流社会的关系

1955年10月,中国政府宣布不承认双重国籍的消息,海外华文报纸便转变成为当地传媒业的重要组成部分,然而,身份的敏感性以及华人极强的族群性,造成其与当地主流社会的关系比较敏感。海外华文报纸一方面争取族群文化的传承权,另一方面又采取多种形式加强与主流社会的交流。

一、与主流社会关系敏感

海外华文报纸与当地主流社会的关系,因为当地的政治、文化制度以及民主自由风气不同而出现两种情况:一是在欧美国家,由于白人本来就在文化和经济上占据主导地位,他们相当自信,认为海外华人融入主流社会的趋势并不因为海外华文报纸强调族群和文化认同而受到阻延,因此政府不会限制海外华文报纸,海外华文报纸比较自由,但是它们族群和文化认同感也还会引起主流社会的关注。二是发展中国家,尤其在东南亚国家,由于华人在文化和经济上比较超前于主流族群,但由主流族群控制的政府对海外华文报纸强调族群和文化认同持怀疑态度,于是出台许多措施来压制它们,因此,相对欧美发达国家而言,在发展中国家,海外华文报纸与主流社会的关系比较敏感。

在许多生活着华人的发展中国家中,华人使用华语,华文报纸传承中华文

---

① Michael Dorman. What Really Makes New Your Work. The Ethnic Press, Read all about it ⋯ In any Language. New York Times, Apr 8, 1990A (42).

化被视为一种政治背离，因为他们被认为削弱了对国家的忠诚，因此政府一定要运用政治的和其他的强制力量来削弱华人的经济实力和海外华文报纸的影响力，以保证主流族群能够继续控制政权，在经济上超过华人。

对于海外华人来说，通过华文报纸寄托自己对族群文化的认同，这种情况普遍存在。华人看到华文报纸用华文来报道新闻，心中会涌起一股亲切感。再没有比华文报纸更好的工具能够如此全面地流露华人的思念乡亲、眷恋母国等情怀。

作为当地的少数族群（新加坡除外），由于政府由主流族群所控制，它们利用政治权力为主流族群谋取更多的政治、经济、文化利益，而华人利益却被限制、损害甚至剥夺。华人经济上的强势与政治上的弱势，使得海外华人的各种利益诉求都被视为对当地国家安全的危险，往往得不到满足。于是华人通过各种方式来维护和争取自己的利益。华人利用华文报纸争取本民族利益的各种思想，鼓舞华人勇敢站出来争取自己应有的政治、经济、文化利益。这就使海外华文报纸不断追求三个方面的诉求。

（1）要求享有与主流族群或者在国家政治、经济生活中起主要作用的那些族群的成员同等的公民权利，而且要求保持和发展自己的族群特征，即享有使用自己的语言、文字的权利，有学习本族历史和弘扬民族文化的权利。

（2）要求本族群在国家的政治生活中能够起到一定的作用，如在中央和地方的立法机关有适当的代表，在中央和地方的行政机构中占有一定的位置，在国家文职人员和警察、宪兵、军队中拥有一定的数额，国家的决策在总体上反映他们的愿望和代表他们的利益。

（3）要求保护自己的经济权益，发展华人聚居区的经济，提高华人的文化、教育水平。

由于利益诉求长时期得不到答复和满足，又受到当地主流社会的歧视和排斥，华人多少会对国家产生疏离感，对国家欠缺建设热情。密切关心华人社会状况的华文报纸就会很明显地把华人的情绪表露出来，为此兴起维护华人权益的运动，引起当地政府的不满。

少数民族（族群）日益坚持自己的要求并谋求权力，是一个正在影响着发达的和发展中的、西方的和东方的、中央集权化的和尚未中央集权化的国家统一和社会稳定的全球性现象。应该承认，华人某些争取政治、文化、经济权利的举动是合理的，而华文报纸在舆论上支持华人的行动也是合理的，但是华人致力于维护华人权益在主流族群眼中，却是对国家缺乏效忠的热诚，特别是在发展中国家，问题更加严重。因此，海外华文报纸与主流族群的关系相当敏感。

许多学者从民族（族群）差别的角度，对改善传媒与政府的关系，特别是少数族群与主流族群关系提出了看法，提醒主流族群要重视族群间的差异性。他们认为，如果不重视差异性，就会在现代传播技术的冲击下，造成族群整合与同化的负效应："从语言和文化角度来讲……每个群体的成员都是其他群体的局部外围，然而科学技术进程和经济进程迫使他们走在一起，敏锐地注视着彼此的差别点和共同点，相互生疏的经验和极为显著的差别足以导致冲突。"① 然而，在现有的政治框架下，少数族群要想争取与主流族群同样平等的权利显然不现实，特别是在发展中国家，少数族群往往受到当地政府同化政策的重大影响。既然在国家的政治框架下，权利无法得到保障，那么少数族群就会借助新媒体，如网络、手机等手段，利用全球化解构民族国家的特点，向全球传播少数族群的现状，以引起世界各国的重视，从而在全球化时代中开拓一个维护权利的空间，倾诉受到当地主流族群不公平的对待。在这一方面，华文报纸在华人遭受不公平待遇时利用网络向全球传播华人的苦难，从而不仅引起全球华人强烈关注，也在西方社会造成很大的影响。

在发展中国家，任何质疑宗教和主流族群的政治权利等话题都相当敏感，这使得华文报纸在涉及这两个方面的课题时不得不格外小心。然而，华文报纸在新闻报道时要想完全避开这两个雷区，却很难做到。因为种族关系也涉及华人的权益，如果华人在一些主流族群政客的刺激性言论下，总是像待宰羔羊，说不定这些政客就会得寸进尺，华人的权益更有可能受到侵犯，华文报纸就不会得到华人的支持，生存就会有问题；但是刊登对抗性的言论和新闻，又有可能触犯有关法律，如煽动法令和内安法令等。所以，华文报纸犹如游走在钢索上，一方面通过理性、分析、中肯、建设性的新闻和言论来反驳对方刺激性的言论，在法令的边缘尽己所能维护华人的利益；另一方面又要不断进行抗争，为华人争取应有的发展空间。在这样的种族、政治、宗教关系下，可想而知，华文报纸面对很大的困难。

---

① （荷兰）阿兰德·利法特著：《西方世界的民族冲突》，明甫译，载《世界民族》1981年第1期。

二、致力于维系族群性

作为促进族群和文化认同的重要工具，海外华文报纸一直注重文化传承，注重维护族群性。一位在泰国多年从事报纸工作的老报人说出了华文报纸存在的价值和发展的方向："我们办中文报纸和中文广播电台，最主要目的是发扬中华文化、道德伦理观念，让海外华侨爱国爱乡精神、吃苦耐劳的美德、尊重他人和爱心延续到下一代，指引青少年避免误入歧途，和努力推动华侨维持尊重当地法律，与当地国人民和平相处，共同融入主流社会，提升华人在当地国的形象。"① 马来西亚星洲媒体董事主席张晓卿也说："不管历史如何转变，我们都应该选择和信任自己的文化，让文化成为我们生活的实践，成为我们的思考活水源头，成为每一个人处理危机，渡过难关的一种凭借和依据。"②

海外华文报纸不仅是信息传播工具，而且是文化传承的重要工具，也是保留族群性的重要力量。为保留族群文化，海外华文报纸不断做出努力，注重发挥报纸的文化教育功能，以此增强华人的族群感。许多海外华文报纸的宗旨就是为了在海外传承中华文化，保存族群性。政府对华文报纸进行限制甚至取缔的任何举动，都会影响到中华文化在华人当中的传承。如果失去了传承中华文化最重要的工具，海外华人就会断"根"，就会飘在空中。因此，海外华文报纸遇到政府的限制时，不断起来抗争。比如，《星洲日报》维护文化传承和华文教育，于1987年因为政府实施"茅草行动"而被迫停刊，但是报人并未失去传承文化的信念。他们不断寻求复刊的机会，向政府抗争，以保留文化传承的权利，在多方的共同努力下，终于在1988年复刊。

族群性需要媒介的传递，特别是如果没有华文报纸对中华文化的传承，中华文化就会丧失文化传承的渠道，华人最终将丧失族群性。在文化全球化日益深入的今天，强调文化传承，保存族群感，不仅可抵御西方文化的冲击，而且能够保护世界文化的多元性。

海外华文报纸刊登了大量族群和文化认同的文章，承载了中华文化与异文化交流的历史和现状，也表现出海外华人文化独特性。这种独特的文化现象不仅体现了华人的文化传统，而且成为华人的族群意识和独立存在的表征。从这

---

① 彭伟步：《海外华文传媒概论》，暨南大学出版社2007年版，第187页。
② 彭伟步：《东南亚华文报纸研究》，社会科学文献出版社2005年版，第213页。

方面说，华文报纸所呈现出的强烈的文化认同感和凝聚力，是联系海外各国华人的精神和纽带，体现了华文报纸存在的价值和所做的贡献。它们对文化传承权的争取，以及注重文化教育功能，为海外华人学习华文提供了一个良好的环境，也为维系海外华人族群做出了贡献。

第四节 小　　结

　　本章简述了海外华文报纸的历史与现状，论述了它们悠久的历史，以及在海外传承中华文化并形成了独具一格的报业文化，强调了它们继承先人维护海外华人权益的办报思想，推动文化传播，增强和维系华人族群感，体现了海外华文报纸在海外传承中华文化的重要历史价值和现实借鉴意义。

　　本章以1955年中国政府宣布实行单一国籍为界，把海外华文报纸的历史分为两个阶段，指出1955年后华文报纸从华侨报纸转变成华人所创办的报纸，受当地政府的管理，意味着海外华文报纸进入了一个新的历史时期，也就是从拥护中国转为效忠当地国，以维护当地华人权益为出发点，以传承中华文化为手段，在海外延续华人的根。

　　1955年至改革开放前，由于绝大多数华人入籍当地国，因此他们所创办的华文报纸也成为当地传媒业的组成部分，受当地的政治、经济、文化制度的影响。在此过程中，大部分海外华文报纸一直处于自生自灭的状态，不少报纸财力匮乏，只好停刊，只有少数几份报纸得到中国政府的资助。改革开放后，特别是20世纪90年代末，海外华文报纸随着中国的迅速发展，海外移民大幅增多而开始兴旺，并出现激烈竞争现象，涌现了一批规模较大、运作较为规范的集团。它们从市场上筹集资金，不仅朝跨媒体方向发展，而且向全球扩展空间，展示海外华文报纸强大生命力，展现它们独特的生存和发展方式。

　　如此众多的海外华文报纸不断创刊，而且发展趋势向好，反映了它们在面对全球化的冲击下，仍然有生存的空间和条件。一些华文报业集团在众多报纸中脱颖而出，说明海外华文报纸如果采取合适、科学的发展策略，就有可能进一步提升办报水平，扩大生存基础，壮大实力。本土化帮助它们积累力量，扩大规模，站得高看得远，但是这仍然不够，海外华文报纸还需要全球视野和使命感，才能具备市场领先者的潜质。在海外华文报纸中的佼佼者的发展经历充分反映了建立在本土化基础上的报纸除了要实现传播全球化外，公司实体也要走向全球的事实。

本章还论述了海外华文报纸与主流族群的关系，指出它们在全球化的环境中关系比较敏感，特别是在发展中国家，它们之间的关系更加敏感。但是，面对敏感关系时，海外华文报纸并没有悲观和畏惧，反而激起了它们更加努力地争取文化传承权，传播中华文化，保存华人族群性。海外华文报纸与主流社会的关系，在一定程度上反映了海外华文报纸发展过程中面对的一些棘手难题，也反映了海外华人的困境。

第三章　海外华文报纸本土化现象解析

全球化不但带来政治、经济的冲击，而且对世界多元文化也产生了冲击。由于传播技术的进步，传播已经跨越国界。20世纪80年代以来，全球化的趋势越来越明显。随着经济不断一体化，政治、文化一体化的趋势也越来越明显。信息传播不断提速，促进了全球信息传播技术的更新，以网络为代表的新型传播媒介的出现，极大地促进了传播革命性的变革，为全球信息传播提供了可能。

著名传播学家麦克鲁汉于1964年在他出版的著作《理解媒介——人体的延伸》中首先提出了"地球村"（Global Village）的概念。他提出，"广播使信息传播加快，信息加速同时又加快了其他的媒介"，"由于瞬息万变的电子技术，地球再也不可能超过一个小小村落的规模……最近宇航员环绕地球的飞行也是一样，它改变了人对地球的感觉，使之缩小到黄昏漫步时弹丸之地的规模"。现在，卫星电视、网络的出现，更进一步压缩了世界，促进了各种信息在全球范围内的流动。

传播全球化虽然有助于人们更快地获取信息，但是它带来的冲击却是显而易见的。美国学者阿里·穆罕默德在1997年出版的《国际传播与全球化》（*International Communication and Globalization*）一书的导言中，总结了美国学者对"全球化"内涵的看法。他认为，"尤其是在当代条件下，它指这样的方式，即权力和传播伸展到全球各地，压缩了时空，重构了社会关系"[①]。很显然，这句话隐含了三层意义：一是全球化传播时空受到压缩；二是全球化意味着权力的扩展；三是全球化重构了社会关系。美国学者提出这样的"全球化"内涵，是建基于美国以及西方强大的传播工具的基础上的，在某种程度上反映了全球化使西方媒体进一步压缩了其他民族国家传媒的话语空间，利用强大的传播实力和雄厚资本，在国际上获得了更大的话语权力和影响全球舆论的能力，并因此改变和重组了西方国家与其他民族国家、世界文化与民族文化的关

---

① Ali Mohammadi. International Communication and Globalization. UK: Nottingham Trent University, 1997, p.3.

系。英国社会学家罗兰德·罗伯逊（Roland Robertson）因此很精妙地论述了全球化的概念："世界压缩成了一个'单一的地方'。"① 从当前有关全球化的论述来看，我们不难看到，海外华文报纸的全球化，实际上是面对"时空压缩""权力""重构社会关系"三个问题。这三个问题贯穿了海外华文报纸整个全球化的过程，由此带来许多难题。

面对海外华人不断增多的趋势，以及当地华人政治、经济、文化实力的不断壮大，海外华文报纸也得到了快速发展，实力也得到增强，经过数十年的积累、滚动发展与传媒整合，在本土化的基础上，利用网络向世界传播，建立了数个规模较大的传媒集团。这些传媒集团不仅有华文报纸，而且还有以当地主流语言为载体的传媒，不仅在当地华人、主流社会产生相当大的影响，而且还在全球的华人当中形成强大的影响力。面对全球化的冲击，许多海外华文报纸不仅把本土化战略当作传媒生存与否的议题，而且还把实施全球化战略当作提升传媒实力的重要举措。面对全球化的时空挤压和西方传媒强大的话语权，海外华文报纸要争取更大的话语空间，并重构华人与西方社会、华人与当地主流社会的关系。维护海外华人利益的目的，本土化与全球化是其无法回避的问题。

第一节　社区化传播满足移民的信息需求和情感寄托

英国著名传播学家丹尼斯·麦奎尔（Denis McQuail）认为："媒介为个人提供大量而充足的信息，了解周围环境、社会和世界上有关的事件和情况，从中寻求作出个人决定的可供选择的建议。"② 他从个人对信息使用与满足的角度阐述了如下观点："个人通过大众传播传媒了解自我，获得行为模式，使个人的价值观得到巩固和加强，并认同其他的价值观。个人可以通过大众传播获悉需要联系或参与的社会活动的信息，某些信息还能提供交谈的材料。大众传

---

① 转引自（美）约翰·汤姆林森《全球化与文化》，郭英剑译，南京大学出版社2002年版，第11页。

② 转引自吴文虎《传播学概论》，武汉大学出版社2000年版，第101页。

媒还可以作为现实生活的替代物,代替社会实践,或直接由受传者参加大众传媒举办的各种活动。同时,个人通过大众传媒提供的新闻及其他各种信息,可产生安全感或社会的秩序感,从而消除因生活紧张忙碌而出现的紧迫感和基于某种社会心理造成的离异感,有助于个人的社会角色的实现。"① 麦奎尔的观点准确地解释了海外华人移居到异国,何以首先依赖族群传媒的现象。

移民刚到一个新的国度,人生地不熟,首先要依靠熟悉的母语传媒为自己提供有用的信息,能够延缓文化适应与转型的阵痛,能够保留自己对族群文化的印记,这是一种基于自身安全的心理需求。作为族群传媒,华文报纸一旦担负起这方面的责任,就能受到当地华人的关注与支持。

一、华社的信息需求

不论是新移民,还是老移民,由于受到中华文化的熏陶,他们对属于自身族群的信息相当关心。这一方面是因为与其他族群文化背景不同,迫使新老移民有选择性地阅读移民传媒,另一方面也希望通过获得自身族群的信息来增强心理安全感。

受过中华文化教育的人们骨子里都深深地受到以"家庭、家族历史主义荣辱观"为核心思维方式的传统文化的影响。在相对固定的空间内,文化的主要形态是围绕着"家庭、家族"而建立起来的。为了生存,中华民族自强不息,具有不屈不挠、顽强奋斗的意志和励精图治、艰苦创业的精神,以四书五经为代表的儒家文化几千年来仍然深深地影响着中华民族。中华文化的传承具有延续性和持久性,因此,即使移居到海外的华人,由于受过中华文化的熏陶,他们身上博大精深的中华文化印记始终无法消除。著名华人杨振宁回忆说:"我于1964年春天入美国籍……然而,决定申请入美国籍并不容易。我猜想,从大多数国家来的许多移民也都有同类问题。但是对一个在中国传统文化里成长的人,做这样的决定尤其不容易。"② 杨振宁的谈话在某种程度上反映了华人即使移居海外,仍然具有浓郁的中华文化色彩,很难放弃华人的族群性和文化认同。

苏联文学家杰缅季耶夫曾指出:"民族(族群)性是个人终生的、几乎是

---

① 转引自吴文虎《传播学概论》,武汉大学出版社2000年版,第101页。
② 转引自《漏网之语》,载新加坡《联合早报》2008年2月9日A17版。

最稳定的社会特征。人的贫富可能变化,社会的、阶级的和党派的属性可能变化,还可以改变宗教信仰。然而,人的民族(族群)性则是亘古不变的。当人在自己的民族(族群)属性事实中寻找自尊的源泉时,民族情感就能起到补偿作用。"① 族群传媒不仅能够在异文化的空间中争取本族群的话语权,建立与当地主流文化平等自由的对话平台,消除主流社会对边缘人群的偏见及成见,而且能增进不同族群、民族与文化之间的交流。

不仅现在的海外华人相当关心华人圈中的新闻,早期的华人也极其重视当地华人社会的动态。比如说,从1908年到1941年,新加坡《总汇报》报道了大量的华人新闻,而其他种族的新闻所占的比例很少(除1920年以外,见表3-1、图3-1),反映了早期华文报纸集中报道华人新闻、关注华人发展的事实。

表3-1 《总汇报》华族与当地其他种族新闻比例②

年份(年)	华族	非华族			
		马来族	印度族	其他种族	总数
1908	81.1%	1.9%	6.8%	10.2%	18.9%
1910	81.9%	4.4%	4.4%	9.3%	18.1%
1915	53.4%	6.9%	8.9%	30.8%	46.6%
1920	22.3%	8.7%	3.0%	66.0%	77.7%
1925	54.8%	6.1%	1.7%	37.4%	45.2%
1930	77.9%	2.5%	6.2%	13.4%	22.1%
1935	63.6%	4.3%	2.1%	30.0%	36.4%
1940	79.4%	1.7%	0.7%	18.2%	20.6%
1941	58.0%	1.5%	0.8%	39.7%	42.0%

当前,针对华人关心华社新闻的实际情况,许多海外华文报纸组织力量,采访、撰写关于华人新生代的就业状况,以及留学生毕业后进入主流社会公司

---

① 转引自方玲玲《全球化背景下移民传媒的文化建构作用与生存空间——基于传播人种学的角度》,载《新闻与传播研究》2006年第2期。
② 陈慧彬:《〈总汇报〉新闻内容分析》,新加坡国立大学中文系名誉学位毕业论文,新加坡国立大学中文图书馆,索引号为 PN5449 SIN. ZHB。

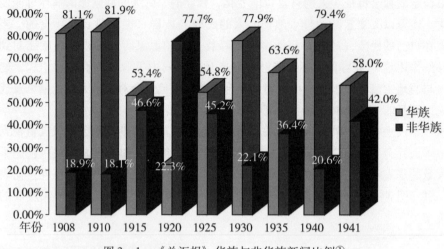

图 3-1 《总汇报》华族与非华族新闻比例①

工作的情况和华文教育等特稿，尤其受到读者欢迎。华人在海外谋生，特别需要了解当地社会生活的有关知识和当地国家的法律和法令，许多华文报纸就推出法律服务专版，为他们提供这方面的服务，借此拉近报纸与读者之间的距离。在这一方面，《联合早报》的做法值得借鉴。它从创办开始，就坚持每隔一段时间用一版与半版的篇幅刊登新加坡的有关法律知识和旅游指南，帮助新移民深入了解新加坡的法律制度和工作机会，大大增强了华文报纸服务的针对性。

传媒具有社会雷达和预警功能。华文报纸必须承担和充分发挥这方面的功能，及时预测政局，报道本地华人的新闻，才能更好地履行自己的职责与义务，才能受到华人欢迎，这是满足华人移民心理和信息需求的重要手段，也是海外华文报纸生存的基础。

二、对文化母国的感情牵挂

即使 100 多年前祖先移居到海外，当地出生的海外华人仍然把中国当作文化母国，即使已形成了落地生根的心理意识，但是许多华人仍然拥有一股血浓

---

① 陈慧彬：《〈总汇报〉新闻内容分析》，新加坡国立大学中文系名誉学位毕业论文，新加坡国立大学中文图书馆，索引号为 PN5449 SIN. ZHB。

于水的感情。菲律宾《世界日报》常务副总编辑侯培水在2001年举行的首届世界华文媒体论坛上说:"由于历史的原因,本地(菲律宾)的华文报纸都负有双重使命:一是作为祖籍国与所在国的友谊桥梁,报道祖籍国的新闻与消息,使本地华侨华人了解故国发生的事;二是作为本地的一个新闻单位,为传达政府政令,报道当地的消息与国际新闻,促进华人与当地人的关系,为建设一个美丽、富强的国家而尽一己的力量。"①

翻开海外华文报纸,每一份报纸都会辟出至少一个专栏来报道中国新闻,在特别时期还会开辟多个版面报告中国新闻。比如在泰国,华人相当关心中国新闻。据朱拉隆功大学新闻系的一份调查报告,"有兴趣阅读中国专题报道的读者占51%;阅读社团新闻的读者占37%"②。从调查的数字来看,海外华文报纸要想提高销量,满足华人信息需求,报道中国新闻是一种可行的方法。事实上,中国新闻也是所有华文报纸不可或缺的内容。

在泰国,在20世纪90年代几乎每天有1~2条中国要闻刊登在华文报纸头版。"如从1998年12月8日至15日的8天时间内,就有《中国召开经济工作会议》《南京鸣笛悼念卅万遇难同胞》《天翻地覆广西巨变》《中国驻泰国大使馆新闻官员就第十三届亚运会有关问题发表谈话》《潮汕新飞跃,牵动我和你》《中蒙发表联合声明》《中国将于明年发射空间环境探测卫星》《中国经济增长将放缓,学者认为明年将达到7.5》等稿件在头版位置上刊登。"③

迈入21世纪,随着中国经济发展,国际地位越来越高,影响愈来愈大,海外华文报纸对中国大陆的报道也越来越多,特别是在经济方面,华文报纸不断扩充版面和增强报道强度,介绍中国迅猛的经济发展、经济政策和值得开拓的新市场等,并常常请经济专家撰写特约文章,开辟财经专栏,深入探讨两国的经济合作,优势互补。在这一方面也得到许多国家的默认和赞同,特别是新加坡,已经把中国经济发展当作本国经济发展的动力,极其重视中国的经济政策和改革形势。

事实上,早期的华文报纸以中国为祖国,大量报道中国新闻,关心中国命运。中国新闻所占的篇幅比其他亚洲国家新闻的比例高。比如说,除了1908年和1941年之外,新加坡《总汇报》所刊登的中国新闻比马来亚(1963年之

---

① 侯培水:《菲律宾华文报的定位与任务》,广东侨网,2003年6月26日,http://big5.southcn.com/gate/big5/gocn.southcn.com/whhq/hwmt/200306260034.htm。
② 陈旭钦:《泰国华文报纸现状一瞥》,载《国际新闻界》1999年第6期。
③ 陈旭钦:《泰国华文报纸现状一瞥》,载《国际新闻界》1999年第6期。

前，马来西亚称为马来亚，新加坡是自治邦，与马来亚关系相当密切）的新闻还多（见表3-2），充分反映了华文报纸对中国的关注。

表3-2 《总汇报》新闻内容亚洲国家分布情况①

年份（年）	中国	马来亚	印度尼西亚	日本	泰国	其他国家
1908	33.6%	65.2%	1.2%	0.0%	0.0%	0.0%
1910	57.8%	37.3%	3.4%	0.7%	0.4%	0.4%
1915	77.9%	22.1%	0.0%	0.0%	0.0%	0.0%
1920	73.0%	18.9%	8.1%	0.0%	0.0%	0.0%
1925	81.2%	13.8%	2.0%	0.0%	1.6%	1.2%
1930	59.0%	37.6%	1.0%	0.4%	0.6%	1.4%
1935	56.1%	41.5%	0.0%	2.4%	0.0%	0.0%
1940	48.0%	41.9%	1.2%	5.8%	2.1%	1.0%
1941	31.6%	60.2%	0.0%	4.0%	1.1%	3.1%
平均数	57.6%	37.6%	1.9%	1.5%	0.6%	0.8%

一直以来，马来西亚《星洲日报》对中国新闻的报道都很重视。中国新闻是《星洲日报》重点报道的内容。1955年以前，《星洲日报》还是侨报时，很自然把大多数的版面报道中国的事务。之后，新马争取独立，《星洲日报》便变成了当地的报纸，逐渐将视角投到当地的事务上，中国新闻的数量有所减少。直至中国改革开放后，经济迅速发展，国力急剧增强，特别是20世纪80年代后期开始，《星洲日报》开辟专版刊登越来越多的中国新闻。据1985年《星洲日报》的调查，有77%的读者对国际新闻感兴趣，而这些《星洲日报》刊登的国际新闻中，至少有30%以上的新闻是关于中国的。

笔者于2006年12月10—16日随机对该报国际新闻版进行调查统计，结果发现，中国（包括内地、港澳台）的新闻占了很大比重，达到36%，其次是新加坡、美国、阿拉伯国家和除上述之外的其他国家。从调查数据来看，很显然，中国新闻是《星洲日报》重要的内容。（见图3-2）

---

① 陈慧彬：《〈总汇报〉新闻内容分析》，新加坡国立大学中文系名誉学位毕业论文，新加坡国立大学中文图书馆，索引号为PN5449 SIN. ZHB。

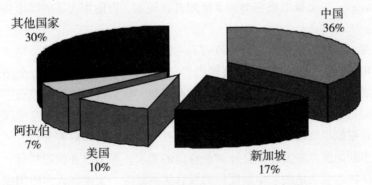

图 3-2　《星洲日报》各国新闻所占比例图

承担华人与中国的桥梁纽带角色是海外华文报纸的重要任务，也是其他报纸无可替代的功能。由于中国是海外华人的文化母国，加强与中国的联系，从中国经济迅猛发展中获得经济利益，推动当地华人经济发展，让华人了解中国现状，许多海外华文报纸都认为是其责任之一。

华人无论是地缘还是人缘都在这方面具有其他人种不可比拟的优势。华人通晓华语，熟悉中国历史，了解中国人文，许多华人还在中国有亲戚朋友，这种沟通渠道也是其他移民不太可能拥有的，而且华人又大多数从事商业活动，所以，海外华文报纸把相当多的版面投入到报道中国的经济发展中，也是其他语言报纸无法取代它们的重要原因。

三、对当地政府和主流社会的信息需求

从理论上说，受众对传媒内容的选择和使用是出于社会需要，主要包括："信息需求、实用需求、社会化需求、调剂生活的需求。读者通过大众传媒获得信息、知识和技能，获得判断是非的标准，实现文化娱乐、医疗保健等多方面的需要。"①

在马来西亚，华人绝大多数都在当地出生，但华文报纸不会因为华人在当地出生，就减少对当地社会的报道。华文报纸不仅报道华人新闻，而且也报道其他族群新闻。他们把很多篇幅用于刊登全国性的新闻。这些全国性的新闻不局限于华人社会，比如说 2007 年 11 月印度人大游行，要求政府正视印度族群

---

① 汪幼海：《现代报业市场受众需求浅析》，载《新闻记者》2006 年第 12 期。

的权益诉求，华文报纸把它当头条新闻进行报道，帮助华人了解印度族群的权益诉求。

为深入了解华文报纸对当地政府和主流社会的新闻报道情况，笔者随机抽取《星洲日报》2007年3月的新闻内容，统计该报的种族新闻与全国新闻数量，发现全国新闻比例占了大多数，由此可见，华文报纸的新闻视野不局限于华族，而是把眼光转向全国（见图3-3），为华人读者提供了大量全国性的新闻。笔者根据华文报纸对当地政府和主流社会信息的新闻内容分析，认为新移民数量多的国家，华文报纸会针对新移民的需求，推出服务性的栏目，使新移民能够尽快适应当地的法律制度；而新移民数量少、土生华人多的国家，由于土生华人除了接受华文教育外，还接受当地教育，因此相对而言，他们比新移民更适应、更了解当地的法律制度和文化习俗，那么华文报纸就会专注于为华人提供当地发展机会等信息。

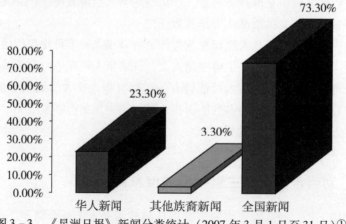

图3-3　《星洲日报》新闻分类统计（2007年3月1日至31日）①

海外华人移民到一个全新国度，处于相对弱势的位置上，为了生存和寻求发展机会，华人很自然地希望尽可能地了解当地国的法律制度、当地政府的各种政策和当地主流社会的信息。海外华文报纸在这一方面充分显示其优势。比如说，东欧是中国人进军欧洲的桥头堡，但是对于东欧乃至欧洲各国的法律制度和人文景观他们都相当不熟悉，许多华文报纸都在这一方面为其提供了大量

---

① 注：全国新闻是指跨越种族，不仅关系到华族利益，也关系到其他种族的新闻，如政府制定的各项政策，内阁会议、议会新闻、种族关系等。它与华人新闻、其他族裔新闻有明显的差异，不局限于某一个种族身上。

的信息。由于各国移民的情况不同，华文报纸面对的对象也不同，因此报道方针也不同，内容也有所侧重，但有一点值得肯定的是，不论华文报纸针对的是新移民还是老移民，它们都会为华人提供当地政府出台的有关政策和主流社会政治、经济、文化等信息，一方面使华人对主流社会有更深的了解，另一方面也使华文报纸在为华人服务的同时，建立起族群对华文报纸的依赖感，从而形成威信，增强公信力。

海外华人对当地政府的华人政策相当关心，说明海外华文报纸在本土化方面大有可为。但是当地主流社会和其他国家的主流社会对作为少数族群的华人的行为十分敏感，海外华文报纸不仅要报道当地华人社区新闻，而且还要报道当地主流社会以及其他国家的主流社会对华人的态度，从这个角度来说，海外华文报纸不仅要实现本土化，而且还要实现全球化、传播网络化。

四、社区化提供了丰富的服务信息

当前以电脑、手机等为代表的新媒体迅速发展。它们携带容易，使用方便，信息丰富，功能完善，对传统媒体构成了强烈冲击。在欧美国家，纸媒不仅销量下滑，广告收入也以双位数萎缩。然而，对于在海外出版发行的华文报纸来说，它们虽面临新媒体的冲击，但是其本身的社区化保证了其仍然有生存的空间。华人移民的素质普遍比较高，虽然他们习惯使用手机、电脑了解信息，但是华文报纸的社区化为其提供了新媒体所无法涉及的内容；虽然华文报纸的读者群特别是年轻读者群有所流失，但是其立足社区化，仍然成为华人交流信息的重要平台与渠道。

华文报纸利用其本土化和社区化的信息服务，与网站相互融合，由此获得华人的青睐，成为信息发布的重要渠道，在收集和整合信息，人才年轻化等方面拥有许多优势。华文报纸由于采用社区化的服务模式，为华人特别是新移民提供了日常生活各方面的信息，同时在信息服务方面狠下功夫，注重内容整合，努力实现社区化服务。在世界各国均出现了以主打社区化服务的华文报纸，数量很多，其中尤以北美和欧洲最为明显。在加拿大，迄今大约有100家华文报纸，除了《星岛日报》《明报》《世界日报》外，其余报纸均以免费的方式向华人发行。这些报纸从10～40多版不等，或月刊，或周刊，或双周刊，或不定期发行，竞争虽然激烈，但是由于采取社区化办报方式，因此还是能够生存下来。在美国，大大小小的华文报纸加起来，数量有200家，并且出现了《世界日报》《星岛日报》等影响力较大的报纸。

社区化的办报方式，使华文报纸打造全新的媒体接触和服务方式，为海外华人创造一种全新的媒体接触环境，并对其族群和文化认同心理产生了吸引力。在心理上，新移民来到一个陌生的环境，需要一个曾经熟悉的文化环境和虚拟的生活环境使之能够落脚，找到精神的慰藉，所以这种与主流社会的陌生感实际上是由于新的社会环境导致的文化认同的缺失，产生了与主流社会的"社会距离"。由于文化上的隔离等原因，许多新移民均陷入了"边缘人"的尴尬境地，在面对或融入主流社会时，新移民产生紧张感、失落感、自卑感等，而华文报纸的存在，以虚拟、隐匿的传播方式，为新移民减少社会距离，缓解边缘人的心理紧张状态提供了缓冲地带。它们稀释了新移民的紧张心理，安抚了新移民的思乡情绪，淡化了边缘人的色彩，帮助新移民加速融入主流社会。

此外，华文报纸的社区化，还在文化、商业、信息服务方面满足了华人需求。在文化层面上，华文报纸为新移民打造了一个全新的精神家园，使华人在其中能得到文化的慰藉；在精神层面上，则使华人得到舒适感和满足感。华人移民海外，来到一个与中华文化迥异的文化环境时，发现自己处于文化转型的阵痛期，需要一个适合的媒体帮助自己了解当地的文化、政治、经济与法律，但是由于语言和文化上的隔阂被锁定在华人狭隘的社交圈子里，因此需要一些有效的方式与手段帮助他们解决现实的、由于语言文化隔阂所带来的困难，尽快适应新家园的生活；而主流社会又缺少这类渠道。华文报纸的社区化，贴近了华人的心理，为他们建设了虚拟、广阔、自由的文化精神家园，使他们在异文化环境中能够获得暂时的心灵的宁静，能在陌生的土地上尽快开始新生活，进而立足生根。

在商业领域，华文报纸还因为特殊的族群经济而发挥其他主流媒体所不具备的商业功能，华人也更倾向于在社区化的华文报纸寻找相关信息，因为它们提供了集群式、综合性的服务信息。比如说，华文报纸每天均刊登了大量华人餐旅业、运输业、超市百货、留学、招聘等广告，小到周六日超市的商品打折，大到购房购车，都为华人提供了一揽子、集群式的生活信息，与此同时，华人企业的本土化以及华人稳定和强大的购买力，也吸引了许多当地企业在华文报纸刊登广告。这样，一方面，华人很容易获得急需的信息，解决日常生活中所遇到的问题；另一方面，华文报纸的生存与发展因此得到了财政支持。

在信息服务方面，华文报纸不仅汇集了各类当地新闻，还通过增强对社区的服务性，为华人提供了应景式和体验式的信息服务，提供了法律咨询和社区互助，或与华人社团建立合作关系，或与各类华人慈善组织加强合作，亲自介入社区服务中去，从而成为华人不可或缺的生活好帮手。社区化的华文报纸传播的都是华人身边的事情，成为华人反映诉求和传递心声，甚至表达个人情感的社区平台。它们在报道华人社区新闻、提供服务信息以及营造社区认同感，甚至华族认同感等方面具有无可替代的社会功能。它们以一种无缝对接的服务形式，以垂直和小众化传播方式定位媒体的发展方向，实现了媒体的服务和传播的精准发力，使报纸的指向性、针对性和服务性均非常明确，吸引了当地华商甚至主流社会商家的关注，为自己的生存创造了良好的广告环境。在某种意义上说，"华文报纸社区化"正在成为海外华文传媒新的媒体业态。

第二节　族群和文化认同的想象共同体构建和情感寄托

在全球化的背景下，虽然文化得到交流和融合，但完全的同质化仍然需要一个漫长的时间，有时全球化还会引起民族文化和族群文化的反弹，所以有学者认为，全球化造就了另一种全球化的"反全球化"。作为海外移民，海外华人虽然不可避免地受到当地文化的影响，但是由于文化和民族的归属性，他们仍然在受到当地主流文化的影响和文化全球化的冲击下仍然能够保持自身的族群文化特色，维系族群的想象共同体，如印度尼西亚，经过30多年的文化同化，华人仍然保留着非常浓郁的中华文化色彩。

"传媒集团大规模的跨国发展，一些外来的文化价值观也随之跨地域传播，但是独特的民族性表达仍然受到极大的重视。居住在他国的移民，常常思考的一个问题就是关于'民族身份定位'，即作为某一民族成员其共同的生活方式、价值观和信仰是什么。"[①] 移民因此常受到身份认同的困扰。他们可能因为母国文化传统而产生优越感，比如东南亚的华人，也可能有自卑情绪，如在欧美地区的华人。这些不同的接受心态，将会影响对媒体信息的接受与传

---

① 方玲玲：《全球化背景下移民传媒的文化建构作用与生存空间——基于传播人种学的角度》，载《新闻与传播研究》2006年第2期。

播。除了身份认同的困扰外，另一个很值得我们思考的焦点就是海外华人在异质文化空间中的文化认同。与一个民族国家的文化认同不同的是，海外华人不仅要面对世界文化认同的问题，而且还要面对国家文化认同和族群文化认同的问题。因此，海外华人的文化认同形成了错综复杂的关系，不仅困扰海外华人的心理，而且使他们产生了文化上的焦虑感。

"文化认同是指特定个体或群体认为某一文化系统（价值观念、生活方式等）内在于自身心理和人格结构中，并自觉循之以评价事物，规范行为。"① 每一种文化都存在着在某一个参照背景下的"自我形象"。"来自于其他国家的移民，是被强制性地抛入一个新的参照背景之中，所以他需要重新识别自己。每个民族与国家的文化适应方式受制于自身的历史与传统，在全球化的过程中，经常出现的一种冲突便是文化认同的危机。在海外的移民人群中，可以通过多种方式进行文化认同，而移民族群传媒正是文化认同的其中一个支点。"② 海外华文报纸利用其无法取代的教育功能，构建了海外华人的族性。

在全球化的浪潮中，海外华人无法置身于这股大潮之外，但是文化以及族群身份却不会因为这股全球化的浪潮而迅速发生改变。作为大众传媒中的一种形态，海外华文报纸及时反映华人、其他种族的动态，发挥族群和文化认同的作用，并因此起到了缓解华人面对全球化和多种文化认同而产生的心理焦虑感。

一、海外华文报纸成为族群和文化认同的象征符号

符号是指在一定程度上具有象征意义的事物，因此具有概括性和抽象性。它与象征的概念常常联系在一起。美国文化人类学家莱斯利·A. 怀特认为："象征是人类随意赋予事物的某种意义的事物或事件，象征的意义完全是由它的使用者来指定的。"③ 美国著名象征符号研究专家莫瑞·埃德尔曼对象征作了更具一般性的定义："象征代表与其自身不同的其他东西，它旨在唤起或产生与时空、逻辑或对象征的想象有关联的一种态度、一系列印象或者一种行为

---

① 方玲玲：《全球化背景下移民传媒的文化建构作用与生存空间——基于传播人种学的角度》，载《新闻与传播研究》2006年第2期。
② 方玲玲：《全球化背景下移民传媒的文化建构作用与生存空间——基于传播人种学的角度》，载《新闻与传播研究》2006年第2期。
③ （美）莱斯利·A. 怀特：《文化的科学》，沈原译，山东人民出版社1988年版，第27页。

模式。"① 语言符号是文化最重要的承载物和象征物，而以华文为传播语言的海外华文报纸之所以在海外如此受到华人的重视，原因在于它不仅是中华文化的象征，而且还是华人族群的象征。

美国社会心理学家乔治·赫伯特·米德（George Herbert Mead）认为，人类的相互作用是由文化意义所规定的；许多文化意义是用符号象征的。他因此提出"符号相互作用论"，解释人们相互作用的发生、作用方式与特征，并强调人类交往中的象征、符号和意义的重要性。该理论认为人们相互作用得以发生的媒介是符号，人们通过运用大家都能够懂得的、表达共同意义的符号进行交往与沟通。很显然，使用同一符号的族群传媒在维系与传播族群认同方面起着其他传媒不可代替的功能。由于海外华文报纸以华文为传播语言，成为海外华人认识自我、他人和社会的重要媒介，因此它常常成为海外华人判定族群文化是否消亡的重要依据，并因此受到海外华人的保护和尊重，成为海外华人族群和文化认同的重要的象征符号。

在大多数国家中，由于存在民族歧视的问题，也曾经存在华人认同中国，对当地国社会发展缺乏参与热情的现象，许多政府对此相当不满。它们采取相当极端的做法，对华人采取敌视和驱逐的做法，激起华人的愤慨，更促进华族的凝聚力，更加注重文化的承传。海外华文报纸很自然成为华人族群维系和认同的承载物，并在维系华人族群过程中起到了相当大的作用。1955年以前，华文报纸心向祖国，强调自己是中国的公民，鼓励华人学习华文、报效祖国。比如说，在抗日战争期间，华文报纸号召华人起来反抗日本侵华，并开设捐款栏目，以支援在中国的抗日活动，登载捐赠者的芳名。"仅经《星洲日报》代汇回国的捐款数额，即达100余万元。据华侨总汇统计，从1938年10月到1941年12月，该会筹交给国民政府的捐款就达4亿元。"② 当时东南亚侨领陈嘉庚一次就捐赠100辆汽车给中国。华文报纸的族群感特别强烈，完全把自己当作中国人，所以它们也就特别强调中国人的身份认同。

"二战"后，即使世界形势发生了很大变化，华人的政治身份发生了根本改变，但是海外华文报纸作为族群和文化的象征作用仍然没有减弱。1999年，马来西亚《星洲日报》策划和进行的"华人文化认同程度"问卷调查结果显

---

① Murray Edelman. The Symbolic Uses of Politics. Chicago: University of Illinois Press 1985, p. 6.

② 南侨总会编纂：《大战与南侨》，转引自程曼丽《海外华文报纸研究》，新华出版社2001年版，第111页。

示,在回应问卷的读者中,"有88.3%的人表示愿意继续成为华人"①。这证明他们具有强烈的民族认同感。另据笔者在马来西亚的田野调查,发现许多马来西亚华人很少阅读书籍,但是阅读华文报纸的比例却很高。一位开出租车的华人司机告诉笔者:"他每天都要看华文报纸,一天不看,就始终觉得有件事还没做。"由此可见,华文报纸不仅已经成为海外华人重要的精神食粮,而且是维系他们文化认同的重要符号。笔者于2007年在马来西亚进行的调查也显示,40.7%的读者把华文报纸作为马来西亚最具影响力的语文报纸,而认为马来文或英文报纸是马来西亚最具影响力的报纸却分别占调查总数的25.4%(见表3-3)。数据反映读者对华文报纸寄予很大的期待,把华文报纸当作族群的文化中心。

表3-3 马来西亚最具影响力的语文报纸

各语言报纸的数据		数量/个	百分比/%
有效数据	华文报纸	24	40.7
	马来文报纸	15	25.4
	英文报纸	15	25.4
	总数	54	91.5
遗失	数量	5	8.5
总数		59	100

实际上,即使在以民主、自由标榜的美国,华人对海外华文报纸仍然情有独钟,忠诚于它们和热爱它们。"根据旧金山州立大学在2002年对区华裔、非洲裔和拉丁裔使用传媒的研究指出,这些族群对族群传媒的信任度比主流传媒高,尤其是第一代移民。此研究发现随着少数族群融入主流的程度增高,如第二代移民,对主流传媒的信任度也增高。然而对于第一代移民,即使融入主流社会后,对少数族群传媒的'忠诚度'相差不多。在旧金山湾湾区的第一代华人有83%使用华文传媒,其中在美国居住25年以下者高达90%~98%使用华文传媒,即使居住25年以上者也有80%以上使用华文传媒。"② 另外,2005

---

① 郭熙:《域内外汉语协调问题刍议》,载《语言文字应用》2002年第3期。
② 朱辰华:《美国华文媒体发展综述》,见《世界华文传媒年鉴》,世界华文传媒年鉴社2007年版,第66页。

年 Arbitron 调查公司对纽约和洛杉矶两地 1268 名华人的广播收听习惯进行调查,"结果发现超过半数(56.2%)的华人最爱听的还是华文广播。华人最喜欢的英语广播类型则分别为成人抒情类、新闻类和当代流行类广播"①。2012 年美国官方统计,目前美国华人约为 300 万人,仅占美国 3 亿人口的 1% 左右。然而,华文报纸面对新媒体的冲击仍然有生命力。"一是近 10 年来华人数量不断增长,而且大多是高学历、高收入的精英阶层,因此,随着他们对华文媒体需求量的增加,美国可以容纳更多的华文媒体生存;二是华人在美国的少数族裔中平均收入最高,再加上华人的消费习惯,使得金融危机对华人的收入并没有太大影响,华人已经成为美国具有较强购买力的重要消费人群,受到主流商家的关注,华文报纸的广告也因此有所增加;三是中国经济的快速发展、国际地位的不断提高,使美国政府和人民不得不重视中国,美国华人及华文媒体也跟着沾了中国发展的光,越来越受到主流的重视。"②"《美华商报》在美国创办已近 20 年,美国总统大选时从来不会在上面登广告,但今年大选期间两党都争着投广告,而且都要抢头版头条。这说明什么呢?说明华人以及华文媒体在美国的影响和地位在提升。"③ 很显然,华文传媒在华人族群中拥有很大的市场。调查报告说明海外华人对母语传媒始终拥有很深的情感,更反映了海外华人仍然眷恋中华文化,并把中华文化当作文化认同和心理归属的文化符号。

美国社会学家罗伯特·帕克(Robert E. Parker)是比较早对少数民族(族群)和传媒的关系展开研究的学者。19 世纪末 20 世纪初,大量新移民来到美国。如何使这些新移民融入主流社会,是当时美国主流社会普遍关心的问题。同时,美国社会也存在着排斥新移民的现象。帕克深入少数移民社区,在对数十种族群报刊进行调查后,于 1922 年出版了关于移民报刊的专著《移民报刊及其控制》。在这部著作中,帕克强调少数族群传媒的角色有助于维护种族文化,能够帮助移民顺利融入美国社会中。

之后,美国多位学者,特别是少数族群学者在《移民报刊与控制》的基础上,利用通晓本族群语言,在美国对少数族群传媒进行深入研究,如对非洲族群、西班牙族群、犹太人族群、华人族群、拉丁美洲族群等创办的少数族群

---

① 郭剑:《美国一调查显示:纽约华人最爱收听中文广播》,新华网,2005 年 6 月 8 日,http://news.xinhuanet.com/overseas/2005-06/08/content_3057558.htm。
② 晋雅芬:《华文报业与移动互联网牵手共舞》,载《传媒周刊》2012 年 12 月 4 日。
③ 晋雅芬:《华文报业与移动互联网牵手共舞》,载《传媒周刊》2012 年 12 月 4 日。

传媒,从多个角度对其族群认同和文化认同进行研究,均认为少数族群传媒能够反映族群声音,发挥主流传媒不具备的语言优势,更深入地展现少数族群的文化和思想,也能对社会产生相当大的影响。

帕克在移民、少数族群传媒研究方面做出了卓越贡献,但是他当时的研究没有预见到,对族群利益的诉求和表达,使少数族群传媒能够保留得更加久远。这说明少数族群传媒有强大的维系族群和文化认同感的作用。比如说,老一代的海外华人,从中国移居到其他国家,即使长时间居住在那里,生活逐渐本土化,但他们仍然怀念祖籍国,思念故乡,仍然喜欢阅读华文报纸。华文报纸也帮助他们了解华人社会和主流社会,从而形成他们不可或缺的了解外界信息的工具。故此,正是建立在对族群公共利益的维护和传播族群新闻的基础上,包括海外华文报纸在内的少数族群传媒经历多次沧桑后仍然能够生存下来,并继续担负族群文化传承和认同的使命。

二、海外华文报纸是传播中华文化的重要工具

传播文化是传媒不可或缺的责任,特别是海外华文报纸,由于远离文化母国,为维系族群和文化认同,更加注重文化传播。文化是一个民族的根基,丧失了民族文化,便丧失了民族性。华文报纸的出版、发行,为海外华人学习华文提供了一个良好的环境,也为维系海外华人族群提供了条件。

面对中华文化在当地日益面临被同化的危险,价值观日益西化而造成的个人价值观膨胀,传统的家庭观念日益淡化,社会伦理道德与中华传统背道而驰的态势下,海外华文报纸看到了华人被西化和同化的严重后果,深刻意识到传媒所肩负的历史重任,于是许多海外华文报纸开辟了文艺专栏、副刊,宣扬优良的中华文化传统,重塑文化价值观。

比如说,报纸充分发挥文学表达和形象构造的优势,推出了许多文艺副刊。新加坡《联合早报》《联合晚报》的"根"文艺专版,由于版面灵活生动,各种文体的文章都能看到,因此颇受年轻读者的青睐。马来西亚《南洋商报》《星洲日报》的"艺海"文艺版大量刊登彩色照片,版面力求活泼生动,在视觉上增强冲击力,在内容上不断增加软性新闻,实现内容多元、版面编排丰富多彩,传播中华文化。泰国《新中原报》的《艺术快拍》《集萃》《神州新姿彩》等专版,凸显出浓郁的中华文化色彩。菲律宾《世界日报》则开辟一份知识性与趣味性的副刊,内容有华语影视节目的介绍、本地专栏、特

写、漫画、小说、艺术、幽默等，特别是它开辟的华语学习园地，为菲律宾华人学习中华文化提供了窗口。

传播中华文化是海外华文报纸一直履行的责任。实际上，传媒的教育功能，也是所有海外华文报纸共有的特点。

著名作家冯其庸和二月河在访问马来西亚时，看到《星洲日报》如此专注于传播中华文化，大受感动。红学专家冯其庸表示，"身为中国人，我很高兴能在大马看到《星洲日报》这么大规模的华文报在传播华文文化和思想"。他认为，以"正义至上、情在人间"作为办报宗旨是了不起的事情。他说，报纸首先应该要有正义，少了它便是非不分、歪曲真实而沦为虚假的读物，也因此失去意义。他说，正义是仁者所走的正路，代表人类走的是光明大道，也是人民所祈愿的有意义道路。他强调，除了正义之外，人类也应有情，有人间情，像《红楼梦》里的薛宝钗，人虽长得漂亮，但却无情，因而得不到广大读者的同情；反观林黛玉，尽管处在弱势，却能普遍获得同情，这正说明人间离不开共同的情感。

以写皇帝史传著名的作家二月河形容，"在中国海外像马来西亚这样的国家，办报能办得像《星洲日报》这种分量，有鲜明的办报宗旨，思想意识融入事业，殊不简单"。他强调，"中华民族根深蒂固、博大精深的文化，需要广泛的流传"。他希望与《星洲日报》形成共同的意愿，把中华文化广泛地传播开来，并与马来西亚人民建造更密切的沟通渠道。

文化遗产需要媒介的传递，在特定的社会环境和历史背景下，海外华文报纸发挥媒介教育功能，推广华语，把弘扬中华文化的价值观作为首要任务，提升华人素质，增强应对社会危机的能力。众多华文报纸为马来西亚华人学习华文提供了一个良好的环境，也为维系海外华人族群提供了条件。在复杂的社会历史背景下，在当地主流族群控制政府权力的政治背景下，海外华文报纸在困难的文化环境中顽强地弘扬和传递中华文化，使中华文化得以与当地种族文化、西方文化并存于海外。

除了文化传承外，海外华文报纸也为华人争取各种权益。比如说，1955年中国总理宣布取消双重国籍后，海外华人为争取公民权和平等权与马来族领导人展开斗争，取消当地政府对华人入籍的限制、废除歧视性的法律制度等。"二战"后，新一代华人的知识结构和素质明显不同于他们的祖辈。他们的教育水平普遍提高，当中涌现了一批高级的文教科技人才。在这种有利的条件下，海外华人不断号召华人起来争取自己应有的权利，政府在特定的时候也不得不考虑华人的抗争，给予其更多的政治权利。然而，要争取应有的公民权，华人就须拧成一股绳，以族群的力量去表达自己的权利诉求，在这个时候，作为华社喉舌的华文报纸，其文化和族群象征功能得到显著的发挥，其凝聚族群力量的作用也得到了充分的体现。

在全球化的浪潮中，海外华文报纸犹如一根倔强的小草，在全球化的过程中仍然保持独具特色的族群文化。正因为如此，华文报纸的中华文化传播色彩才显得尤为厚重，更具有历史沧桑感，成为维系族群认同感的重要工具。

三、海外华文报纸承担华人争取权益的喉舌功能

全球化的产物之一就是，传媒成为推动和重构社会关系的重要力量。在这一方面，一些国家的华文报纸表现得尤其明显，英国著名的人类学家马林诺夫斯基认为："在'结构'或社会的系统层次上，存在四种功能需要：经济组织（提供生产与消费），社会控制（调控行为），教育（通过传承知识而贯彻社会化），政治组织（运用权威来推行秩序）。为了满足这些必备系统，社会将种种活动组织到各项制度当中，而要分析这些制度本身，又可以着眼于一些核心的要素，比如它们的人员、规范和功能。"[①] 作为社会结构或系统的重要组成部分，海外华文报纸在社会系统中的四个功能都能发挥作用，特别是它们在社会控制、教育以及面对政治组织的压力时，能起到化解、缓和和建构的作用。

海外华文报纸维护华人权益最典型的报纸莫过于马来西亚《星洲日报》。在历史上，它为华人利益奔走，与政府抗争，尽可能地争取华人的政治、文化和经济权益。作为服务华社的报纸，《星洲日报》为华人了解华社提供了各种便利，也增强了族群力量。比如1985年马来西亚市场调查公司（SRM）的调查显示，在各类媒体中，华文报纸是华人社会中最有效的传播媒体。这说明，华人相当信任华文报纸。从表3-4可见，华文报纸比电视的影响还大，也说明本书以华文报纸作为研究对象，有足够的代表性。

---

① （英）布赖恩·特纳：《社会理论指南》，李康译，上海人民出版社2003年版，第141页。

表3-4 媒介影响力调查①

媒　　体	百分比
报纸	35%
电视台	28%
录影带	17%
电台（丽的呼声）	16%
电影院	4%

作为全国性的大报，《星洲日报》除了报道其他族群发生的新闻之外，还把重心放在报道华社的动态上。笔者随机抽取2006年《星洲日报》一个月的新闻，对其进行统计分析，发现关于华社的动态新闻不但比较全面，而且对于涉及华人切身利益的政府政策、种族关系、领导人谈话等新闻报道相当完整，反应及时快捷。（见表3-5、图3-4）

表3-5 2006年11月29日至12月29日各种新闻数量统计

调查内容		条数	百分比
涉及华人切身利益的政策、种族关系、领导人谈话等		1211	68.8%
华人社团新闻	华文教育	210	11.9%
	华人政党	84	4.8%
	其他	36	2.0%
其他族群新闻		122	6.9%
个别华人新闻		96	5.5%
总数		1759	100%

从表3-5、图3-4的统计数据我们可以看出，《星洲日报》关心整个华族的命运，眼光非常开阔，而且具有前瞻性。它把关系到华族长远发展和切身利益的新闻作为重点进行报道。该类新闻的比例接近69%，反映了报社对华人新闻的关注。在一些涉及华人切身利益的课题方面，《星洲日报》坚持立

---

① 资料来源：1985年马来西亚市场调查公司（SRM）报告书。

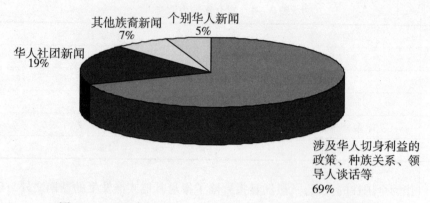

图 3-4 2006 年 11 月 29 日至 12 月 29 日各种新闻数量统计

场,丝毫没有让步。比如说,对巫青团主席在马来人集会上多次亮出马来剑的行为予以大力抨击,表示无助于族群关系的改善和互信的建立。新闻借此探讨了马来西亚族群共同发展、和谐相处所面临的挑战。在柔佛州遭受特大水灾时,报纸也敢于对华人被军警索取钱财才获救的新闻据实报道。应该说,这些新闻相当有深度,而且有前瞻性,理据充分,论述全面,对华人全面了解马来西亚社会、了解华社所面对的问题相当有帮助,也抨击了马来族群对华人的歧视和排斥态度。

我们再看"2007 年海外华社十大新闻事件""2011 年全球海外华人社区十大新闻事件"和"2014 年全球华侨华人十大新闻",也可以发现海外华文报纸全力维护华人权益的事件。《人民日报·海外版》组织海外华人评选"2007 年海外华社十大新闻事件",其中有 8 件大事充分反映了海外华文报纸和华人为维护族群利益和形象所做出的贡献。(见表 3-6)

表 3-6 2007 年海外华社十大新闻事件

时 间	事 件
1 月 29 日	美国:"芥兰鼠"事件
4 月 1 日	俄罗斯:"禁商令"全面实施
4 月 12 日	意大利:"米兰事件"
6 月 8 日	加拿大:民族联盟党成立
7 月 23 日	美国:"贺梅案"结案
8 月 26 日	德国:"黄色间谍"报道

续表3-6

时　间	事　件
9月15日	新西兰："小南瓜"事件
9月17日	日本：华商大会举行
10月8日	澳大利亚：焦丹被害案
10月24日	欢庆"嫦娥一号"升空

海外华人在"海外华文传媒协会"的组织下，来自全球各地32个国家的157家媒体，共同选出"2011年全球海外华人社区十大新闻事件"，就海外华人的维权事件进行筛理，可以发现华文报纸在维护华人权益方面做出了重大贡献。（见表3-7）

表3-7　2011年全球海外华人社区十大新闻事件

序　号	事　件
1	全球华人纪念辛亥百年
2	美国会就排华法案道歉
3	菲律宾定龙年春节为假日
4	美华裔士兵死亡案引哗然
5	英国发生华裔灭门血案
6	加华商反禁鱼翅遭恐吓
7	巴黎法庭开释无证华人
8	在日中国研修生维权获胜
9	波兰中国商场严重火灾
10	非洲诞生首家中文图书馆

由中国侨网联合中国新闻网于2014年12月29日评选出来的"全球华侨华人十大新闻"，则把多国讴歌华人的贡献，以及华人维护族群形象放在第一位和第二位。2014年3月，印度尼西亚总统苏西洛签署决定书，正式废除1967年第6号通告，把"支那"（cina）改称"中华"，标志着这一存在47年、对中国和华人的歧视称呼一去不复返。2014年5月，加拿大不列颠哥伦比亚省议会通过决议，为该省在历史上歧视华人的一系列行为向华人社区正式

道歉。该省省长克拉克说:"我们很遗憾曾经制定过歧视性的立法和种族歧视的政策。我们保证这永远不会再次发生。"2014年5月9日,美国劳工部首度将19世纪兴建横跨北美太平洋铁路的华裔工人列入"劳工荣誉堂",并举行表彰仪式,纪念150年前逾万华工刻苦耐劳构筑铁路的坚毅精神,许多华工后代对美国政府正视被忽略的历史感到欣慰。(见表3-8)

表3-8 2014年全球华侨华人十大新闻

序号	事件
1	多国为华裔"正名" 肯定华人历史贡献
2	华人抗议"辱华"言行 团结维权集体发声
3	第七届世界华侨华人社团联谊大会举行 习近平会见
4	首座海外抗日战争纪念馆启动 华人反响热烈
5	四中全会《决定》将维护侨胞权益纳入依法治国
6	首届世界华文文学大会举行 倡议成立华文文学联盟
7	中国华侨历史博物馆落成 由陈嘉庚倡议兴建
8	第一次世界大战爆发百年欧洲隆重纪念华工
9	第三届世界华文教育大会举行 李克强支持海外华教发展
10	华人积极融入住在国主流社会 政坛表现亮眼

在上述华侨华人大事中,许多海外华人通过华文报纸的报道,了解到当地损害海外华人形象和利益的事件,共同起来为自身的合法权益和良好形象进行抗争,充分反映了海外华文报纸维护海外华人利益的积极作用。在一些民族国家甚至是以民主、自由为口号的西方国家,族群媒体可以成为变革与抗争的重要力量,有些时候可能比官方媒体或跨国媒体集团更具影响力,尤其是当少数族群媒体同社会运动的改革力量结合起来时,力量更大。上面的例子也充分反映了海外华文报纸在维护华人权益和表达华人诉求时,由于海外华人拧成一股绳,从而在世界范围内都产生了影响,由此可见,海外华文报纸的影响力有时并不比主流媒体或者跨国媒体逊色。

海外华文报纸必须承担和充分发挥维护华人权益的功能,及时预测政局,报道华人本地新闻,才能更好地履行自己的职责与义务,才能得到华人的欢迎、信赖和尊重,同时也向我们说明海外华文报纸在本土化的基础上,只有积极参与全球化,才能扩大影响,彰显传媒纾解民困、维护华人权益的作用。

第三节 基于本土化的传播全球化进程

海外华文报纸本土化的表现方式,主要是指立足本土,报道的内容越来越注重当地华社以及与华人关系密切的事件,除此之外,华文报纸加强自身的建设,增强为华人服务的力量。只有本土化,海外华文报纸才能立足于当地华人社区,才能获得比较厚实的受众群。但是随着中国迅速发展,网络技术日臻完善,新媒体技术不断创新,海外华文报纸不仅要本土化,而且还要全球化、网络化,才能丰富内容,满足华人对包括中国在内的世界各地华社的信息要求。例如,海外华文报纸要想满足新移民的信息要求,不仅要为其提供当地社会的各种信息,帮助他们了解当地的政治、文化、经济制度,刊登大量的招聘广告等,而且还要为其提供中国发展、变化的信息。从这个角度来说,海外华文报纸本土化是其生存的基础,而全球化则是其扩展视野、增强竞争力、扩大影响、壮大实力的手段和目标。

与此同时,由于网络高度发达,新华社、中新社等国内媒体又在世界各地驻有分支机构,每当海外华人的权益受到损害,并被当地的华文报纸报道,就会及时被中国受众所了解。这些新闻在各地的报纸网站刊登出来后,又被世界各地的华文报纸转载。有时候,海外华文报纸相互转载,谁也不知道最早报道的是哪一家华文报纸。由此可见,海外华文报纸已经实现了新闻传播的全球化和网络化。

一、办报本土化

海外华文报纸极其重视新闻本土化。马来西亚最大的华文媒体集团——星洲媒体集团董事长张晓卿2003年社庆时说:"在马来西亚所有重大的事件中,《星洲日报》从不缺席,我们应该为此自豪。"① 在马来西亚,著名调查公司AC尼尔森曾于2005年对在马来西亚西部发行的《星洲日报》进行读者调查,结果发现读者相当喜欢阅读当地新闻。读者阅读头版内容、全国新闻、地方新

---

① 张晓卿:《掺杂民族文化情感 报章是奇异商品》,载《星洲日报》2003年10月25日。

闻、国际新闻的比例均超过了95%①。另据笔者的统计，《星洲日报》头版内容90%以上是有关华社的新闻。(见表3-9)

表3-9 2005年《星洲日报》各版面内容调查表

版面或内容	阅读人数比例/%
头版内容	99.2
全国新闻	98.2
地方新闻	98.5
国际新闻	96.1
娱乐内容	87.4
女性内容	70.1
财经内容	45.7
分类广告	44.4
招聘广告	29.8
体育新闻	52.2
漫画	31.5
电脑	28.9
教育	33.8
专刊	44.3

2012年，在华人只占总人口24%的马来西亚，其华文报纸的发行量却能够超越那些人口超过70%的多数民族的主流报纸，保持稳健的发展态势。笔者曾于2006年7月在马来西亚进行田野作业，对华人读者进行问卷调查。调查发现，大多数的读者都选择阅读《星洲日报》。79.7%的读者选择《星洲日报》的主要原因是"喜欢它的内容"，特别是它的新闻。这与2005年AC尼尔森所做的调查结果相当接近。(见表3-10)

---

① 《星洲内容受欢迎》，载《星洲日报》2005年3月15日。

表3-10 读者阅读《星洲日报》的原因

调查项目		数量/个	百分比/%
有效数据	喜欢它的内容	47	79.7
	当地只有这份报纸	1	1.7
	其他	8	12.6
	总数	56	94.9
遗失	数量	3	5.1
总数		59	100.0

调查还发现，有69.5%的读者认为马来西亚的华文报纸真实或者非常真实地反映华人声音。对华文报纸持肯定和相当肯定态度的读者人数的比例总和达到了81.4%。有62.7%的读者最喜欢阅读《星洲日报》本地新闻。

调查发现，读者最关心的报纸功能依次是传播本土新闻、华文教育、维护华人利益等。这些功能恰恰是华文报纸最重要的功能和责任。有59.3%的被调查者认为华文报纸要报道本土新闻（见表3-11）。这说明海外华文报纸要注重本土的新闻报道，也再一次证明了本土新闻是吸引读者最重要的因素。

表3-11 对华文报纸最关心的功能

调查项目		数量/个	百分比/%
有效数据	报道本土新闻	35	59.3
	维护华人利益	8	13.6
	参政议政	1	1.7
	教育	9	15.3
	其他	4	6.8
	总数	57	96.6
遗失	数量	2	3.4
总数		59	100.0

由于海外华文报纸所处政治、文化、经济环境不同，它们报道的内容和方式都不同，但是有一个共识就是只有报道有关华社的新闻，才能凝聚华人的族群感，才能拉近与读者的距离，才能成为受众了解外部信息的重要渠道。

二、传播全球化

由于网络的发展,以及新华社、中新社驻外记者的报道及转载,海外华文报纸的传播已经跨越全球。全球化传播使世界各地的华人、留学生能够及时、快捷、全面地了解世界各地华社发生的大事,特别是有关中国的事件以及有损海外华人权益和形象的新闻更能引起海外华人的关注。

2008年2月18日,广州多家媒体报道了广州市政协副主席郭锡龄"炮轰"铁道部在"春运"期间工作不力,并要求对铁道部有关人员进行撤职的新闻,一时引起舆论关注。19日,铁道部新闻发言人王勇平做客人民网,谈"春运"期间广州地区疏运工作,回应郭锡龄的"炮轰"。令我们关注的是,王勇平回答网友的开头语是这样说的:"郭锡龄先生有关炮轰铁道部的报道,我在广东某家报纸、某些网站尤其是在境外媒体上都看到过,影响不小。"① 从王勇平的回答中我们不难发现,许多官员经常浏览海外华文报纸,关注上面有关的中国新闻。据笔者调查,广州多家媒体关于郭锡龄"炮轰"铁道部在"春运"期间工作不力的新闻在海外普遍转载。如新加坡《联合早报》以《广州政协副主席郭锡龄:应对雪灾不力 铁道部官员该撤职》为标题进行报道。虽然此起事件是在中国发生,并由中国媒体率先进行报道,然而,中国有些官员了解国内新闻却通过海外华文报纸。这从一个侧面反映了海外华文报纸实现了传播的全球化。

1998年,印度尼西亚发生针对华人的骚乱,马来西亚《星洲日报》和新加坡《联合早报》对其进行广泛报道,严词抨击印度尼西亚针对华人的骚乱,《联合早报》更是在其早报网上专门开展"黄丝带运动",号召全球华人声援印度尼西亚华人,谴责印度尼西亚政府,要求国际社会调查真相,将对华人妇女施暴者绳之以法。海外华文报纸纷纷转载《星洲日报》和《联合早报》关于印度尼西亚骚乱的消息,在世界各地的华社当中引起共愤。迫于舆论压力,联合国专门派人赴印度尼西亚进行调查,印度尼西亚政府也不得不表示将根据调查结果,惩罚有关当事人。

再如2008年3月发生的西藏暴乱,海外华文报纸除了转载中国报纸有关

---

① 《铁道部新闻发言人回应广州政协副主席抗灾不力批评》,人民网,2008年2月19日,http://cppcc.people.com.cn/GB/34953/6897478.html。

西藏报道外,还派记者赴中国采访,在全球范围内对西藏暴乱进行了全方位和多角度报道。新加坡《联合早报》记者韩咏红受邀赴西藏采访,一方面真实报道了西藏暴乱的真实情况;另一方面也通过对西藏暴乱的反思,为海内外的华人读者提供了另一个思考西藏问题,以及中国政府如何解决西藏问题的视角。

虽然许多海外华文报纸维持运转比较困难,但是随着海外华文报纸的发展,它们逐步走向全球化,不仅凝聚海外华人力量,而且还引起当地主流媒体的注意。事实上,全球化的一大特点就是促进社会分工和降低生产成本,获取显著的利润,出于实现报业滚动发展的要求,海外华文报纸鉴于当地饱和的报业市场,不得不把眼光投向世界其他地区。如马来西亚的《星洲日报》、欧洲的《欧洲联合周报》在不同国家创办华文报纸,不仅扩大了为华人服务的范围,而且还因此开拓了新的发展空间。有些华文报纸还被当地主流媒体控股,如加拿大《星岛日报》被主流报业集团——多伦多星报集团控股,反映了主流报纸对华文报纸商业价值的认识。一些报纸通过全球化,不仅开拓了新的版图,而且获得了相当好的回报。

总体而言,全球化直接给海外华文报纸带来许多显著的好处。一是能够整合资源,减少恶性竞争。比如《欧洲联合周报》在欧洲各地开设分版,如法国版、德国版、奥地利版、匈牙利版等,一方面可以节约成本;另一方面又可以共同打造《欧洲联合周报》的品牌,扩大其影响力。二是壮大实力,如马来西亚星洲媒体集团、南洋报业集团与香港明报集团合并,资源共享,简化机构,提高效率,确立各自的主攻市场,实现全球化发展策略。三是开拓新的发展空间。如香港报业竞争极其激烈,再加以网络的冲击,报纸的发展空间已极其有限。《星岛日报》扎根香港,眼眺世界,在加拿大、美国、英国、法国、澳大利亚开设分版,扩大了发展空间。四是增强社会影响力。台湾联合报系在加拿大、美国、泰国创办《世界日报》,在法国创办《欧洲日报》(已停刊)等,早期宣传国民党在台湾的管制和意识形态,现在立场转为中立,以维护海外华人权益和传播中华文化为己任,在海外华人和各国主流社会当中影响很大。可以相信的是,随着中国迅速发展,海外华人地位的提高,中华文化将在世界各国广泛扩散,海外华文报纸信息传播的全球化进程加速,内容也将更加丰富,满足海外华人了解中国、世界各地华社的要求,不仅影响全球华人,而且也将对当地的主流社会、西方国家产生广泛的影响。

三、全球化发展的趋势

随着华文传媒业的发展以及网络不分国界的传播,海外华文报纸全球化的趋势越来越明显。许多华文报纸走出当地国门,在其他地区开拓市场,而且取得了相当好的成绩,不仅说明海外华文报纸面对网络的冲击仍然有广阔的发展空间,而且也说明全球化是海外华文报纸扩大生存空间的重要方向。

比如说,由于华文教育保留比较完整,马来西亚已经成为中国之外最繁荣、竞争最激烈的华文报业市场。将近20份华文报纸在马国展开竞争,华文报业市场已经接近饱和,使得众多华文报纸不得不把视野扩展至邻近国家。马来西亚东部的《国际日报》《亚洲日报》销至文莱。2000年11月8日,《星洲日报》在柬埔寨金边创办《柬埔寨星洲日报》。2006年12月2日,《星洲日报》开始进军印度尼西亚华文报业市场,接管印度尼西亚有40年历史的《印度尼西亚日报》(双语报纸),并将它改名为《印度尼西亚星洲日报》。

随着网络迅速发展,海外华文报纸也向新媒体方向发展,创办电子报纸、网络电视、网络广播等。由于网络传播没有空间和时间的限制,某一地区的海外华文报纸所传播的消息立刻传遍世界。世界各地的华人也因此拥有更多相互了解的机会和渠道。

比如说,2008年2月25日,由马来西亚星洲媒体集团董事主席张晓卿创建的"常青台"(网络华文电视台),不仅服务马来西亚华人,而且面向全球华人传播。"常青台"负责人洪松坚表示,常青台的服务对象是全球华人,因此,它的报道重点将会聚焦在马国华人社会的问题及涉及国家的重大课题,以便让马国华人及全球华人了解马国华社及马国的情况。他说:"在此次(2008年)大选中,我们将会把采访重点放在华人选区,尤其是槟城、霹雳州近打谷、雪兰莪及吉隆坡,为世界华人了解马来西亚大选提供窗口,促进他们对马来西亚华人的了解。"①

在欧洲,除了在异地办报,朝新媒体方向进军外,一些海外华文报纸也走向联合的道路。如《欧洲联合周报》联合法国、德国、匈牙利、希腊、奥地利等国的华文报纸,以《欧洲联合周报》的名称在欧洲各国发行报纸,以实现资源共享,优势互补,壮大实力,降低办报成本,减少无谓的损耗,收到了

---

① 林友发:《马国大选催生两家电子媒体》,载《联合早报》2008年2月26日。

很好的效果，创立了《欧洲联合周报》的品牌。

除了异地办报，跨媒体传播外，海外华文报纸的全球化还体现在它们与中国传媒的合作上。如在泰国，从2006年8月1日开始，《人民日报·海外版》、香港的《文汇报》和印度尼西亚的《国际日报》在泰国随《亚洲日报》同步发行。《星暹日报》则从2006年12月18日起，每逢周一便刊载上海《新民晚报》采编的四个"泰国版"，新增有"上海一周""中国瞭望""养生之道"等内容。《京华中原联合日报》更标新立异，除数年前借助汕头经济特区报社和广东梅州对外文协分别为它编排《潮汕乡情》《梅州乡情》版以外，随刊还加赠香港《新报》。这样，海外华文报纸就把海外华社与中国联系在一起，从而构建了世界华文传播网络。

面对全球化趋势，海外华文报纸面临着文化冲击，增强影响，壮大实力的紧迫问题。通过对上述内容论述，鉴于一些华文报纸走向全球化所取得的显著成效，笔者认为，积极参与全球化，并在此过程中拓宽空间，加强合作，壮大实力，是海外华文报纸的最佳选择。

第四节 小　　结

本章从新老移民的心理和信息需求、族群和文化认同的要求，深入论述了海外华文报纸必须本土化的原因，并指出本土化为海外华文报纸的全球化打下了坚实基础。

从保护自身安全的角度和接受外来信息的习惯出发，新老移民需要从最熟悉的传媒当中获取信息。"美国班迪克森联合会（Bendixen & Associates）于2003年4月进行的一项民调显示：西班牙语传媒能接触到89%的加州西班牙语裔人士，非裔传媒则接触到79%的非裔，亚裔传媒则可达到75%的加州亚裔。大比例的少数族群表示倾向利用母语传媒而不是英文传媒。亚裔对母语报纸的需要十分庞大，有34%的亚裔阅读母语刊行的报纸。"[①]路易斯安那州立大学大众传播学院于2010年举办布鲁（Breaux）研讨会，专门探讨少数民族媒

---

① 《少数族裔媒体：藏在美国主流媒体身后的传媒巨人》，美国通网站，2003年12月15日，http://www.how2usa.com/ContentDetail/100240341.html。

体对政治参与的影响。他们的研究发现,维森(Univision)在美国打造了一个西班牙语媒体帝国,在所有 18～49 岁成年人的黄金播放时间中收视率排第五。截至 2010 年,美国有 2500 家少数民族媒体。研究还发现,即使许多外来移民生活在经济高度发达的美国,他们仍然选择族群传媒作为了解外界的重要渠道。事实上,新老移民移居到一个新的国家和地区后,要经历文化转型的阵痛。这个经历需要多长时间因人而异,可能很多移民很快就能适应,而有些移民则需要很长时间。但是有一点肯定的是,在适应新文化的过程中,族群传媒起到了相当重要的过渡和衔接作用,是促进他们融入主流社会的重要工具。

  作为重要的少数族群传媒,海外华文报纸不仅是信息传播工具,而且还是海外华人的族群象征符号,是族群与文化认同的重要承载物。本章比较深入地论述了族群与文化认同的概念,指出在一些民族国家,由于华人备受歧视,反而激起了华人强烈的族群和文化认同意识。作为华人社会重要的信息和文化传播工具,华文报纸因此成为华人衡量族群是否继续存在的重要指标,变成族群认同的象征符号,也成为反映华人权利、地位的重要指标。

  本章指出,海外华文报纸成功的本土化,将为它们的全球化打下良好基础。没有良好的本土化,就不可能实现全球化。本土化是海外华文报纸赖以生存的基础,是发展的根据地。面向全球,不能忽视本土。本土化与全球化是相互依存关系。

第四章　海外华文报纸全球化的图景

全球化波及社会的各个领域，不仅涉及政治、经济、文化，而且还体现在人们的全球流动中。华人作为流动性相当大的族群，不仅促进了世界各地的经济发展，也促进了文化交流。华人全球性的流动，一方面加速了华人的全球化，另一方面也加速了中华文化的全球化。应华人全球流动的情况，海外华文报纸跟随移民诞生、发展。

当前，海外华人有 4000 多万，分布在世界各国。在历史上，中国不同区域、不同时期的海外移民创办的华文报纸，因为受各自的政治倾向、传播技术、全球化程度等因素影响，本土化和全球化的方针和程度也有所差异，特别是由于传播技术、传播手段的限制，加上资本的短缺，早期海外华文报纸虽然做到了本土化，但是却很难做到全球化，更不要说通过全球化来影响其他地区的人们。随着海外移民不断增多，而且在经济上取得越来越大的成就，华文报纸得到了长足发展。随着全球化的进一步深入，以及传播技术的改进，海外华文报纸具备了全球化的受众和资本条件。

第一节　移民变迁与报纸内容变化

19 世纪中叶、20 世纪 80 年代中期、80 年代末，是中国人移民海外的三个重要历史时期。这三个时期的移民群体分别是中国沿海地区、港台以及大陆居民。伴随大量中国人移居海外，海外华文报纸也得到了迅速发展，但是由于中国区域辽阔，不仅遭受过殖民统治、日本侵略，而且还发生了国共内战，海外华人的构成相当复杂。在他们当中不仅有来自大陆的移民，还有港台移民；不仅有在新中国成立前移居海外的华人，也有新中国成立后移居海外的华人。由于海外华人的构成不同，文化也稍有差别，因此海外华文报纸的本土化与全球化现象也出现了相当大的差别，但随着中国迅速发展，国力日益强盛，从内地、港台移居到海外的华人所创办的华文报纸也慢慢出现合流的现象，以保护华人权益、维护华人形象、传播中华文化为己任。早期港台在海外所创刊的华文报纸对大陆不客观的报道也随之得到改变，同时对参与文化全球化更加自信。移民的全球化，为海外华文报纸的生存与发展提供了土壤，也为它们本土化和全球化提供了受众条件。

一、早期移民与海外华文报纸全球化

虽然自秦汉起就有中国人移居海外的记录，但是华人移居海外逐渐增多则是在乾隆后期，特别是鸦片战争之后。这个时期，中国逐渐走向衰败，大量中国人迫于生计，不得不移居海外寻求生存空间。许多华人要么自己出走海外，要么被当作劳工，人称"卖猪仔"送到海外，赴北美、东南亚寻找生存机会。

1. 早期移民多来自东南沿海

早期华人移民大都是东南沿海地区居民。例如东南亚华人主要来自闽粤，通行的语言是福州话、闽南话和广府话。北美最早的华人移民大多来自广东，他们讲的是广东方言。从对早期移民的方言使用的调查情况来看，这一时期的移民具有明显的区域性的特征，就是福建、广东、海南的华人较多。这一特征也通过华文传媒体现出来。"'海外最早出现的华语广播机构——华人播音局'（1933年4月30日创建于檀香山）就是用粤语播音的，其创设的初衷是'当地各国侨民多半都有以其本国语言（方言）发音的广播，而华侨却没有自己的母语广播，因此决定创办此台'。可见，当时的华侨把粤语当作了华语，或是华语的代表。其后出现的华语广播电台，如美国旧金山的金星广播电台（1939年）、洛杉矶的华钟广播电台（1955年），都是用粤语播音的。马来亚早期的'金色广播网'和'银色广播网'也是用广东话和闽南话播出节目。"[①]

直到现在，广东籍、福建籍的海外华人在海外华人总人口中仍占有相当大的比重。这使得华文报纸的广东、福建文化色彩相当浓郁。在面向广东籍、福

---

① 程曼丽：《海外华人种群变化对华文媒体生态的影响》，新加坡"海洋亚洲与海外华人"研讨会论文，2005年。

建籍的华人读者中，许多华文报纸明显有地方色彩，如文章中有许多广东、福建俚语，不懂广东话或闽南话的读者有时很难读懂新闻。

2. 早期华文报纸宗教色彩浓郁

早期移民大量移民到东南亚，为华文报纸的诞生提供了受众基础。从1815年到1837年的22年间，马六甲、巴达维亚及新加坡三地，先后出现了四份宗教性的华文杂志，即马六甲的《察世俗每月统记传》及《天下新闻》、巴达维亚的《特选撮要每月统记传》以及新加坡的《东西洋考每月统记传》。

1815年8月5日，第一份刊物《察世俗每月统记传》在马六甲创刊。创刊者是英国传教士马礼逊（Robert Morrison）和米怜（William Milne），然而除了数期为马礼逊和麦都思（Walter Henry Medhurst）、梁发三人合编外，其余都出自米怜之手。米怜编印《察世俗每月统记传》的目的非常明显，基本上是希望通过这份杂志，辅助宣教工作的进行。那么，为什么东南亚华文报纸发端于1815年的马六甲？"《察世俗每月统记传》的创办人米怜在其《中国宣传最初十年回忆录》中谈到，马来半岛的马六甲、爪哇和槟城都可以发展成为传教据点。他认为，从华侨人口数目考虑，爪哇要比马六甲有利，但是马六甲离中国比较近，加之它位于交趾支那、暹罗与槟城之间，方便同散居于各群岛的华侨接触，况且它与印度、广州的往来也十分方便。因此，米怜认为，马六甲人口虽然比爪哇少，其地理位置却有利于教会向更多的当地民众（特别是中国人）展开传教活动。此外，米怜认为，从学习语言的角度，马六甲也较为适宜。"① 由此可见，华文报纸的诞生与发展需要一定的地理环境和传播需求。

通过比照米怜的回忆录，基督教教义的阐述和介绍是《察世俗每月统记传》的基本内容和主要目标。不过，鉴于中国科学的落后及民智的闭塞，米怜也将科学知识（如天文地理等）的介绍作为《察世俗每月统记传》的部分内容，这也可从米怜的回忆录中反映出来。在他的回忆录中，他说："本报宗旨，首在灌输智识，阐扬宗教，砥砺道德。"

东南亚出现的四份华文报刊，"虽属宗教性质，但在该地出版地的大众传播史上，都占有开山拓荒的地位，非常重要。如1815年创刊的《察世俗每月

---

① 程曼丽：《海外华文报纸研究》，新华出版社2001年版，第26页。

统记传》是马来西亚的第一份华文杂志，1823年创刊的《特选撮要每月统记传》是印度尼西亚的第一份华文报刊，而1837年在新加坡复刊的《东西洋考每月统记传》则是新加坡的第一份华文报刊"①。

在美国，1854年威廉·霍德华在旧金山创办了《金山日新录》，1855年基督教长老会在旧金山创办了《东涯新录》。这两份华文报刊虽然有浓郁的宗教色彩，但是对帮助美国华工了解国内信息、缓解对故乡的思念起到相当大的作用。

具有浓郁宗教色彩的华文报刊一直延续到1881年。1881年12月10日，一份在海外华文报纸史上占有重要地位的华文报纸——《叻报》于新加坡创刊，改变了宗教报刊垄断华文报业的局面，开始了华文报刊的新里程。《叻报》是一家真正具有新闻性的日报，人称"南洋第一报"。它一直出版到1932年，维持了51年，因此在华文报业史上有重要的地位。自此之后，海外华文报纸，特别是东南亚华文报纸得到持续发展，开始涌现了一批对社会有影响的报纸，并实行市场化运作，如《南洋商报》（1923）、《星洲日报》（1929）等。

早期华文报刊的诞生，虽然有浓郁的宗教色彩，但是它们在开启民智、冲破清政府的言论禁闭、传播西方先进的科学技术和人文思想等方面做出重要贡献。它们的版式也为后来的华文报刊所借鉴，因此，早期宗教报刊有重要的历史贡献。

3. 华文传媒本土化色彩逐渐加强

早期海外华文报纸的本土化程度比较低，这是因为当时华人历来安土重迁，比较关心来自家乡的信息，缺乏落地生根的思想，只是把海外当作暂时谋求生存之地，发财之后就一定要回到家乡、光宗耀祖，因此早期华人缺乏对当地事务的关心。直到"二战"结束后，华文传媒的本土化才逐渐增强。

从早期最著名的《叻报》有关中国与新加坡、马来西亚（以下简称新马）的新闻报道数量统计表来看，一直到1932年，中国的新闻数量明显多于新马两地。（见图4-1）

---

① 王慷鼎：《新加坡华文报刊史论集》，新加坡新华出版社1987年版，第9页。

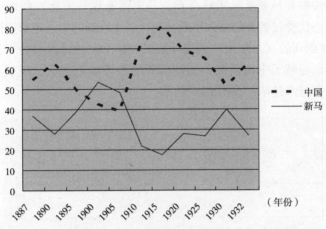

图 4-1 《叻报》有关中国与新马的报道统计（百分比）①

著名华文报纸《南洋商报》创刊于 1923 年，是当时影响非常大的报纸，从 1923—1941 年亚洲各国新闻条数的分布统计来看，中国新闻占了相当大的比重。② 直到 1935 年左右，当地新闻的数量才超越中国新闻，此后新马两地新闻数量不断增多，中国新闻数量不断减少，比例不断下降。（见图 4-2）

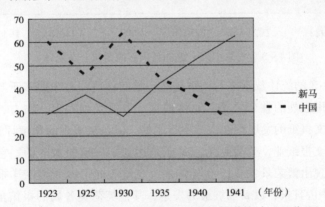

图 4-2 《南洋商报》有关中国与新马的报道统计（百分比）③

---

① 姚逸思：《〈叻报〉新闻内容分析（1887—1932）》，新加坡国立大学中文系荣誉学位毕业论文，新加坡国立大学中文图书馆，索引号 PN5449SINLB。
② 陈爱玲：《〈南洋商报〉新闻内容分析》，新加坡国立大学中文系荣誉学位毕业论文，新加坡国立大学中文图书馆，索引号为 PN5449 Sin. NY。
③ 陈爱玲：《〈南洋商报〉新闻内容分析》，新加坡国立大学中文系荣誉学位毕业论文，新加坡国立大学中文图书馆，索引号为 PN5449 Sin. NY。

随着新加坡和马来亚（1963年前，马来西亚称马来亚）两地华人数量不断增多，新一代受过教育的华人不断涌现，华文报纸的本土色彩逐渐增强。如从于1906年创刊的《总汇报》的统计数据来看，从1935年开始，新马两地的新闻比例逐渐超越了中国新闻，而且两者的差距越来越大，说明《总汇报》的本土化色彩越来越浓。（见图4-3）

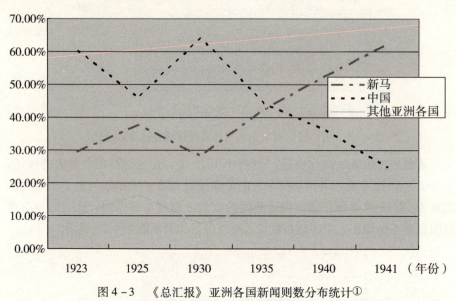

图4-3 《总汇报》亚洲各国新闻则数分布统计①

从图4-3的统计数据来看，很显然，早期移民关心中国多于当地，体现出他们对母国强烈的眷恋之情。总体而言，虽然受到人力、物力、财力的限制，海外华文报纸的发展存在许多不足之处，但是从客观的角度评论"二战"前的海外华文报纸业，笔者认为，其还是达到了一定的水准的。它们激烈竞争，而且呈现出繁荣景象。1940年陈嘉庚在重庆向记者介绍南洋报界情况时说："南洋华侨日报，以新加坡最为发达，其他英荷美各属的报馆虽然多，但总不及新加坡出版的报纸张数和销数之多。每份报纸日出早报对开纸六大张，晚报两大张。""而国内首都重庆的《中央日报》，每日仅出版一小张，只有新加坡的十余分之一。"② 他说，新加坡各报的社会新闻，"则登载颇详，凡有开

---

① 陈慧彬：《〈总汇报〉新闻内容分析》，新加坡国立大学中文系名誉学位毕业论文，新加坡国立大学中文图书馆，索引号为PN5449 SIN. ZHB。
② 陈嘉庚：《陈嘉庚言论集》，新加坡怡和轩俱乐部2004年版，第235页。

会，记者必到，似为竞争而来。如重庆政府社会机关之多，逐天必有数处开会，如在新加坡不知要增加许多新闻，而重庆则寂寞无闻"①。他举例说："以数月前（1940年8月的前几个月）召开的'全球经济学社'年会为例，要人到会者不少，名人多位演说，若新加坡报纸一大张专载，尚恐不尽，而重庆各报，仅登数行，精神内容绝无可取，以首都日报，应为各省及南洋模范，乃如此简单，实为海外华侨所失望。"② 陈嘉庚对中国报业与新马报业的比较与评论，一方面反映了他对国民党统治下的中国报业发展状况不满；另一方面反映了当时海外华文报纸特别是新马华文报业激烈竞争、关心当地时事、为当地华人提供当地新闻的事实，真实地反映了当时新马华文报业逐渐本土化的情况。

二、港台移民与海外华文报纸全球化

港台移民在海外华人当中占有相当大的比重。不过，港台移民大部分移居的地方是西欧和北美发达地区。由于香港曾是英国的殖民地，香港居民移居英国的人数比较多。此外，由于历史原因，在回归前，由于香港市民不太了解中国政府对香港的政策，纷纷移民到英国、加拿大和美国，造成回归前这三个地方的香港移民迅速上升。台湾虽然是中国领土，但一直以来与美国关系密切。因此，美国的台湾移民数量估计有50万左右。数量众多的港台移民，不仅促进了移居地的经济和文化发展，而且也促进了当地华文报纸的迅速发展。目前，最有影响的华文报纸是港台报纸在西欧和北美地区创办的子报或分版。例如，在加拿大、美国，《世界日报》是台湾联合报系的子报，《明报》是香港《明报》的分版，《星岛日报》则是由香港《星岛日报》创办的。这些华文报纸经过多年的努力，逐渐站稳脚跟，在华社和主流社会当中发挥重要的舆论影响力。

1. 港台移民是海外华人的重要组成部分

早期香港居民移居海外主要发生在日本侵入香港时期，许多香港居民拖儿带女移民英国、加拿大和美国。以加拿大来说，由于加入加拿大国籍，就可以持加拿大护照免签证进入美国。因此，加拿大一直是香港居民热衷移民的国家。之后，随着中英展开香港主权谈判，香港居民移居海外的数量明显增加。

---

① 陈嘉庚：《陈嘉庚言论集》，新加坡怡和轩俱乐部2004年版，第236页。
② 陈嘉庚：《陈嘉庚言论集》，新加坡怡和轩俱乐部2004年版，第237页。

一直到20世纪80年代末期,香港移民都是加拿大华人移民的主力,当时,每年的移民人数都达到2万人。1994年由于香港市民担心中国接收香港后社会会发生动乱,大量港人选择移民加拿大,移民人数有4万多人,几乎占当年加拿大接受移民总数的20%以上。1988年至1997年,香港移民总数接近30万,成为加拿大华人社区的主流。香港回归后的政治局势相对稳定,港人移民也大幅度下降,"1998年的香港移民人数从1997年的2万多人,锐减到8072人;1999年更减至3664人;2000年只有2800多人,2006年则不足2000人"①。许多移民看到香港保持繁荣稳定,纷纷回流,出现一股华人从海外回归香港的现象。

早期的台湾移民,主要是留学毕业后申请定居及家属团聚。1980年台湾当局放宽居民出境申请限制后,前往加拿大、美国旅游、留学以及移民的人数逐年增多。20世纪90年代以后,台湾移民人数相对较为稳定,一直维持在每年数千人的水平。"1996年及1997年台海局势紧张,两年台湾移民分别达到1万~3万人,之后又维持在数千人的水平,2000年减至3400多人。"②

由于早期英国、加拿大和美国华人移民主要是香港和台湾居民,因此,港台报刊抓住两地移民初到异国、急切需要了解当地情况、购买和租住房屋、寻找各种工作机会等办报良机,大举进军加拿大。如香港的《星岛日报》《明报》、台湾的《世界日报》先后进入这些国家,各自为香港和台湾移民服务。这使得早期英国、加拿大、美国的华文报纸的办报宗旨和内容有相当大的差异。

和第一代移民相比,六七十年代来到美国的港台移民,大部分都拥有较为雄厚的经济基础和较高的学历层次,有的在当地置办产业,有的进入硅谷发展。为了加强华人之间的沟通,为他们融入当地社会提供信息服务,一批以港台移民为对象的报刊也在美国创办,如香港《星岛日报》在美国印刷、发行,台湾联合报系在美国创办《世界日报》。由于大部分华文报纸缺乏专业人才,凭借现有的采编力量满足不了读者对信息多方面的需求,于是他们纷纷采取一个共同的做法:除刊登本地新闻外,大量的信息从航寄来的香港报刊上剪贴、摘编。其结果是,这一时期的海外华人社会和华文报刊中弥漫着浓重的港台文

---

① 徐新汉、黄运荣:《加拿大华文传媒发展综述》,见《世界华文传媒年鉴》,世界华文传媒年鉴社2005年版,第78页。
② 徐新汉、黄运荣:《加拿大华文传媒发展综述》,见《世界华文传媒年鉴》,世界华文传媒年鉴社2005年版,第78页。

化气息。

香港、台湾虽然都是中国的领土，但是两地的文化又有一些小的差异。比如说，台湾受闽南文化影响，同时受美国文化影响很大；而香港则受岭南文化影响，而且经过殖民统治，东西方文化交融的痕迹明显。因此，两地的人在社会制度、文化环境、生活方式等方面多有不同，由此带来双方在政治理念、价值取向以及目标诉求等方面的差异，信息需求也有所不同。由于有港台背景的报纸分别为港台移民服务，因此各自相安无事，但到20世纪90年代初，大量大陆留学生、移民进入英国、加拿大和美国，催生了许多大陆移民创办的华文报纸，与此同时，来自港台的移民萎缩。为扩大影响、争取更多的读者群，有港台背景的报纸针对大陆移民的需求，对内容、版面、风格和报道取向进行调整。港台移民大量移居海外，带动了有港台背景的报纸的发展，但是由于这些在当地发行的有港台背景的报纸面对的读者对象不重叠，因此港台报刊各自发展，风格也明显不同。虽然这些在当地编辑、出版、发行的港台报刊注重当地华人的新闻报道，本土色彩比较浓，但是各自为政，缺乏交流和沟通。

2. 有港台背景的报纸受众趋向多元化

1968年，香港的星岛报系在纽约开办了美国版《星岛日报》。以香港《星岛日报》为开端，从20世纪70年代开始出现了港台报业资本进军美国的浪潮，并开始促进了华文报纸的激烈竞争。在美国，"20世纪70年代早期，《星岛日报》是在美国东西两岸都发行得比较成功的报纸，不过当时号称发行量最大的报纸仍属于国民党1962年在纽约成立的《中国时报》（不同于台湾的《中国时报》）。1976年，台湾的联合报系在国民党政府的支持下，在纽约创办了《世界日报》。《世界日报》进入北美华文报业市场后，华文报业的格局立刻发生转变，在国民党的庞大财力支持下，《世界日报》在全美各地大量派报，迅速瓜分了华文报的市场。《世界日报》在80年代掀起了一场华文报争霸战。香港的《文汇报》和《大公报》等报社也都纷纷登陆美国"①。他们利用专业知识、雄厚资本、完善管理、丰富资源及最新科技的优势，改变了加拿大华文传媒的运作模式，很快取代了当地老华侨创办的华文传媒，成为加拿大华文传媒的主流。这一时期的华文电台和电视台也深受港台影响，主要播放港台两地制作的节目。

到了20世纪80年代，不管政治立场是左是右，华文报纸都关注华人在欧

---

① 王士谷：《华侨华人百科全书·新闻出版卷》，中国华侨出版社1999年版，第219页。

洲、北美的权益，诸如平等权利、平权法案、政治参与等等。华文报纸自此才开始融合，逐渐形成不分港台读者的局面，形成受众构成多元化的读者群。这时候，有港台背景的报纸内容更加丰富，不仅报道港台新闻，而且也花了大量版面报道大陆新闻，初步构建了联结中国各区域与海外的华文传播网络。

20世纪90年代以来，以专业技术移民为主的大陆新移民成为中国新移民的主力。新移民人数的急剧增长带动和催生了新移民华文报纸的兴起。据一项统计资料显示，2006年加拿大的华文报纸，有70%以上为20世纪90年代以来由中国大陆新移民创办。在大陆新移民日渐增多的冲击下，海外华文报纸生态发生了深刻的变化。首先是电子传媒因应受众市场的变化，在保证白话、闽南话播出时间的前提下，大幅增加普通话播出时段。报纸也做出了一些变革，如《世界日报》，2002年以来一改办报以来始终不变的风格，将台湾传统的竖排方式改为横排方式。

3. 港台背景的报纸呈现强大的舆论影响力

随着中国各方面的事业均取得显著进步，加上国际形势的变化，许多以港台为基地的海外华文报纸从不同的立场出发，以中国问题为关注的重点，20世纪50年代舆论一边倒的局面已发生了根本改变。随着中国与欧洲各国、美国建立外交关系，华文报纸从早年的反共立场转变成中立甚至倾向于支持中国政府。另外，随着华人逐渐融入美国社会，与主流社会相处而产生的重要议题也愈来愈吸引华文报读者的关注。值得注意的是，在欧洲和北美，最有影响的三家华文日报，都有港台背景。

由于持比较自由、开放的办报方针，注重华人社区新闻，维护华人权益，以港台为背景的华文报纸在华人当中发挥了举足轻重的作用。如2010年美国的《世界日报》每天发行20万份，是美国发行量最高的华文报纸，在华社当中拥有很强的影响力。2000年美国总统选举时，候选人戈尔与布什分别专门抽时间接受《世界日报》记者的采访，希望华人以至亚裔能够投他们一票，它的影响力由此可见一斑。

台湾联合报系不仅在加拿大、美国创办《世界日报》，而且在泰国、印度尼西亚也创办了《世界日报》（印度尼西亚的《世界日报》现已停刊）。泰国的《世界日报》在当地六家华文报纸当中是影响力比较大的一份报纸。大多数阅读《世界日报》的读者都知道该报纸属于台湾联合报系，但是读者仍然选择阅读这份报纸，说明它的办报宗旨能够得到泰国华人的接受和认同。

在其他地区，华文日报形成三分天下的情况，但是有港台背景的华文报纸无论是数量，还是质量，都超过了有中资背景的华文报纸。澳大利亚、美国、加拿大、欧洲的华文日报共有 23 份（截至 2015 年 5 月 31 日），但是由大陆移民创办，并有大陆资本投入的仅有 6 份，只占全部四地华文日报的 26.1%；有香港背景的日报有 9 份，占 39.1%；有台湾背景的日报有 5 份，占 21.7%；独资的日报有 3 份，占 13.0%。（见表 4-1）日报是衡量报业发展水平的重要标准，港台背景的日报占多数，说明大陆新移民创办并有大陆资本支持的华文报纸与有港台背景的华文报纸有比较大的差距。

表 4-1　四地华文日报背景调查

资本背景	澳大利亚报纸名称	美国报纸名称	加拿大报纸名称	欧洲报纸名称
中资	《澳洲新快报》《大洋日报》	《环球时报》（美国版）《侨报》《中国日报》		《欧洲时报》
台资	《墨尔本日报》《澳洲日报》	《世界日报》《台湾时报》	《世界日报》	
港资	《星岛日报》《澳洲新报》	《星岛日报》《明报》	《星岛日报》《明报》《加拿大商报》	《星岛日报》《欧洲商报》
独资		《国际日报》《美国新闻》《维加斯新闻》		

实际上，中国大陆面向海外发行的报纸在海外的发行量都不高。（见表 4-2）它们意识形态浓郁，官方宣传色彩浓重，在海外发行量远远比不上港台报刊。比如说，《人民日报·海外版》，多年来其每天发行量都在 8 万份左右。在实际的发行量当中，不少是在国内发行。除去国内的发行量，它在国外发行的数量很少，而隶属台湾联合报系的《世界日报》仅在美国就每天发行 10 万份（2014 年），比较起来，两者之间的差距不言而喻。中华文化的中心在中国大陆，但是在海外，无论是大陆移民还是官方编辑出版发行的华文报纸，发行量与影响力均不及港台报刊，这个事实很值得我们反思。

表4-2　2008—2011年《人民日报·海外版》《中国日报·英文版》日发行量[①]

年度	《人民日报·海外版》（万份）	《中国日报·英文版》（万份）
2008	2.40	15.60
2009	3.05	14.76
2011	3.56	21.00

注：图书馆缺2010年的数据，2012年的数据未在2013年《中国新闻年鉴》中出现，2014年的新闻年鉴未见图书馆书架，笔者试图于2015年6月4日赴广州图书馆查阅2014年中国新闻年鉴的相关数据，但该馆最新的只有2013年的年鉴。

为何会出现这种情况呢？笔者认为，过分注重宣传效应而忽视按照新闻规律办报，是我国对外传播的最大问题。美国学者斯蒂文·小约翰（Littlejohn S. W.）提醒组织传播要注意管理者凭权力去操纵文化。他认为："凭经验思维的管理者可能会只是将文化视为另一个被操纵的变量，而且文化被认为是可管理的。这种观念会导致刻意的意识形态控制的负面后果。"[②] 斯蒂文的观点给予我们很多启示，说明只有保持客观公正的报道倾向，减少意识形态和官方色彩，才能树立海外华文报纸的公信力。有港台背景的华文报纸及其他一些华文报纸之所以能够比我国面向海外发行的传媒在海外华人社会当中产生更大影响力，原因就在于它们比较客观和公正。它们报道的方针、手法和宗旨值得其他华文传媒，特别是向海外传播的中国传媒借鉴。

三、大陆新移民与海外华文报纸全球化

随着中国改革开放对人才的需要，以及放宽人们到国外留学的限制，越来越多的大陆居民以留学、经商、探亲、移民的方式移居海外。与无奈背井离乡寻找发财之地的早期移民、港台投资移民明显不同的是，大陆移民大多数是以技术移民的方式赴海外定居，或是在海外学成之后留在当地。因此，"新移民"主要是指改革开放后，从中国大陆出境定居的那部分人。与早期移民和投资移民相比，大陆新移民的教育程度更高，比较容易适应海外环境，并通过

---

① 参见《中国新闻年鉴》，中国新闻年鉴社2009年版，第616页；2010年版，第632页；2013年版，第635页。
② 斯蒂文·小约翰：《传播理论》，中国社会科学出版社1999年版，第568页。

努力在当地获得较高的社会地位。大量大陆移民定居在海外，不仅提高了华人的种群质量，而且也促进了海外华文报纸的发展。

1. 大陆新移民是当前海外移民的主力军

由于历史原因，中国大陆在六七十年代关起门来搞运动。这场运动几乎切断了中国与外界的一切联系。1978年中国开始了改革开放，外派留学生的工作也全面恢复。自那时起，特别是80年代以后，中国大陆出国留学、定居人员的数目不断增加，势头至今未减。从20世纪90年代起，大陆、香港、台湾三地的海外移民结构开始发生变化。以港台移民相对集中的美国、加拿大、澳大利亚为例，大陆移民无论是质量还是数量都有显著的提高。

在美国，"从1991年到2003年，大陆移民人数每年递增3万～4万，2002年中国大陆移民人数为61282人，台湾移民为9836人，香港移民为6090人。1997年以前，香港是加拿大最大的移民来源地，然而自1998年开始，大陆取而代之，成为加拿大最大的移民来源地，每年移民数量均在1万～2万之间，有些年份则超过了3万。2002年，加拿大的大陆新移民已近30万人，2006年达50万。从1993年到2004年的10年间，每年中国大陆移民人数劲升（从2740人到8784人），台湾移民人数涨幅不大（从785人到881人），香港移民人数呈下降趋势（从3333人到1125人）"①。2013年大陆移民在美国的数量为71798人。大陆新移民迅速增加，也促进了世界各国华人人数的增长。现在美国和加拿大都有接近400万和200万的华人移民，在亚裔人口中占有很高的比例。

在加拿大，大陆移民的主体是技术移民，有很大比例分布在科技及工程领域。从20世纪50年代开始，便有华人当选加拿大国会议员。目前，在加拿大三级议会中，都有华人的身影。前任加拿大总督伍冰枝，是香港移民。华人已成为加拿大社会中一股不可低估的政治、科技及经济力量。除了美、加、澳之外，在世界其他地区，如南美洲、东欧、非洲等地，也有大陆新移民的出现。

与老一代移民和港台移民不同，大陆新移民是在中国大陆接受了比较好的文化教育之后才移居海外的，社会化在中国大陆完成。早期的中华文化教育和熏陶，使他们无论走到哪里，都对故国和故乡拥有一份亲近感，注重中华文化的传承。大陆移民人口不断增加，而港台移民不断下降，此消彼长，造成海外

---

① 程曼丽：《海外华人种群变化对华文媒体生态的影响》，新加坡"海洋亚洲与海外华人"研讨会论文，2005年。

华社的移民来源地发生重大改变。与此同时，大陆新移民的增多，直接推动了由大陆移民创办的各种华文传媒的迅速发展，港台文化在海外华人社会长期占据主导地位的局面开始发生变化。这些变化从华文媒体很明显地反映出来，如广播、电视大量增加大陆制作的普通话节目，报纸则减少闽南和粤语方言，并大量增加大陆各地的内容。

2. 大陆新移民推动海外华文报纸的发展

从20世纪80年代开始，随着华人新移民的逐年增多，海外的华文报业也开始进入一个群雄并起的时代。加拿大、美国、澳大利亚、日本的华文报纸无论是数量还是办报质量都得到显著增加和改善。

从20世纪90年代开始，面向大陆新移民的华文报纸的数量显著增加。1995年开始，中国大陆新移民创办的《中华导报》《神州时报》《大中报》先后在渥太华、温哥华和多伦多面世，开始兴起大陆新移民办报热潮。截至2007年底，在加拿大出现了大大小小50种华文报纸，其中70%为大陆新移民所办。大陆新移民所创办的报刊的影响力不断得到增强。

在美国，从20世纪80年代末开始，就有大陆新移民创办的报纸出现，90年代后，这类报纸的数量不断攀升。据统计，2014年底，美国各种华文报纸有100多家，其中1/3以上为中国大陆新移民所办。20世纪80年代澳大利亚的华文报纸只有两三家港台报纸在悉尼出版，2014年各种华文报纸已有20多家，大部分由大陆新移民所办；日本有华文报纸30多种，其中80%为中国大陆新移民所办。与原有的"港台化"华文报纸不同的是，这些报纸大部分为横排、右行文，一些报纸使用简化字，在报纸风格、话语方式等方面更加"大陆化"。在注重本土新闻的同时，大陆新移民所创办的报纸非常关心故国的信息，大量引用"新华社""中新社"的电讯稿或国内报纸、网站上的信息，大量报道与中国大陆有关的新闻。如此多中国大陆新闻在华文报纸上刊登，这在以前的华文报纸上是不曾有过的。

大陆新移民不仅创办了很多华文报纸，而且也改变了港台报纸一统天下的局面，提升了海外华文报纸的办报质量：版面活泼，内容丰富，彩色印刷，照片有视觉冲击力。越来越多的大陆新移民改变了华社的结构，提升了华社的文化和教育层次，而且也促进了海外华文报纸的全球化。有港台背景的华文报纸逐渐转向新移民，大量增加大陆信息，建立了中国与海外的传播网络。不计其数由大陆新移民创办的海外华文网站，使世界各地的华社信息通过网络自由流动。如果说港台移民促进了有港台背景的报纸在海外的开拓，建立了港台居民与海外港台移民的联系，构建了面向港台居民的传播网络，那么大陆新移民的出现，则推动和建立了横跨世界、面向全球华人的传播网络。在这个全球性的华文传播网络中，传播中心重新又回到中国大陆，世界各国的华文报纸则成为这个传播网络的重要组成部分。

通过对以上移民全球化与海外华文报纸的关系的论述，我们发现，与世界其他族群的世界性流动相同，海外华人具有聚集性、区域性、社区性、文化传承性等特点，这为海外华文报纸的诞生和发展创造了相当好的条件。比如说，华文报纸比较容易在华人聚集的社区发行，发行成本不高，并在此基础上走向世界。由于社区报纸直接面向华人，反映社区的新闻，具有很强的贴近性，所以社区报纸虽然发行量不高，但很受华人欢迎。这样华文报纸就有立足的条件，如果能加强经营管理，逐渐壮大，就有可能发展成地区性、全国性甚至世界性的大报。

因此，海外华文报纸的全球化是建立在本土化的基础上。与其他族群传媒不同的是，海外华文报纸能够在世界各国生根发芽，并长成参天大树，除了上述原因外，还有庞大的人群和华人较高的经济地位的原因。犹太人、爱尔兰人、印度人、中国人一起被称为世界四大移民民族。然而，其他族群传媒的繁荣程度远远比不上华文报纸。比如，2014年底，在新加坡，淡米尔文（Makkai Osai，印度语言中的一种）报纸每日发行15000份，华文报纸为404600份。在马来西亚，淡米尔文报纸为40800份，而华文报纸则超过100万份。犹太人在世界各地创办的希伯来文报纸虽然历史悠久，但发行量比较低，其性质相当于海外华人社团的协会报。爱尔兰人创办的族群报纸发行量也比较少，这与他们使用英语有关，爱尔兰人的文化本就是西方文化，因此他们融入主流社会几乎没有难度。所以，海外华文报纸如此繁荣的景象在世界四大移民族群中是绝无仅有的。它们不仅能够生存，而且能够发展壮大，向全球扩展。海外华文报纸的繁荣，不仅能够为其进一步发展搭建平台，而且也有条件向外扩展空间，实现全球化传播的目标。

不过，我们也清醒地认识到，西方跨国传媒在不同语言、不同文化的国家和地区都能落地，实现全球本土化，说明西方跨国传媒财力雄厚、制作理念先进，影响也扩散到全球。海外华人虽然遍布世界每一个角落，但是由于是外来移民，而且与当地主流社会，特别是西方社会相比，虽然总数大，但是分散到世界各国，就显得人数少、力量弱，一方面不得不融入主流社会以寻求生存空间，另一方面又面对族群文化被同化的危险。在这样的情况下，海外华文报纸在努力维护族群文化和族群认同的基础上，促进海外华人适应和融入当地主流社会，积极面对全球化的挑战，便成为海外华文报纸的重要任务。

第二节 移民资本积累与报纸融资

由于海外华人勤俭节约，经过长时间的奋斗和资本积累，华人移民海外后在经济上逐渐形成强大实力，这为海外华文报纸的生存提供了经济支持。随着海外华文报业的兴旺发达，一些颇具规模的报业集团在股票市场上市，筹集发展资金，极大地解决了资金不足问题。一些报纸得到实力雄厚的华人财团支持，因此得到比较充裕的发展资金。从整体上看，虽然海外华文报纸的资金不及西方跨国传媒集团那么雄厚，但是通过多渠道地筹集资金，海外华文报纸不仅基本上能够解决生存问题，而且还有实力扩展华文报业的版图。

一、华人经济实力雄厚

上一节谈到了海外华人由三种移民组成。早期移民白手起家、勤俭节约、不断积蓄，现在大多生活稳定，生活水平较高，涌现了相当数量的富商。如马来西亚 10 名富商当中，有 7 名是华人。港台移民大多是投资移民，他们在港台的生活水平本来就比较高，移民海外后，在经济上也没有太多困难。中国大陆新移民则是留学人员和技术移民较多。"从 1978 年到 2014 年底，各类出国留学人员总数达 351.84 万人。截至 2014 年底，以留学身份出国，在外的留学人员有 170.88 万人，其中 108.89 万人正在国外进行相关阶段的学习和研究。改革开放以来，留学回国人员总数达 180.96 万人，有 74.48% 的留学人员学成后选择回国发展。"① 也就是说，有将近 90 万的留学人员尚在国外，不少人已经在海外定居。大陆新移民的知识含量和科技含量很高，如果说第一代华人是打工仔，那么，第二代和不少新移民已经变成白领甚至金领了。也因为新移民技术和经济层次较高，华人经济开始转型，从传统的工商业向高科技方向

---

① 陆茜：《2014 年度我国出国留学人员情况》，中央政府门户网站，2015 年 3 月 5 日，http://ww.gov.cn/xinwen/2015-03/05/confent_2827388.htm。

发展。

新移民教育程度较高，工作能力强，经过努力，一般来说，维持较高的生活水平几乎都不成问题。因此，相比较早期移民白手起家的经历，港台和大陆移民的经济状况相对来说比较好。当然，在海外，有相当一部分的华人是非法移民。由于这部分移民教育水平低，靠劳力生存，因此生活状况可能稍差，但是由于中国人天生勤奋，即使非法移民教育水平低，但经过努力，一般也会在5~10年之间改善生活条件。通过对当前移民的经济比较分析，我们发现，海外华人的经济虽然谈不上极其雄厚，但是经济地位较高却是不争的事实。"据一项有关英国各族收入的调查显示，英国华人的平均收入最高，其次是印度裔。白人只排在第三位。"① "不管是股市市值份额还是中小企业的数量，海外华人在东南亚国家和地区所占的经济比重都在50%以上。"②

笔者在马来西亚城市、乡村进行调查，也发现华人的生活水平普遍高于马来人和印度人。不仅有多位华人在财富榜上进入前十名，而且在乡村生活水平最低的华人也比当地的马来人和印度人强。华人经济、文化能够自成系统，这使得华人即使不太懂马来语，仍然能够在华人公司工作，生存下来。

海外华文报纸虽然肩负文化传承的重任，但也要经受市场洗礼，是商业机构。它们不仅需要大量购买力强的受众的支持，而且需要充足的经济收入，以维护日常运作，并发展壮大。因此，海外华文报业与当地的华人经济密切相关。近几年，海外华文传媒迅速发展，除了大量移民带动之外，华人强大的经济实力也是其中重要因素。没有华人经济上的支持，华文报纸很难维持下去。从海外华人较高的经济地位来看，海外华文报纸具备了资本运作的条件。

鉴于华人较强的购买力，在澳大利亚，许多白人开设的公司聘请了大量的华人。这些公司通过华人职员阅读华文报纸，从中了解当地华人的生活需求和商机，加强与当地华人公司、中国公司的合作。这些公司还鉴于华人日益雄厚的经济实力，在华文报纸上刊登广告，以招徕华人消费者。在加拿大，鉴于华人强大的消费能力，1998年，主流报业集团——多伦多星报报业集团从香港《星岛日报》手中购买55%加拿大《星岛日报》的股权，开创了当地主流传媒控股华文报纸的先河。自从多伦多星报集团入主《星岛日报》后，利用报业

---

① 陆茜：《2014年中国出国留学人员超45万 回国人数超36万》，中国新闻网，2015年3月5日，http://www.chinanews.com/edu/2015/03-05/7103900.shtml。

② （美）弗兰西斯·福山：《信任》，李宛蓉译，远方出版社1998年版，第90页。

集团原有的发行网络，扩大《星岛日报》的发行范围，大大增强了《星岛日报》的市场竞争力，《星岛日报》也因此成为加拿大最具影响力的华文报纸。多伦多星报报业集团控股加拿大《星岛日报》，在某种程度上也说明华人经济越来越受到当地主流媒体的关注。华人较强的消费能力，无疑有助于海外华文报业的生存与发展。

然而，令笔者感到忧虑的是，如果当地主流传媒鉴于华人较高的消费能力，创办或收购华文报纸，通过雄厚的资金和完善的发行网络，与当地华文报纸争夺读者，这对华文报纸无疑是相当大的冲击。事实上，一些西方传媒已经意识到华人强大的经济实力，出版华文报纸，或是在媒体网站开辟华文版，如华尔街日报、BBC等，由于它们站在西方的立场传播华人信息，还得不到华人的普遍认同，但是一旦转型，它们就会构成对华文报纸的严峻挑战。因此，海外华文报纸要未雨绸缪，加快发展速度，有实力应对主流传媒的挑战，才能避免被淘汰的命运。

二、华文报纸上市筹集资金

除了向华人公司企业招收广告外，海外华文报纸还利用各种渠道筹集发展资金，其中之一便是上市发行股票。不过，上市发行股票，筹集资金的要求很高，不仅要求报纸有较大规模，而且要运作规范，经营状况良好，这样才能对股东负责。因此，能够符合这些高要求的华文报纸不多。据笔者调查所知，海外只有六家真正颇具规模，达到上市要求。它们是马来西亚星洲媒体集团（《星洲日报》《光明日报》）和南洋报业集团（《南洋商报》《中国报》）、新加坡报业控股公司（《联合早报》）、香港星岛报业集团（《星岛日报》）和明报集团（《明报》）、台湾联合报系（《世界日报》《欧洲日报》）。相信随着海外华文报纸的进一步壮大，还会有越来越多的华文报纸符合上市要求。

与西方跨国传媒相比，上述六家华文报业集团无论是规模，还是经营的范围，都有相当大的差距。如截至2007年12月22日，星洲媒体集团的市值是21.67亿港元、南洋报业集团市值为7.44亿港元、香港明报集团市值7.89亿港元。三家于2008年4月合并成"世界华文媒体集团"，市值约37亿港元，相当于5亿美元，而截至2015年6月1日，市值为33.74亿港元，相当于4亿美元，与美国新闻集团400多亿美元资产相比差距十分显著，但是毕竟迈出了走向世界的步伐。海外华文报纸在发展资金方面相当欠缺，因此利用上市发行股票筹集发展资金,是众多规模达到一定程度的华文报纸筹集发展资金比较可行的办法,也是它们实现跨越式发展的主要手段。

当然,对于许多仍处于艰难维持运作的华文报纸来说,上市恐怕是遥遥无期、可望而不可即的愿望,然而,各地的股票市场完全允许上规模的海外华文报纸在达到上市要求后发行股票,筹集资金。由此可见,在股票市场上筹集资金,解决发展资金不足的问题,壮大实力,推动华文报纸的发展,对于海外华文报纸确实是一个很好的办法,但许多华文报纸要有超常的发展速度,才能达到上市要求。根据当前华文报纸水平不一的事实,可以预想到,海外华文报纸将会出现两极分化的情况,一些上市的华文报纸可以从股市中获得大量资金推动本土化和全球化,而另一些苦苦维持的海外华文报纸由于缺乏发展资金,将有可能退出华文报纸的行列。

上市发行股票,不仅可以筹集资金,而且还可以按照现代企业制度管理报纸,规范运作,能够避免华人家族式企业经营管理上的许多问题,更加符合现代报业的发展要求,实现报纸的长远发展。所以,上市对那些发展比较快而且有一定规模的华文报纸来说,不仅为其提供资金,而且还推动它们的现代企业化管理,这对于华文报纸的发展无疑相当有利。

三、华文报纸获财团支持

在海外,许多华文报纸得到了华人财团的支持。比如说,《菲华时报》得到菲律宾大富商郑周敏家族的支持,《星洲日报》得到马来西亚常青集团的支持,《东方日报》得到马来西亚启德行的支持等。这些财团有雄厚的经济实力,负责人又是华人领袖,因此,他们把华文报纸当作事业来对待。在日本,许多华文报纸也得到华人企业的支持,如发行量最大的《知音》得到知音连锁企业的支持。

在海外,一些企业创办华文报纸,不希望报纸赚钱、只是把报纸当作刊登企业广告或企业动态的传媒的情况相当普遍。一些企业把华文报纸当作企业报,不仅在上面刊登该企业广告,而且招收其他企业的广告,免费发行。有些华人协会也办报,但是报纸的内容局限于协会信息,报纸变成协会报,从这方面来说,这些华文报纸的发展相当不规范,也不符合市场办报的要求,但是它们依靠企业和协会庞大的经济实力,维持华文报纸的生存与发展。如果它们改变企业报和协会报的性质,完全走上市场,按照报业运作规律办报,就有可能步入健康发展的轨道。1923年创刊的《南洋商报》与1929年创刊的《星洲日报》就是这些企业报的榜样。

不过，由财团支持的华文报纸很容易成为华人领袖、社团相互攻击的工具。"由于读者有限，竞争激烈，为求生存，它们之间时常发生相互攻击的事情。更令人忧虑的是，华文报纸的创办者往往是当地比较有势力的富商和领袖，而且这些富商和领袖又担任当地华人社团的会长、副会长。如果华人社团之间发生纠纷，就会多多少少影响华文报纸的客观性。许多需要华人社团和财团捐赠才能维持生存的华文报纸会自觉不自觉地充当捐赠人的喉舌，由此带来许多负面效应。"① 由此可见，华文报纸受财团支持既有显在的好处，也存在不可忽视的缺点，最好的办法就是让其在市场化的环境中自行运作，发展壮大，甚至向全球化方向发展。

第三节　传播技术发展与办报模式变革

美国著名学者托马斯·弗里德曼2005年推出其畅销书《地球是平的》。他说，2000年左右，电邮、Google之类的搜索引擎，"创造出一个平台，可以从任何一个角落，传送智慧产品、智慧资本。它可以拆解、递送、散发、生产，再重新组合"，"个人的力量大增，个人不但能直接进行全球合作，也能参与全球竞逐，利器即是传媒，加上全球光纤网络的问世，使天涯若比邻"。从麦克卢汉到弗里德曼，从地球村到全球化，人类越来越依赖传媒，如今，随着网络的普及和快速发展，网络正以新的媒介形态塑造着人们全球化生存的方式。著名社会学家吉登斯也认为，"电讯领域，特别是大众传播媒介和网络常常被看作是全球化的动力"。以新闻传播为例，因特网因为信息量无限，对特定新闻事件，可以通过超链接的手段，进行全方位、多角度的传播，形成宏大的报道规模，产生强烈的报道效应。

对于网络的强大传播效应，德国社会学家赖纳·特茨拉夫（Rainer Tetzlaff）认为："至少也存在一种特殊的发展，它描述了目前网络对全球政治和文化发展的持续影响。只要生活在西方高度工业化国家，那么那些来自发展中

---

① 彭伟步：《东南亚华文报纸研究》，社会科学文献出版社2005年版，第399页。

国家的少数派、移民和流亡者就会利用新的传播媒介来促进全球相互作用。尽管他们的祖国没有与全球信息和新闻潮流更有效地联结起来，但是移民群体利用技术途径和常常较大的政治言论自由空间，首先在西方国家表达政治立场，构建交际网络。他们扩大移民文化知识含量，这种状况有利于区分与祖国联系在一起的政治文化，而且通过大量个人渠道反映到区域之中，在空间分散的少数派飞地的网络化中，可以感觉到朝全球村方向发展的明显进步。"[1] 作为重要的传播媒体，海外华文报纸当然也无法置身于信息化、全球化的传播技术变革之外。如果说，早期海外华文报纸专注本土化，为海外华人提供了大量当地华社的信息，维护华人的权益，那么以因特网为首的新传播媒介的出现，就迫使海外华文报纸不得不有意和无意进行全球化。事实上，正是因特网的迅速发展，才促进了海外华文报纸的集团化和传播的全球化。

一、网络促进海外华文报纸传播全球化

现在，网络已经成为无所不能的工具。网络与传统媒体共谋之下的立体传播，高效地利用了网络和数字技术发展的成果。几乎稍有条件的海外华文报纸都在网络上建立网站，传播新闻。报纸的数字化，促使这一传播效力相当强大的传统媒体融入了网络的数字世界，使传统媒体朝电子化、网络化方向发展。因特网构建多层面、立体化的传播空间，扩大了影响，并显现了强大作用。

著名传播学家麦克鲁汉曾精辟地指出，媒体即是信息。虽然他这个观点受到人们的质疑，但是网络作为一种媒体，本身就体现了新型的传播方式。学术界一直在讨论因特网是一种媒体，抑或只是一个信息传载的工具这一个论题。笔者认为，如果网络可以被假设成为一种新媒体的话，那么这个媒体对人的视觉、听觉和文字形象解读能力的综合调度的特性，以及它所储存和传递的信息所具有的强大延展性和无限深度，已经赋予这种新的传播工具成为公众传媒的可能性。"网络整合了源于其他媒体的信息，它不仅仅是内容的重复，更是对原始信息的解构和重组。网站根据消费者的信息消费习惯，量体裁衣地打造出适合于他/她的内容和导航结构，从而导致受众对信息源的依赖，信息传输和

---

[1] （德）赖纳·特茨拉夫：《全球化压力下的世界文化》，吴志成译，江西人民出版社2001年版，第59页。

被接受的效率无疑得到提高。"①

在本土化的同时实现传播的全球化，已经成为海外华文报纸的共识。许多规模较大和实力较强的海外华文报纸不仅在世界各地派驻记者，建立通讯员网络，而且建立了媒体网站，以积极主动的心态参与网络的新闻竞争，而且取得了相当大的成绩。比如新加坡《联合早报》是东南亚华文报纸中最先上网的一份报纸。《联合早报》顺应形势发展的需要，于1995年8月在因特网开设了网页，建立了"早报网"发布新闻。当时考虑为避免电子版影响印刷版的销路，采用了电脑控制、自动上网的低投入模式。1997年4月，为进一步提升早报形象，应付来自同行业的挑战，华文报集团决定投入电子版专职编辑人员，努力改变以往电子版面呆板、对突发新闻反应迟缓等弊病。10年后浏览者来自全球，如中国、加拿大、美国、马来西亚等，其中87%的浏览者来自中国，极大地提升了《联合早报》的知名度，成为世界上影响最大的海外华文网站。(见图4-4)

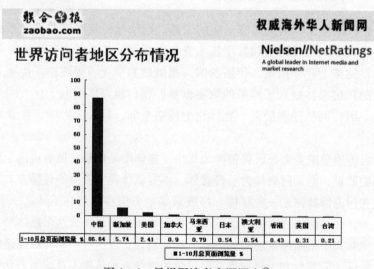

图4-4 早报网读者来源调查②

《联合早报》的早报网目前每日发布的资讯大约为300张网页，分为即时新闻、新加坡、东南亚、国际、中国、财经、体育、社论、言论、天下事、副

---

① 金燕：《关于网络播出的思考——网络时代的海外华文媒体应如何应对挑战》，见《世界华文传媒论文集》，2001年。
② 《联合早报网年度报告》(2006年)，新加坡报业控股公司，2006年11月，第11页。

刊及漫画天地、世界报刊文萃等专栏，真正做到了滚动报道。此外，网络的报道强势也不逊色于传统媒体。早报网遇到重要事件或读者关注的热门话题时，也特别策划报道专辑，如两岸局势、2016年美国总统大选、2016年台湾政治选举等。由于站在第三者的角度看两岸关系，深受海外华人及中国大陆网民的欢迎。

除了大量报道两岸消息外，早报网还摘录世界各地的华社消息，成为华人世界中重要的信息集汇地。依靠网络，《联合早报》不仅实现了对新加坡本土华人的报道，而且还实现了传播的全球化，而这一切的实现都要归功于网络的迅速发展。

《联合早报》早报网的成功，一方面说明了因特网为海外华文报纸的本土化和全球化提供了条件；另一方面也说明海外华文报纸要想跟上时代的步伐，必须跟新技术接轨，利用新技术来增强服务，增强传媒的核心竞争力。网络为海外华文报纸的发展提供了新起点，创造了新的传播模式。它不仅是一个传播工具，还是变革海外华文报纸传播方式、促进其全球化的重要手段。它将使海外华文报纸传播的手段更加多样化，信息多元化，更能引起华人注意，扩大华文传媒的话语权。

二、网络为海外华文报纸扩大影响力提供技术条件

电子传媒以迅速发展的态势，改变了传播的形态，构建了全球性的传播网络。全球传播，打破了时间和空间的界限，提高了传播时效，特别是以网络为代表的新媒体，以前所未有的姿态几乎介入到所有的人类活动当中。面对网络传播巨大的优势，海外华文报纸的突破点在网络。它们可以充分利用网络互动性强、传播速度快的优势，加强对华人新闻的报道，并通过建设综合性网站，不但上网报道新闻，而且还可以实现电子商务。这样，华文报纸就可以实现跨媒体新闻传播、多元化经营，避免传媒产品经营的单一化。

网络储存了大量信息，可同时大量供无数读者上网阅读，相比较纸质报纸，成本比较低。由于是电子媒体，它可以做到现在进行时的新闻报道，发行范围也是无远弗届。另外，网络媒体的优点是消息面广、更新及时、互动性强，它像一座大型图书馆，读者可以依据个人需要寻找大量资料。由于网络传播的成本很低，而且内容几乎不受限制，因此它可以链接和转载其他网站的信息，一条有关华社切身利益的新闻很快就可以通过各海外华文报纸网站扩散到

全世界。传统媒体又会对其进行二度、多维报道，网络、报纸、广播、电视的综合报道，促成了立体式、多角度的报道格局，不仅在华人社会中引起强烈反响，而且还在新闻发生地的主流社会中引起反响。比如，2007年9月15日，澳大利亚墨尔本火车站的工作人员发现一名被遗弃的新西兰华裔女童薛千寻，外号"小南瓜"。"小南瓜"的不幸遭遇和抚养问题，经海外华文报纸报道之后，不仅在华社当中造成很大的影响，而且也受到新西兰和澳大利亚等主流社会的关注。当地的主流报纸也纷纷介入报道，最后在强大的舆论下，10月4日，新西兰法庭裁定，允许薛千寻的外祖母刘晓萍将她带回中国抚养。"小南瓜"事件虽然发生在澳大利亚和新西兰，但是从海外华文报纸和主流传媒的报道当中，却深深地让我们看到，人与人之间的关怀已经超越了国界、族群和不同语言的传媒。

许许多多发生在海外华人身上的事件，经过当地华文传媒的报道，并通过网络扩散开来，在世界上引起了强大的社会影响力，足以说明海外华文报纸必须立足于当地，为当地华人服务，并利用网络进行传播，才能实现传播的全球化，新闻报道也才会形成影响力。

网络时代带来的新传播理念已经席卷全球，媒体革命势在必行。网络为海外华文报纸本土化和全球化提供了条件。在中国迅速发展的背景下，海外华文报纸更需借助于网络，实现全球传播、整合华社力量的目的。

三、网络有助于海外华文报纸集团化

目前，许多国家的华文报纸呈现全面开花的景象，但是真正能够形成规模的却极少，主要的原因就是数量众多的华文传媒分散了受众群，从而减少了它们在社会上的话语权。例如，在日本，仅东京就发行将近20份的华文报纸，而且是全部免费发行。一些报纸重在宣传华人企业形象和产品，真正对华社进行新闻报道的华文报纸很少。据了解，目前日本大部分的华文报纸发行仅有数千份，有的甚至只有几百份。为了获得生存，数量众多的华文报纸不得不靠拉广告维持运转，结果广告价不断下降，不仅影响到日本华文报纸的生存，而且也影响到它们的长期滚动发展。

笔者认为，随着新技术的不断创新，新媒体不断涌现，与新技术、新媒体不可分割的新闻传播也必将实现新的变革，传统媒体也将面对新媒体的挑战。借助新媒体的发展趋势，寻找华文报纸新的发展点，依托传统媒体严肃、客观、公信力高的采编队伍,利用网络的传播力量,逐渐整合当地的华文报纸力量,实现集团化,将会是下一阶段海外华文报纸新的发展良机。

海外华文报纸要利用网络传播革命的契机,为传统报纸注入新的力量,通过不断开拓和挖掘网络传播对华社的影响力,为华人提供更好的信息服务,在今后的传播活动中率先占领制高点,并在滚动发展中,逐渐实现对其他华文媒体的兼并,做大做强海外华文报纸,组建跨媒体的传媒集团。

在这一方面,新加坡和马来西亚的华文报纸走在了海外华文报纸的前列。新加坡《联合早报》不仅成功地实现网络传播,而且还不断开拓新的商机。2008年1月29日,新加坡报业控股与新电信开始联手推出用手机接收《联合早报》的新闻短信。这项服务每月订阅费为4.28新元至5.35新元(1新元相当于5元人民币)不等,订户可以享有每月17条至25条短信新闻的服务。

无独有偶,马来西亚星洲媒体集团也推出短信服务。除此之外,它还建立了为不同受众服务的网站,如星洲互动网等。星洲媒体集团充分利用信息资源丰富的优势,努力开发信息的深加工,建立各种实用、有效的数据库,为人们提供综合性、更加个人化的信息服务,如咨询、短讯、信息服务、电子商务等,不仅实现了卓有成效的报纸数字化改革,而且在电子商务方面也取得了长足的发展。

21世纪是充满生机的时代,传统华文报纸的出路就在于加速信息的产业化,加强信息的增值服务。它们必须在变革中求生存和发展,只有不断引进新观念、新技术,加大对网络的投入力度,加速传媒的现代化建设,才能焕发新的活力,形成新的发展点,壮大力量,实现华文报纸的整合,组建有实力、能够与西方主流媒体进行对话的传媒集团。

四、网络拓宽海外华文报纸的收入来源

美国班迪克森联合会(Bendixen and Associates)于2005年在全美所做的问卷调查发现,全美亚裔社区新老移民虽然使用英语传媒,但也有相当高的百分比使用各自族群语言网站。即使在新移民构成的新亚裔社区,亚裔语言网站的使用率也相当高,新移民社区达60%,老移民社区也有47%,这说明不论是新移民,还是老移民,母语网站最受他们的欢迎。(见表4-3)

表4-3 亚裔接受本族语言传媒数据表①

	亚裔语言报纸	亚裔语言广播	亚裔语言电视	亚裔语言网站
旧亚裔社区	24%	17%	21%	47%
新亚裔社区	14%	12%	5%	60%

该调查报告还指出:"虽然这份调查没有细分亚裔各母国背景,但华人占亚裔最大多数,因此仍有指标作用。此调查结果,透露的信息是新亚裔社区的居民英文程度较高,才可能住在亚裔数量稀少的地区,相对地在当地提供亚裔传媒的机会也比较少,因此较常使用英语传媒,但是网络就没有地区的限制。华文传媒不能忽视美国华人可能选择使用网站的消费行为,这不仅是在美国华文报业之间的竞争,美国主流传媒也在争取华文读者。譬如,美国《华尔街日报》的华文版网站于2002年成立;《美国在线》在2006年4月也开始提供华文新闻。"② 虽然此数据于2005年发布,但在今天仍有借鉴价值,真实地反映了新移民依赖母语传媒的事实。

调查报告明确指出海外华文报纸要注意发展网络广告,并认为网络广告将会是华文报纸主要的收入来源。这个调查报告也基本符合现实情况。由于新移民的素质比较高,通晓当地主流语言,习惯使用电脑网络了解信息,因此他们了解当地社会情况并不一定要通过传统的华文报纸,因此,在美国班迪克森联合会(Bendixen and Associates)调查中,华人新移民对华文报纸的使用率比较低,但是并不代表他们失去了对华文报纸的兴趣。只不过,他们更习惯于从华文网站中寻找信息,更快捷地浏览新闻。

由于网络可以用多种符号进行传播,形式多样,远远多于传统媒体的广告发布形式,因此它的广告内容通过数字技术进行艺术加工和处理,可诱导人们的兴趣和行为,达到推销其产品的目的。随着网络的进一步发展,网络用户的进一步增加,网络广告未来的发展也将面临更大的市场。在市场的扩大过程中,受众的分层也更加明显,网络广告因此更具有针对性。因此,它将是未来重要的传播华文信息的载体,而且是海外华文报纸财政收入的重要补充,甚至可成为其主要财政来源。海外华文报纸建立媒体网站,通过网络广告来增加收

---

① 朱辰华:《美国华文媒体发展综述》,见《世界华文传媒年鉴》,世界华文传媒年鉴社2007年版,第66页。
② 朱辰华:《美国华文媒体发展综述》,见《世界华文传媒年鉴》,世界华文传媒年鉴社2007年版,第67页。

入不仅有可能，而且是大势所趋。从这个方面说，加大力度发展数字报纸，将是海外华文报纸的发展趋势之一。

第四节 小　　结

　　本章论述了全球化与移民变迁、报纸融资，传播技术发展的关系，讨论了海外华人移民为其全球化提供了大量的受众；由于海外华人移民在经济上颇有地位，为海外华文报纸的全球化提供了资本条件；网络的迅速发展，为海外华文报纸全球化提供了技术条件。这三个条件是影响传媒生存与发展不可或缺的三大要素。本章首先论述了海外华文报纸的本土化，指出其成功的本土化为其全球化提供了物质和财力支持。本章对移民进行细分，把他们分为三种类型：早期移民、港台移民和大陆新移民，指出早期移民人数众多，经过多年奋斗，已经在经济上获得较高地位，涌现出一批有实力的财团。老移民养成了阅读华文报纸的习惯，是海外华文报纸最忠诚的受众，而他们的后代逐渐被当地文化同化，因此，在一些华文教育处于弱势、当地国家又限制华人移民的情况下，华文报纸的生存与发展面临相当大的危机。不过，在一些大财团的支持下，许多华文报纸仍然有一定的生存空间，如菲律宾。在一些华文教育开展比较好的国家，又受到大量华人的支持，华文报纸就能在一个比较良好的环境中发展，如马来西亚的华文报纸。

　　港台移民一般移居到发达国家，如加拿大、美国、澳大利亚等。大量港台移民带动港台报纸在这些发达国家创刊，或发行地方版，如《星岛日报》《明报》《世界日报》等。由于港台移民一般属于投资移民，因此他们的经济实力较强，而且又养成了阅读港台报纸的习惯，这就为港台报纸在海外的扩展提供了空间。这些海外华文报纸以港台为基地，在港台移民较多的国家创设分版，并在那里注册、印刷、发行，满足港台移民的生活和信息需求，如地产、投资、工作等，极大地帮助了移民解决生活问题，因此获得了港台移民的青睐。

　　大量大陆新移民移居的时间是在20世纪80年代末。随着改革开放，大陆留学生赴海外求学，学业完成后留在当地工作，与此同时，许多技术移民也在其他国家定居、工作，从而形成了教育程度和文化层次都较高的移民群。这些大陆新移民凭借较高的教育水平，在当地寻找工作机会和定居，同时又通过海外华文报纸了解华社信息，由此带动了大陆新移民报纸的兴起，也改变了海外华文报纸的结构，甚至促进其他华文报纸办报方向的调整。

这三种移民由于人数众多，又受过华文教育，因此比较注重族群和文化认同感。这为海外华文报纸的生存与发展提供了受众基础和条件。我们才会因此看到虽然海外华文报纸维持困难，但是仍然有大量华文报纸创刊、发行，并走向全球化，这也说明海外华文报纸因为有大量的华人支持，仍然有生存和发展的空间。

影响海外华文报纸生存的另一大要素就是受众群的经济状况。海外华人经济实力较强，不仅为华文报纸提供了庞大的广告来源，也使其他面向华人的当地公司企业向华文报纸投放广告。不仅如此，鉴于境内生活着大量华人的事实，一些政府也向有影响力的华文报纸投放政府广告，如招收公务员、征兵或者发布公告等。除此之外，华文报纸还受到大财团的支持，因此无生存危机之虞，但是性质类似企业报和协会报，不利于报纸的长远发展。

除了受众为华文报纸提供经济支援外，有规模的华文报纸还可通过上市筹集资金，解决资金不足的问题。虽然全球化对海外华文报纸造成冲击，但是也为其带来了许多机遇，如改善经营，促进规范运作，提高管理水平，促进华文报业整体水平的上升都非常有帮助。面对全球化的趋势，只有积极参与全球化，提高经营管理水平，规范运作，上市集资，才能获得更多的主动权和发展权。本章讨论了华文报纸上市筹集资金以壮大实力的做法，认为这是解决资金不足、加快全球化速度、提升报业经营管理水平的可行办法。

海外华文报纸的全球化，还需要传播技术的支持，特别是网络的兴起，不仅推动其传播全球化，而且推动其公司实体的全球化。没有网络的支持与推动，海外华文报纸就无法建立起横跨世界的华文传播网络，也无法及时快捷地把信息传送给世界各地的受众。

随着新媒体特别是网络的迅速发展，海外华文报纸通过网络实现了传播全球化的愿望，进一步推动了华文报纸全球化，并因此扩大了影响。网络的发展，不仅使世界呈现扁平化的特点，而且也促进华文报纸出现扁平化的现象。以前华文报纸信息传播全球化，需要经过多道程序，经过多个把关人，信息被扭曲和误读的情况经常出现，如今随着网络的迅速发展以及传播无国界的特点，传播过程大大被简化，甚至实现一对一的传播效果，极大地避免了误读和扭曲现象的出现。本章通过对网络为海外华文报纸的全球化提供技术条件的论述，强调以网络为代表的新媒体不仅为海外华文报纸传播全球化提供条件，而且促进它们的集团化、产业化。

　　本章通过对上述三个重要因素的论述，认为随着移民的全球化，人员自由流动，海外华文报纸能够获得大量受众的支持。华文报纸虽然生存困难，但还不至于全部停刊倒闭，反而随着大量华人移居海外，不仅获得更大的生存空间，而且还加速全球化的进程。本章认为，全球化虽然为海外华文报纸创造了发展机会，但也构成了对它们的时间和空间的压缩，假如有一天，西方跨国传媒利用其成熟的办报经验、雄厚的实力，介入华文报纸领域，那么海外华文报纸就将面对相当严峻的局面。如果越来越多的西方传媒挟技术和资金进入华文传媒领域，那么华文报纸的空间就会被压缩。因此，趁西方传媒还未大规模进入华文传媒领域之际，海外华文报纸利用其语言和文化优势，尽快占领海外华文传媒市场，并发展壮大，就有可能在面对西方传媒扩张华文传媒领域时不至于处于极其被动的境地。

　　海外华人数量众多，经济地位较高，网络的兴起为传播全球化提供了技术基础，同时全球化有助于提升华文报纸经营管理水平，这些条件为海外华文报纸全球化提供了非常好的受众和资本条件。面对全球化趋势，华文报纸只有积极参与全球化，才能扩展空间，实现文化传播和发展壮大的目标。

第五章　扩大海外华文报纸影响力的全球化路径

作为大众传媒之一，海外华文报纸虽然有时因为报道某条重大新闻而形成较大的社会影响，但是这种情况是非常态现象，因此要利用全球化契机，增强政治、经济、文化影响力。当前海外华文报纸面对良好发展契机，但也遇到不少问题，在西方传媒利用其强大的传播实力压缩全球话语空间的形势下，海外华文报纸要想增强实力，扩大话语权，增强软实力，唯有走全球化的道路。

全球化造成了权力的重新流动。作为海外华文传媒的代表，华文报纸要利用全球化的机会，扩大海外华人的声音，维护他们的权益，促进中华文化与西方文化的平等对话，实现文化全球化的多元性，要利用全球化重组社会关系的契机，使华人能够获得与当地主流族群平等的社会地位。

第一节　海外华文报纸影响力分析

按照现有的定义，所谓影响力（Influence Power）是指"文化活动者以一种所喜爱的方式左右他人行为的能力"[①]。"其实，更本质地看，影响力是一种控制能力，这种控制能力表现为影响力的发出者对于影响力的收受者在其认知、倾向、意见、态度和信仰以及外表行为等方面合目的性的控制作用。传媒影响力是通过信息传播过程实现的，因此，其影响力的发生势必建立在收受者关注、接触的基础上，因此，传媒影响力从内涵上看，是由'吸引注意（媒介及媒介内容的接触）'+'引起合目的的变化（认知、情感、意志行为等的受动性改变）'两大基本的部分构成的。"[②]

"影响力是传媒最有价值的内在品质，是传媒在市场竞争中制胜的关键性

---

① 覃广光、冯利、陈朴：《文化学词典》，中央民族学院出版社1988年版，第725页。
② 喻国明：《关于传媒影响力的诠释——对传媒产业本质的一种探讨》，载《新闻战线》2003年第6期。

因素。在影响力下，传媒的社会效益与经济效益可以达到有效结合。从长远发展来看，影响力是传媒最可珍视的资产，是传媒保持持久的竞争活力的不竭之源。影响力作为传媒重要的无形资产，可为传媒创造巨大的物质财富，是可持续发展的基础。"① 因此，增强社会影响力，关系到海外华文媒体的生存与发展。面对西方传媒压缩话语空间的趋势，海外华文报纸为保持社会影响力，扩展发展空间，必须积极参与本土化和全球化。当然，我们也要清醒地认识到，作为族群传媒，海外华文报纸的社会影响力随环境和政局影响相当大，因此有必要对华文报纸的影响力作深入的分析与研究。从目前的情况来看，海外华文报纸的影响力虽然有所上升，但是不同地区的华文报纸影响力有相当大的差别，通过分析它们的差别，可为我们提供另一个视角看待海外华文报纸影响力的形成条件，了解全球化对它们的影响。

一、摇摆在主流和非主流之间的报纸影响力

除了中国外，新加坡是世界上另一个以华人为主导的社会。除了新加坡外，在世界上再也无法找到除中国之外的华人国家了。

新加坡华人大约占总人口的77%，其他族群占23%。这种人口比例结构，使华人成为主流族群。1965年新加坡脱离马来西亚联邦后，便把英语推广放在首要的位置上，因此能够迅速融入国际社会。客观地说，英语为新加坡的独立和经济发展，以及社会稳定做出了巨大贡献。

然而，英语在新加坡的地位不断上升，直接削弱了华语在社会上的媒介语言地位。越来越多的青少年接受英文教育，接受双语教育（华文和英文教育）的人比例很少，只有优等生才有机会进入10所特选学校，他们将是治理国家的社会精英，而更多的学生因为政府推广英语而荒废了华文，造成华文在新加坡日益衰落。

媒介语言的变化，使新加坡华文报纸从主流媒介的地位一下子下降到亚主流媒体或者次主流媒体的地位。虽然政府在20世纪80年代倡导华语运动，但是面对全球化的趋势，社会西方化程度日益加深，华文报纸的作用更加被弱化。

---

① 喻国明：《关于传媒影响力的诠释——对传媒产业本质的一种探讨》，载《新闻战线》2003年第6期。

1. 华文报纸是保持社会稳定的工具

新加坡政府一直认为,社会整体利益重于个人的价值,有序的社会比追求个人自由更重要。因此,为求社会稳定,塑造有序社会,在政府看来,政府对传媒的法律控制也就显得相当合情合理。这正如李光耀在回击西方记者时说,如果新加坡采用美国式的新闻自由标准,新加坡就不可能达到今天经济繁荣、社会稳定的目标。因此,政府通过立法和修改法律来监控传媒,使之按照政府设定的轨道行走。(见表5-1)

表5-1 新加坡主要管理传媒的法律

时间(年)	法律调整和颁布方式	法　律
1963	制定	《煽动叛乱治罪法令》
1963	制定	《内部安全法令》
1965	修改	《不良出版物法令》
1972	修改	《不良出版物法令》
1974	制定	《报纸和印刷法令》
1977、1986、1988和1990	修改	《报纸和印刷法令》
2002	修改	《报纸和印刷法令》《新加坡广播管理法》

除了通过法律管理外,政府还通过成立报业控股公司、购买报纸50%以上的股份、合并报纸等办法将所有华文报纸牢牢控制在自己手中。

新加坡目前有8份日报,其中有2份英文报纸(《海峡时报》和《商业时报》),4份华文报纸(《联合早报》《联合晚报》《新明日报》以及免费报纸《我报》),1份马来文报(马来都市报,*Berita Harian*)和1份淡米尔文报(淡米尔穆拉苏报,*Tamil Murasu*)。所有印刷出版的刊物均由新加坡报业控股公司管理。

在政府的控制下,华文报纸无论在内容上还是在新闻报道的角度、方法上,都要考虑政府的立场和观点,要与政府保持一致,特别是《联合早报》带有明显的政府喉舌的性质,内容侧重政治新闻。前总编黎德源说:"《联合早报》的办报方针,一是要客观报道每天发生的新闻,二是站在国家立场上为读者提供健康的知识和娱乐。"②由于新加坡政府控制了华文报纸的大部分股份，并且对华文报纸的言论严格控制，严禁传递有违新加坡安全的华人社会团体的信息，华文报纸实际上是贯彻政府政策的传播工具。

2. 华文报纸影响力持续减弱

新加坡的华人人数远远超过其他种族，华文报纸理应成为影响社会的主流报纸，然而，华文报纸却在非主流与主流之间摇摆。我们说它们是非主流，是因为英文教育越来越深入，华文教育越来越低迷，华语水平越来越低，华文报纸随着华文教育的式微而被非主流化。我们说它们是主流，是因为新加坡仍然是一个华人主导的社会，而象征华人族群认同的华文报纸仍然拥有比较大的话语权，它的发行量仍然能够保持在18万份，政府丝毫不敢小觑华文报纸的影响力。例如，2007年4月8日，一位读者向《联合早报》反映，她在没有反抗，而且也没有任何暴力行为的情况下，只因为与一位店铺老板吵架，而被警方用手铐限制自由，因此她指责警方有滥用职权之嫌。报道之后，第二天警方有关负责人便出来澄清，说当时警察先多次好言劝告女事主，并给予帮助，告诉她如果不满店铺女老板可向有关机构投诉，要求她不要在公开场合大声喧哗，而女事主不听警方劝告，多次劝谕之下，警方只好用手铐铐住女事主回警局调查。虽然这是一件很小的事情，但是警方很重视报纸的报道，并及时出来澄清，并不因为《联合早报》被边缘化就不理睬该报的投诉，这也说明《联合早报》有一定的影响力。

华文、马来文、淡米尔文是第二语言，英语得到政府的大力推崇。华文教育一落千丈，虽然许多华人能够说华语，但是华文写作和阅读水平比较低，已无法看懂稍有难度的华文书籍，更谈不上写作华文文章。在越来越英文化的趋势下，虽然华文报纸仍然拥有很大的发行量，但是与英文报相比，它的销量不断下跌，影响力逐渐被削弱，甚至被边缘化。

（1）华文报纸销量下滑。华文报纸的销量逐年下降，已是不争的事实。随着新加坡不断英语化，越来越多的读者转向英文报纸，或者上网阅读英文资料。我们比较新加坡两份最具影响和代表性的《海峡时报》（英文报）与《联合早报》（华文报）每年日销量及增长情况，就可发现这个趋势。（见表5-2）

《海峡时报》的日销量是《联合早报》的两倍多，《联合早报》2006年日销量有所回升，但是也仅增加了1124份，从2000年到2006年，总的趋势是不断往下滑。这个销量还包括在中国上海和北京等一些城市的发行，与马来西亚《星洲日报》每日销售36万份，已经相去甚远，甚至比不上《中国报》（每日销售超过20万份）。由此可见，新加坡、马来西亚两地的华文报发展程度已经出现了相当大的差距。（见表5-2、图5-1）

表5-2 《海峡时报》与《联合早报》每年日销量比较①

（单位：份）

各语言报纸	2009年	2010年	2011年	2012年	2013年	2014年
《海峡时报》	374500	365800	367200	355700	332300	309700
《联合早报》	174500	172100	173000	168700	156400	150000

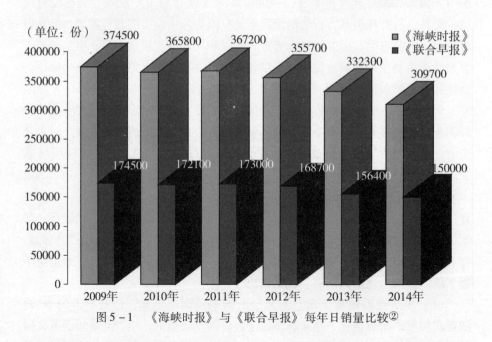

图5-1 《海峡时报》与《联合早报》每年日销量比较②

从1995年至2006年，英文报纸在11年间增长了43.65%，而华文报却仅增加12.03%，英文报增长的幅度是华文报的3.5倍。（见图5-2）

---

① Singapore Press Holdings Annual, Singapore Press Holdings, 2000 (p.14), 2001 (p.16), 2002 (p.25), 2003 (p.24), 2004 (p.45), 2005 (p.27), 2006 (p.49).
② Singapore Press Holdings Annual, Singapore Press Holdings, 2009-2014。

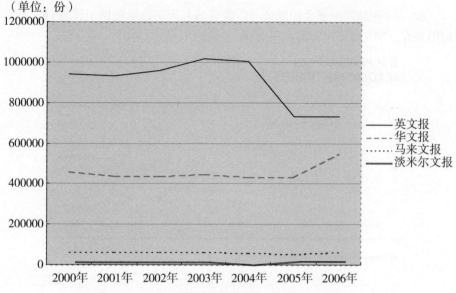

图 5-2　各语文报纸每年日销总量统计①

在各语文报纸中,《海峡时报》一天的销量几乎相当于三份收费华文报(《联合早报》《联合晚报》《新明日报》)销量的总和。(见表 5-3)英文报数量占垄断地位,也从一个侧面反映了新加坡社会英语化程度加剧的事实。英语化程度提高,直接导致华文报纸读者群的萎缩。随之而来的是,华文报纸的话语权也必将被弱化。

表 5-3　华英文报纸每年日销量②　　　　　　(单位:份)

报纸	2009 年	2010 年	2011 年	2012 年	2013 年	2014 年
英文报	517700	504900	503700	482900	449100	418900
华文报	412900	409000	405300	391500	378000	368900

---

① Singapore Press Holdings. Singapore Yearbook 1995. Singapore department of statistics, 1996, p. 287; Singapore Press Holdings Annual, Singapore Press Holdings, 2000 (p. 14), 2001 (p. 16), 2002 (p. 25), 2003 (p. 24), 2004 (p. 45), 2005 (p. 27), 2006 (p. 49)。各语言报纸的发行量分见上述的新加坡报业控股年度报表。表 5-4,图 5-2 的数据来自笔者通过对各语言报纸发行量的统计。

② Singapore Press Holdings. Singapore Press Holdings Annual, Singapore Press Holdings, 2009-2014。只统计周一至周六的日发行量,而不统计周日发行量。

从 2014 年新加坡报业控股公司所统计的各语文报纸的网上读者群发展趋势图来看,华文报纸读者群稳中有降。(见图 5-3)

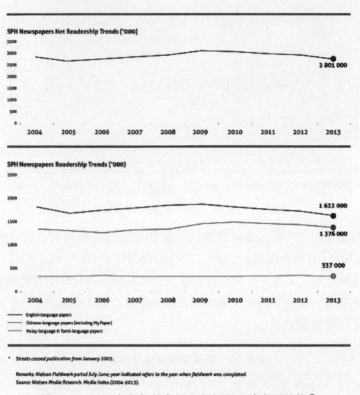

图 5-3　2014 年新加坡各语文报纸网上读者群趋势①

事实上,华文报发行总量在英语化越来越加剧的情况下仍然能够保持在 37 万份左右,最大的功劳应属于外来移民。2010 年,从境外移居新加坡的华人总数 587 285 人(见表 5-4)。这么庞大的移民数字,为华文报纸生存提供了厚实的读者基础。这些移民,特别是中国移民和马来西亚华人,刚刚定居在新加坡,对语言的适应需要一定时间,于是华文报纸成为他们了解新加坡社会

---

① Singapore Press holdings, Singapore Press holdings Annual. 2015. 线条从上到下分别是英文报纸、华文报纸、马来文+淡米尔文报纸。

的重要工具。在大量移民的支持下，华文报才不会如雪崩那样在很短的时间内消失。

表5-4 2010年新加坡人口普查（Census of population 2010）①

（单位：人）

出生地		总数	华人	马来人	印度人	其他
新加坡		2911934	2206695	466766	200919	37554
国外	总数	859787	587285	37102	147200	88200
	马来西亚	385979	338501	25036	20483	1921
	中国大陆、香港、台湾	175155	174355	16	241	329
	印度、巴基斯坦、孟加拉国和斯里兰卡	123478	140	52	122703	583
	印度尼西亚	54404	42571	10810	553	470
	其他亚洲地区	90143	20764	518	1251	67610
	欧洲国家	13351	2278	82	603	10388
	美国和加拿大	7212	3605	65	581	2961
	其他国家和地区	10065	3054	523	785	3686

曾经为当地华人服务，作为华人主要信息来源的《联合早报》，如今沦落为为移民服务的现象，充分反映了当前华文报纸话语权被削弱甚至被边缘化的尴尬景况。

《联合早报》网站（早报网）虽然号称新加坡浏览量最大的报纸网站，截至2015年6月1日，联合早报网日均浏览量超过400万，月均独立访问用户超过1000万人，但是访问者绝大部分来自中国。这说明英文报纸在新加坡更受重视，影响力也更大。

《联合早报》地位的衰落，真实地反映了新加坡英文与华文媒体地位的差距，也反映了在全球化背景下，即使世界兴起华语热，华文报纸作为族群性的媒介，很难在世界上形成社会主流媒体。除非中国有朝一日强盛到有足够的能力改变世界通用的媒介语言，用华文代替英文，此时华文报纸才会成为世界各

---

① Singapore department of statistics, Singapore census of population 2010, 2010, p.31. 新加坡每10年做一次人口普查，由于未到2020年，故最新的人口数据来自2010年的普查。

国的主流媒体。

（2）华文报纸对政府的影响不及英文报纸。在全球化的理论中，传媒作为推进全球化的重要力量，对世界各国产生重要影响，能够重构社会关系。然而，华文报纸在以华人为主导的新加坡，其影响力逊色于英文报纸《海峡时报》(The Straits Times)。在新加坡，影响政府决策的往往是那些受过英美英文教育的精英，公务员、高级官员也大多是受英文教育的人士。他们经常阅读的报纸是《海峡时报》，而非《联合早报》《联合晚报》或《新明日报》。实际上，自新加坡独立后，管理新加坡的人士就是受过西方教育的精英们，如李光耀、吴作栋等。一大批受英文教育的官员主导社会的发展，就更加注重英语的推广。他们不太会运用华语，甚至不谙华语，这样他们要传播自己的政治思想，就只能通过英文报纸了。

早期情况如此，目前的情况仍然如此。政府、国会议员大部分是受英文教育的华人。他们缺乏华文教育，许多人不会写也不会说华语，因此他们只能通过《海峡时报》来了解华人动态，了解民意，并在该报刊登个人施政思想的文章，但是购买和阅读《海峡时报》的读者，又是接受英文教育比华文教育更多的人群，因此《海峡时报》的读者不具备充分的民意代表性。从这个方面说，政府官员只通过《海峡时报》了解华人的动态是不足够的，如果按照《海峡时报》所反映出来的社情民意施政，就有可能忽视了只阅读华文报纸的读者利益。然而，事实证明，政府出台的有关政策，有时恰恰忽视了低层人群的利益（这部分人常常阅读《联合早报》）。这个现实，一方面反映了受英文教育的官员缺乏对华人社会更深入的了解，另一方面也反映了《海峡时报》话语权更加强大的事实。如果有一天本土出生的新加坡人不讲华语了，那么华文报纸也就只能依靠从马来西亚、中国移民来支持，这时华文报纸就真正沦为非主流媒体，话语权和影响力也就彻底被边缘化了。

从新加坡华文报纸的历史来看，华文报纸经历了主流报纸到亚主流报纸，强势媒体到弱势媒体，强大话语权到弱小话语权的转变。总体来说，新加坡偏重西方文化的社会将对华文报纸的地位和话语权构成强大的冲击，形势不容乐观。新加坡华文报纸地位的衰落历史，以及它在社会上不占有主导社会发展的地位，在某种程度上反映了海外华文报纸面对英语为世界各国人民的媒介语言，以及在西方国家强大的经济实力的现实面前，影响力仍然不及英语媒体的现实。

二、作为非主流传媒的报纸影响力

除了中国和新加坡外,世界再无以华人为主导的国家,但是在一些国家,华人的力量不容小觑。他们在政治、经济、文化教育等方面取得的成就,不仅推动了华人的发展,而且也为当地国家做出了巨大贡献。这些国家中,在亚洲,以马来西亚为代表;在欧洲,以法国和英国为代表;在非洲,以南非为代表;在大洋洲,以澳大利亚和新西兰为代表;在北美,以加拿大和美国为代表;在拉丁美洲,以巴西为代表。除了中国和新加坡外,华人虽然是少数族群,但是他们在维护华族利益,弘扬中华文化,推广华文教育等方面不遗余力。他们所创办的各种华文报纸虽然是非主流媒体,但是影响力很强大,其中尤以马来西亚华文报纸为代表。在全球化的进程中,这些华文报纸借助全球化因素,有能力重构华人族群与主流族群之间的社会关系,比如说,在政治选举时,候选人都尽全力拉拢华人。在政府活动中,执政党在出台有关政策时,不得不考虑华人的权益。由此看来,全球化并不一定减弱族群传媒的影响力,有时其影响反而比跨国传媒和其所在国的主流传媒还大。

1. 华文报纸的影响力

在民主国家,华人手中的选票已经成为影响当地国家政治选举的重要力量。面对华人经济上的成就,以及手中的选票,任何一个候选人都不敢小觑华人的舆论。因此,华文报纸的舆论常常能够引起政界的注意。如 2007 年 2 月 23 日中午,宣布竞选美国总统的希拉里,首次在旧金山进行公开筹款活动。没有接到相关通知的《世界日报》记者及另外两份华文报纸,被指没有按指定时间提早到场而被拒于门外。事件引起华文报纸及民主党华人领袖不满,遂提出抗议,指责希拉里竞选班子忽视华人和亚裔诉求。第二天,希拉里竞选总部华盛顿总部全国总发言人欧夫森(Howard Wolfson)亲电《世界日报》公开道歉,承诺希拉里竞选总部将会聘请懂中文及其他语言的职员,加强与华人及其他族群的联系和交流。希拉里也为此特别抽出时间与华文报纸举行圆桌会议,接受华文报纸和其他亚裔媒体的联合采访。

在其他国家,政治人物也丝毫不敢对华文报纸掉以轻心,对其舆论特别敏感。如马来西亚前首相马哈迪指责华文报纸,尤其是《南洋商报》和《中国报》利用华社问题,不断指责政府和执政的联合阵线(主要成员有代表马来人的巫统、代表华人的马华公会和代表印度人的国大党),损害政府形象,使反对党如民主行动党从中得利。他说，联合阵线1999年底在鲁乃州议席补选落败，主要也是《南洋商报》和《中国报》的报道所致。他非常不满这两份报纸，指责这两份报纸煽动华人情绪，以致引起华人反对政府、憎恨政府，要求华人不要把选票投给政府。

在马来西亚，每逢国会选举，华文报纸的政治与选情分析，已经成为华人观察政治和决定投票意向的重要资讯。因此，政治人物对这些分析相当关心。投票结束后，华文报纸及时出版号外，第一时间向华人告知选情，如《星洲日报》曾经一天出版7次号外，详细报道结果。因为华人所支持的政治候选人是否获胜，直接影响到华人的切身利益。鉴于华文报纸强大的社会影响力，非华族的候选人经常与其联络，打好关系，希望报纸多报道他们的正面事迹，以便在选举时能够得到华人的选票。

除了强大的政治动员能力外，马来西亚华文报纸在种族问题上也不让步，因为华文报纸一再迁让，不但让华人失去信心，而且在某种程度上还会使马来人对华人产生软弱印象。因此，在维护华人权益方面，华文报纸敢于反击马来人，以改变华人在政治上软弱无力的境地。在其他国家，华文报纸也向政府提出抗议。如在南非，针对华人接连受枪击并死亡的事实，华文报纸一致起来向政府申诉，要求政府采取切实措施维护华人利益，打击罪犯，保护华人的人身财产安全。

华文报纸虽然在绝大多数国家属于非主流媒体，但是它们的政治动员能力，以及在影响舆论的能力上有时丝毫不逊色于主流媒体，它们的力量让主流社会不敢小觑。"2005年6月，美国两个著名的调查机构公布一项调查结果显示，美国少数族群的媒体受众高达5100万人，几乎相当于美国成年人口的1/4。调查还发现，来自中国、韩国和越南的移民非常依赖于从本民族语言媒体获取信息，即使他们方便使用主流的英语媒体，但还是喜欢本族语媒体提供的信息，他们需要靠本族语的媒体来表达他们的声音。这个调查结果让美国人大开眼界：原来在英语主流媒体之外，那些看来并不起眼的少数族群媒体竟有如此不可忽视的影响力。美国媒体在报道这一调查结果时，形容那些少数族群媒体为'躲藏在平常人视野之后的巨人'。"[①] 这个调查结果给予我们重要的启迪：华文报纸不仅对华人读者产生重大影响，而且对主流社会也产生影响，它

---

① 郭招金：《郭招金在世界华文媒体论坛上的主题报告》，2007年9月2日，http://news.sohu.com/20070902/n251910308.shtml。

们可以充分利用这一优点，发挥影响社会的作用。

2. 华文报纸发展速度令人惊叹

海外华文报纸随着大量华人移居海外而发展起来。虽然许多华文报纸规模比较小，但是能够在异国他乡办起华文媒体，这本身就是为当地华人社会的建设做出贡献。它们对华人的报道，常被国内媒体转载、放大，令当地政府也不得不出来澄清和解释。

西方国家如加拿大、美国、澳大利亚等，华文报业兴旺繁荣。这些国家都是近年来大量华人移居的地区。这些移民受过良好教育，直接推动了华文报纸的发展。在其他发展中国家，如海外华文报纸早期的诞生地——东南亚，华文报业仍然相当发达。在马来西亚，华文报业不仅没有衰落，而且高速发展。2014年，每天华文日报的销量超过100万份，比当地英文报纸的销量还高。它们虽然是非主流报纸，但是它们的影响力丝毫不逊色于马来文报纸和英文报纸。它们是马来西亚内政部重点审读的对象。由于马来西亚华文报纸在海外华文报业具有代表性，在此，笔者以其作为研究对象，探讨它们的话语权的强弱，以此反映其他华文报纸对海外华人和当地政府的影响。

（1）华文报纸销量超越其他语文报纸。在马来西亚，华文报纸虽然是非主流报纸，但一直表现亮丽。"2011年，马来西亚发行量最高的《星洲日报》日发行量增至42万，比2010年增长了0.3%。如今，《星洲日报》日发行量稳定在40万份的水平上，每天有超过118万的人阅读。"[①] 2014年1—6月，根据马来西亚报纸发行量稽查局（Audit Bureau of Circulation in Malaysia）的统计，在只统计西马华文报4种报纸每日销量的情况下，其超越英文报销量（*New Straits Time* + *New Sunday Times* + *The Stars* + *The Edge*，见图5-4）。

除了《星洲日报》外，其他华文报的发行量也不断增长。当地一项调查显示，"在马来西亚630万华人中，每天阅读华文报纸的人数在230万到260万之间，华文媒体所涵盖的华人家庭达60%。如果剔除20%左右不懂中文的华人家庭，涵盖华人家庭则高达80%"[②]，由此可见华文报业虽受到新媒体冲

[①] Audit Bureau of Circulations. Newspapers – Peninsular Malaysia. January 2012 to June 2012, http://www.abcm.org.my/reports/2012/ABC-Circulation-Figures-Pen-Mal-Geog-Dist-Jan 2012 to June 2012.pdf, 5 Jul, 2013.

[②] Audit Bureau of Circulations. Newspapers – Peninsular Malaysia. January 2012 to June 2012, http://www.abcm.org.my/reports/2012/ABC-Circulation-Figures-Pen-Mal-Geog-Dist-Jan 2012 to June 2012.pdf, 5 Jul, 2013.

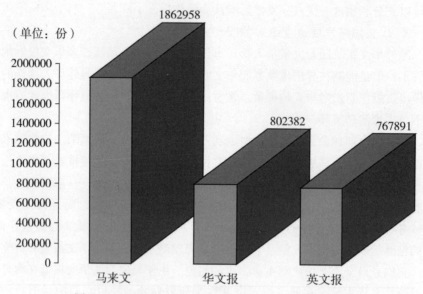

图 5-4　2014 年 1—6 月西马三种语文报每日发行量

注：此图华文报只统计《中国报》《星洲日报》《光明日报》《东方日报》四份报纸；《南洋商报》《光华日报》，以及东马华文报纸销量未统计在内。

击，但是由于拥有大量受众群，其仍然可以持续繁荣。

另一个东南亚华文报业重镇——新加坡，随着中国经济迅速发展，华语商业价值不断提高，以及政府为保持华族文化不懈推广华语以及华文，华文报业的销量下滑势头有所缓解。

随着大量新移民和留学生定居美国，华文传媒几乎遍地开花，其中不乏具有较高影响的传媒，如《世界日报》曾跻于美国报纸发行量最高的 20 名之列。目前，每日发行且数量较多的三大报是《世界日报》《星岛日报》《侨报》，华文报纸大大小小加起来高达 200 多家。此外，还有一些主流报纸也设立中文版，如《华尔街日报》就在网上创办了中文版。

（2）影响力不逊色于其他语文报纸。华文报纸原本只是华人之间的交流和传播语言，但是由于华人人数众多，有较高的经济地位，华文报纸的影响已经不限定在华人族群，而是扩散到其他种族。目前，马来西亚共有 20 家华文报纸。这些华文报纸，读者超过 300 万。无论是销量，还是读者数量，华文报纸并不逊色于马来文报纸。这在马来西亚是一个相当独特的现象。

在马来西亚，由于华人生育率日趋下降，华人人口从建国时占马来西亚总人口的56%下降至现在的25%。虽然华人总人数有625万，但马来人的人口数量更多，比例已经超过了华人和印裔的总和。由于历史原因，马来西亚政治主要由马来人主导，但是在报纸的影响力方面，华文报纸并不逊色于马来文报纸。这是因为华人人口比例虽然日趋下降，但是在经济方面有相当大的实力和完整的华文教育。所以，依靠强大的经济实力，华文报纸没有像其他东南亚国家一样，面临严重的经济问题和读者群减少的问题，影响反而越来越大。因此，在这样的背景下，华文报纸发挥了相当大的舆论作用。

比如，2005年11月3日，警察滥用职权，强迫三名中国妇女脱衣检查。事件发生后，华文报纸不约而同地对该事件进行大篇幅报道，引起世界关注。报道中国女子受辱事件之前，华文报纸知道此事一旦被揭发，必将给政府带来严重的负面影响，甚至影响中马两国的关系，打击中国游客赴马旅游的信心，也令马来西亚国际形象受损，但是他们仍然敢于报道此事，体现了负责任的新闻专业主义。

笔者统计了自2005年11月18日至12月30日马来西亚5份影响较大的华文报纸对中国女子受辱的新闻和评论，发现不但新闻数量多，评论也多。每天平均最少有13篇关于这方面的报道及评论。（见表5-5）

表5-5 马来西亚影响较大报纸关于中国女子受辱的新闻和评论数量统计

报纸	数量（篇）		
	新闻	评论	总数
《星洲日报》	178	31	209
《南洋商报》	147	23	170
《中国报》	197	16	213
《光明日报》	163	14	177
《光华日报》	154	16	170

另据笔者对上述5份报纸有关新闻与评论的内容分析，发现强烈批评警方滥用职权、歧视华人、侵犯人权的新闻与评论占了大多数。从表5-6可见，非常不满意和不满意警方的做法的新闻总数达到了59.5%，而满意警方解释和做法的只有5.1%。

表5-6 马来西亚华文报纸关于中国女子受辱的新闻态度调查

报纸	非常不满意		不满意		一般		满意		非常满意	
	数量（篇）	比例（%）	数量（篇）	比例（%）	数量（篇）	比例（%）	数量（篇）	比例（%）	数量（篇）	比例（%）
《星洲日报》	25	12.0	80	38.3	90	43.1	14	6.7	0	0
《南洋商报》	32	18.8	89	52.4	41	24.1	8	4.7	0	0
《中国报》	30	14.1	85	39.9	92	43.2	6	2.8	0	0
《光明日报》	23	13.0	87	49.2	52	29.4	15	8.5	0	0
《光华日报》	22	12.9	85	50.0	58	34.1	5	2.9	0	0
总数	132	14.1	426	45.4	333	35.5	48	5.1	0	0

在此次事件中，除了在新闻中大幅报道中国女子受辱以及疑似华人女性被迫脱衣等事件外，马来西亚华文报纸还利用各种评论来体现自己的宗旨，比如说发表社论、评论员文章、读者的评论，一方面为华人提供表达意见的空间，另一方面也使报纸增强影响力。特别是华文报纸连续发表社论，构成了强大的社会舆论，全面展现了华人喉舌的形象。（见表5-7）

表5-7 华文报纸关于中国女子受辱事件的社论①

报纸	时间	社论
《星洲日报》	2005年11月23日	妥善处理滞留境内中国游客
	2005年11月24日	建立保护举报人制度
	2005年11月26日	警队要往上提升，不能向下沉沦
	2005年11月28日	尽速成立独立投诉委员会
	2005年11月30日	以诚意互信处理好受辱事件
《南洋商报》	2005年11月19日	正视警察羞辱游客事件
	2005年11月24日	严查警方骚扰报案人事件
	2005年11月25日	实际行动比解释更重要
	2005年11月30日	设立投诉警队独立单位

---

① 参见《星洲日报》《南洋商报》《中国报》2005年11月的社论。

续表 5-7

报　　纸	时　　间	社　　论
《中国报》	2005年11月18日	严打警队败类
	2005年11月19日	问题不在警方身上？
	2005年11月28日	揭警滥权或侵犯女权
	2005年11月29日	整顿警队此正其时

除了上述三份报纸连续发表社论，对中国女子受辱事件进行评论外，其他华文报纸也通过各种评论批评警队和政府的做法。比如说，报纸刊登了警方逼迫女性脱衣检查的新闻后，警方不但没有检讨自己的行为，反而千方百计地寻找偷拍者，以图打击报复他们。众多华文报纸刊出社论和读者来论，指出警方的做法会进一步损害其形象。《光华日报》2005年11月27日的评论认为："在禁区内偷拍是抵触法令的行为，警方可以依法处置。但是，由于羞辱外国人事件影响国誉，权衡轻重，录像片段所显示的是更为严重的违法行为，警方不应本末倒置。"

华文报纸在为华人争取和维护权益的同时，得到了华人的大力支持，也在华人社会乃至主流社会形成了很大的影响力，以致首相不得不出面安抚华人，并设立特别调查组调查真相，同时派遣内政部长、旅游部长前往中国解释事件和做出道歉，避免中马关系受到损害，也同时挽回中国人赴马旅游的信心。

事实上，在其他一些涉及华人切身利益的政治和经济问题上，华文报纸也敢于起来抗争，他们为维护华族的利益，坚持华人受华文教育的权利，无论是新闻，还是评论都相当有深度，形成了对政府强有力的监督，在社会上产生了强大的话语权。这种情况凸显了全球化一方面对弱小族群产生强烈冲击，但同时又在某种程度上保护了弱小族群。在关注人类文明，维护弱小族群利益方面，全球化也有显著作用。

三、海外华文报纸舆论引起中国关注

虽然海外华文媒体受当地国的法律管理，是当地媒体的组成部分，但是由于他们以华文为传播语言，因此所形成的舆论不仅影响华人社会，而且还会引起中国的关注。

中国媒体报道海外华人受到不公正对待的途径主要来自三个渠道。一是中国驻外机构很多，特别是新华社、中新社常会转载海外华文报纸的报道，它们转载后的新闻报道又会被中国国内的媒体转载，引起受众的关注。二是网民转载海外华文报纸网站新闻，并被中国传统媒体转载，在国内引起强大的舆论。比如说，新加坡《联合早报》报道2004年4月20日所罗门群岛发生排华骚乱，经网民转载后，在国内形成了强大舆论。三是海外华文报纸相互转载，我国网民又从海外华文报纸获悉，并转贴到国内的网站，形成舆论。比如说，澳大利亚《星岛日报》报道，新西兰报业评议会2007年6月11日裁定，《北与南》杂志一篇讨论亚洲移民和罪案的封面文章，违反准确和反歧视的原则。这条新闻被新加坡《联合早报》、马来西亚《星洲日报》等转载，网民从这些网站看到新闻后，又粘贴到国内网站上，结果引起网民普遍关注。

由于中国经济力量日益强大，在国际上的地位也得到迅速提高，许多国家为从中国迅速发展中获得经济利益，都加强了与中国的经贸和文化教育联系。他们不愿意华文报纸的一则关于华人受到不公平对待的新闻而损害与中国的关系，因此他们往往应华文报纸的要求对事件进行调查，并妥善处理。

随着中国经济发展，越来越多的公民有能力赴国外旅游。目前，中国已经成为世界重要的出境游国家之一。在消费方面，中国公民也不逊色于其他国家。最近在澳大利亚的一份调查研究表明，中国游客在澳大利亚的平均消费是日本游客的4倍。很显然，世界各国面对中国出境旅游的巨大蛋糕，都不愿意因海外华文报纸的负面报道而影响中国公民对其旅游国形象的判断。

中国迅速发展，不仅使海外华人华侨的地位上升，而且使华文报纸在当地的舆论也受到特别关注。华文报纸虽然是非主流媒体，但是在中国迅速发展的背景下，话语权明显得到增强，虽然在常态下，华文传媒的影响力与话语权仍然不及当地主流媒体，但在特定时期，它们并不逊色于当地主流媒体。这种情况的存在，说明全球化存在一个悖论：有时弱势媒体的影响力比强势媒体还大。然而，我们要冷静地看到，华文报纸比强势主流报纸的影响力大的情况，是非常态现象。因此，只有实现全球化，壮大实力，才是华文报纸扩展影响力的最好选择。

三、双语报纸的影响力

由于华文报纸是一种族群性传媒，其影响力局限于华人社区，对主流社会影响较小，因此为扩大华人声音，表达华人诉求，维护华人利益，华文报纸采取了三种方式加强与主流社会的交流与沟通，反映华人的呼声，实现族群间的谅解、和平共处。比如说，华文报纸出版双语报纸，加强向主流社会传播华人信息。华文报纸出版双语报纸有三种情况。第一种是在一份报纸中，华文版和当地语言版并存，我们称之为双语版报纸。比如说，在美国，双语版报纸就是既有华文的版面，又有英语的版面。第二种是华文报纸开设当地语言版，但华文版与当地语言版各自分开发行。第三种是华文报纸干脆另办一份当地语言的报纸，面向主流社会单独发行。

1. 双语版报纸的影响力

华文报纸出版双语版其中一个考虑就是为双语家庭服务，其中主要是为两种情况的家庭服务。第一种情况是，由于华人家庭接受不同的语言教育，他们阅读不同语言报纸。第一代移民对中国怀有很深的感情，而第二代在当地出生，他们对中国以及中华文化的印象相当模糊，因此为满足这部分家庭的信息需要，一些报纸出版了双语版报纸。

在美国，"一份调查报告显示，美国亚裔的第二代中，高达3/4的人口对本民族的语言不能熟练掌握。2007年8月，台湾发表的一份调查报告结果与此类似：在美国的台湾同胞为59万，最大特征是高学历。出生在美国的新生代中，近8成会听汉语，近7.4成会讲汉语，会读会写中文的只有1/4。调查结果显示，假定华人都是华文报纸的读者，他们的下一代可能只有1/4成为华文媒体的读者。为争取这批并不熟悉汉语的华裔读者对华文媒体的阅读兴趣，在美台湾同胞正在尝试出版双语报刊"①。这个调查说明，出版双语版报纸确实有助于满足当地出生的华人的阅读要求。

第二种情况是，双语版报纸面向混血家庭。混血家庭接受不同语言教育，双语版报纸则可为他们从不同语言版中获取信息，这样可使一个家庭共同分享一份报纸的资讯。

此外，华文报刊出版双语还有一个考虑就是增加销量。一般来说，出版双语版的报纸都是规模比较小的报纸，扩大销量是它们首要考虑的问题，只有提高销量，才能招揽到广告，因此双语版的华文报纸兼顾了华人和其他族群，有助于提高销量。

笔者根据已掌握的资料，列举了一些以双语发行的报纸。（见表5-8）不

---

① 郭招金：《郭招金在世界华文媒体论坛上的主题报告》，2007年9月2日，http：//news.sohu.com/20070902/ n251910308. shtml。

难发现，出版双语版的日本华文报纸数量最多，这种情况一方面反映了日本华文报纸规模小、数量多的事实；另一方面也反映了华人希望通过出版双语版，加强与日本人的沟通与交流。

表5-8 各国出版双语版的华文报刊一览

创刊时间	报纸	创刊地
1992年4月	《中日新报》（周报）	日本
1993年8月30日	《东方时报》	日本
1996年8月1日	《日本侨报》	日本
2001年8月1日	《关西华文时报》（双周刊）	日本
2000年2月27日	《南华报》	日本
2004年12月25日	《新民晚报》	日本
1966年9月12日	《印度尼西亚日报》（已被马来西亚《星洲日报》接管，变成全华文报纸）	印度尼西亚
1977年7月1日	《加京华报》	加拿大
1991年2月	《比华侨报》（2版华文内容、1版比利时语言内容、1版英语内容，双月刊）	比利时
1996年	《法华报》（现名《华报》）	法国
1994年3月	《欧中经贸》（杂志）	法国

由于规模小、发行量小，也由于第一版是华文，其他族群以为它们就是反映当地华人消息的报纸，因此即使这些报纸可以免费取拿，他们一般也不会取阅。因此，双语版报纸实际上大多为华人家庭服务。无形之中，双语版报纸对主流社会的影响很小。从这方面来说，虽然双语版报纸希望加强主流社会对华人的关注，但实际上起的作用不大。

我们还注意到，一些主流媒体或政府为加强向华人传播有关信息，出版了双语版报纸，但是这些报纸站在主流媒体和政府的角度，不可能全面、客观地反映华人的诉求。如1966年9月12日，为实现华人与政府的沟通，当时印度尼西亚情报局在政府的同意下，出版了一份双语版报纸——《印度尼西亚日报》。这份报纸从1966年至1999年之间是印度尼西亚唯一一份华文报纸，但是由于编辑自主权被情报局所掌控，无法更多地反映华人社会的真实情况，维护和捍卫华人的利益，因此发行量一直上不去，每天的发行量只维持在3万份左右。《印度尼西亚日报》自称创办宗旨为"向不大懂得印度尼西亚文和只懂华语的印度尼西亚居民提供有关政府措施、法令条例和事件的说明"，充分反映了该报只是政府向华人传播政令的工具。由于政府主导，宗旨仅是向华人传播政府政令，华人的心声很难得到反映。

2. 采用当地语言出版并独立发行的报纸影响力

采取当地语言出版，并独立发行的主要有两种报纸：①当地语言版与华文版分开发行；②华文报纸另创一份当地语言版报纸。很显然，这两种报纸比一份报纸同时印制双语版并夹在一起发行的报纸，对主流社会的影响力更大，但成本更高，要求也更高。同时，由于要打入主流社会，要与当地语言报纸进行竞争，因此需要的资金也更多。

单独发行当地语言版或另一份独立报名，其对华人社会的好处是不言而喻的。与其他当地语言报纸相比，由华人创办的当地语言报纸把视野集中在华人身上，向当地人传播华人社会的消息，因此不仅可以向当地人介绍中华文化、华人社会状况，而且还可把华人的心声传播给主流社会，以引起主流社会的关注，减少误会。

这些报纸为增进族群间的交流，反映华人诉求做出了贡献。比如说，美国《圣路易时报》得到了FCC（领养中国孩子家庭）、CAFé（中美交换家庭）、IH（国际希望之家）等组织的大力支持和鼓励。2002年11月，美国密苏里联合学区决定将《圣路易时报》英文版作为学区各学校中华文化及语言教学辅助教材，促进学生对华人和中华文化的了解。

在日本，华文报纸利用出版和发行日语版的机会，大量报道华人社会的优秀人物，积极树立华人社会的正面形象。如日本《侨报》1997年首创"负笈东瀛写春秋——在日中国人自述"征文活动，在日本社会当中引起强烈反响。"104名活跃在各个领域的中国人把自己的奋斗经历诉诸纸面，寄来了生动的征文，在上海教育出版社的支持下，出版了厚达785页、60多万字的纪实文集，记录了在日中国人的形象，反映了中国人在日的生活与艰辛努力，有助于日本人对华人的了解。2000年，日本侨报社又把该书译成日文，改变日本人对在日中国人的偏见。"①

　　事实上，生活在异国他乡的华人时时刻刻都看到华人受排挤的事实，都在思考如何改变华人在异国他乡的命运。由于中国与其他国家的文化、意识形态都有比较大的差距，特别是西方经常把中华文化等同于社会主义意识形态，总是以为由共产党执政下的中国缺乏民主和自由，并且居高临下地俯视华人和中华文化，造成文化冲突时有发生。

　　鉴于华人在他国受排挤所遭受的痛苦，许多知识分子认为，华文报纸只有融入当地社会，客观地传播华人和中国信息，才能有助于改善华人在当地人头脑中的形象。因此，他们便想到创办双语版报纸或单独创立当地语言报纸来改变当地人对华人的印象。

　　由于当地语言版和以另一个报名创办的报纸独立发行，脱离华文报纸进入主流社会，既成为在主流社会中传播华人信息的有效媒体，而且还成为当地人和政府了解华人以及中国的重要渠道，它们因此能够更深入地了解华人社会，对华人提出的各种诉求也会有所了解。创办当地语言版或者另一份当地语言报纸，对于增进当地人对华人和中国的了解相当有帮助，然而，就笔者目前的观察和研究来看，大多数报纸基本上是免费派发，而且出报时间长，版数少，印数少，广告也少，很难及时、全面地报道华人社会的状况。

　　此外，还有当地主流媒体出版华文报纸，开设华文广播或华文电视台，如BBC、VOA、《华尔街日报》等，但是由于它们站在主流社会的角度报道华人社会新闻，未能尽到全面客观的新闻报道责任，甚至带着歧视性的眼光报道华人，结果并未受到海外华人的普遍欢迎。

　　从上述三种双语报纸办报情况的比较分析中，我们不难发现，即使在华人占主导地位的新加坡，华文报纸都无法主导社会发展，更不要说它们能在华人占少数的国家中起到影响社会的走向了。因此，我们既要对海外华文报纸日益增强的影响力抱乐观态度，也要冷静、理性地看待海外华文报纸的作用，不能过分拔高和夸大它们对社会的影响，更不能因为华文报纸本土化和全球化扩大了影响就认为它们具有与当地主流媒体同样的影响力。海外华文报纸无论怎么发展，都无法否认它们是少数族群传媒的事实。这种事实就决定了海外华文报纸只能承担维护族群利益，促进文化间的交流与合作，增强主流社会对华人的

---

　　① 段跃中：《日本华文媒体发展综述》，见《世界华文传媒年鉴》，世界华文传媒年鉴社2003年版，第108页。

理解等责任。因此，它们的影响力与话语权时间和空间大多局限于华人社会。许多华文报纸已经意识到采取创办当地语言的报纸来改变华人被歧视的处境，这种策略无疑是一种有效解决问题的方法，有助于传播华人声音，解决华人与当地人因为文化背景而产生的文化、思想冲突等问题。

通常，海外华文报纸很难到达西方社会。这是因为它们要想把信息传达至西方社会，要经过语境的转换和文本的转译，也就是说要面对二度编码的再传播的问题。西方媒体要到达海外华人社会，也要经过语境转换过程，但是这两个语境转换都由华人来完成。这明显反映了西方媒体在政治、经济、文化仍然主导世界的现实。它们利用强大的经济实力、雄厚的文化资本，掌握了影响世界的权力，抓住了重构世界关系的机会，使得西方媒体能够渗透到世界每一个角落，深深地影响人们的思维。它的二度编码和再传播的工作常常是非西方文化人士主动承担的，而海外华文报纸的二度编码和再传播工作是由华人自己来承担，由此可见，相比较而言，海外华文报纸在世界的影响力相当微小。增强报纸的影响力与话语权已经成为海外华文报纸的紧迫任务。笔者认为，鉴于以上论述，华文报纸只有积极参与全球化，通过创办当地语言报纸或者版面，促进当地主流社会对华人的了解，才能改善非主流媒体的地位，才能增强话语权，才能更好维护华人权益。

第二节　增强报纸影响力的必然举措

海外华文报纸面对如此多的困难，如何解决这些问题，时常困扰报纸的负责人。回避这些问题，显然不是明智的选择，只有积极主动解决这些问题，并从中突破报纸的发展困局，才能为海外华文报纸创造更大的发展空间。面对全球化的趋势，以及它为全球政治、经济、文化带来的机遇，解决海外华文报纸目前所存在问题，走全球化道路是一个可行的方法。

全球化反映了世界各地的"紧密联结"，是"时空压缩""权力扩展和变迁"和"社会关系重构"的代名词，它的影响已经扩散到政治、经济、文化等领域。"在经济力量和技术力量的推动下，世界正在被塑造成为一个共同分享的社会空间，在全球一个地区的发展能够对另外一个地方的个人或社群的生活机会产生深远的影响。"① 这种影响意味着全球化成为推动社会各个领域快速变革的中心力量，这些变革也重新构造现实世界和世界秩序。

全球化促进了社会分工，推动了文明发展，然而，也有可能被引入世界一元文化的危险。由于全球化改变了权力的组织、分配以及实施，使权力的组织和实施规模不断扩大，这意味着西方社会可利用现有的权力体系和商业机构，通过全球化的手段，对世界进行权力关系的构建和重组，由此形成了文化帝国主义。后殖民主义认为，西方国家在政治的强势地位、经济的主导地位、文化的垄断地位，造就了全球化过程中的文化霸权现象；对民族文化，特别是对弱势少数族群文化造成了强烈的冲击。面对文化霸权，海外华文报纸也在深深地思考该何去何从。

不可否认，作为少数族群重要的信息交流和民意反映的渠道，华文报纸只能作为移民传媒或族群传媒在社会当中发挥影响力，因此在主流社会当中，它所起的作用显然不及主流媒体。当然，在一个民主制度相当健全的国家中，华文报纸仍然可以起到相当大的作用。这是因为民主国家每隔数年便要举行大选，政治候选人要获得更多的选票才能取胜。华人虽然人数不及人口占多数的主流族群，但当主流族群分化、矛盾重重时，华人手中的选票就会成为候选人制胜的关键选票，因此候选人不敢忽视华人的政治取向。影响华人政治取向的族群传媒，就可以利用政治选举的机会发挥关键性的作用。然而，海外华文报纸的影响力不能仅靠政治选举，而是要形成常态性的影响力。从这个方面来说，很显然海外华文报纸不能仅仅满足于发挥政治选举作用的社会影响力，而是要形成广泛性、区域性的影响力，甚至是全球性的影响力。

因此，海外华文报纸只有走向全球化，在全球化的过程中抓住机遇，通过凝聚海外华人的力量，促成海外华文传播网络的形成，才能扩展政治、文化、经济影响力，一方面促进世界对华人及中国的了解，另一方面也推动世界文明的发展，促进世界多元文化的形成，减少文化帝国主义的冲击。从这个角度说，鉴于海外华文报纸面对的各种困难，以及它们在面对全球化时所展现出来较为弱小的影响力，本土化与全球化是它们增强实力、扩大影响的重要途径。

---

① （英）戴维·赫尔德等：《全球大变革——全球化时代的政治、经济与文化》，杨雪冬译，社会科学文献出版社2001年版，第1页。

一、政治影响力的扩展

全球化通过重组或重新调整国家政府的权力、功能和权威，以及重建国际政治关系的基础来改变当代世界的秩序。全球政治意味着政治权力在政治活动中跨越国界，全球政治活动和政治关系在空间和时间上得到扩展与延伸。国家权力受到无数跨越不同空间的政府组织、非政府组织、国际机构和体制的挑战。因此，有一些学者便断言，随着全球化的深入，国家主权将被终结。然而，作为主权国家，民族国家仍然有完全的对国内的管辖权。西方国家的跨国机构虽然通过经济全球化，冲击了国家权力，对国家主权构成了威胁，但是仍然不可避免地受到当地政府的制约。那么在政治全球化的时代中，作为少数族群的海外华文报纸有无扩展政治影响力的可能？如何扩展政治影响力呢？笔者认为，海外华文报纸在这一方面应承担更多的责任，鼓励华人参政议政，提高华人的政治地位。

1. 报道当地华人参政的新闻

长期以来，海外华文报纸鉴于当地华人比较微妙的政治、经济、文化环境，以及华人不太关注政治，只埋头创造物质财富的传统，在政治报道和宣传方面投入大量精力，履行其鼓动华人参政议政的功能。鉴于一些当地政府出台的有损华人权益的政策，华人社会和华文报纸认识到，华人只有走出埋头经商的习惯，积极参与政治竞选，掌握一定的政治权力，才能为当地其他族群所重视，也才能更好地维护华人的利益。于是，华文报纸在政权更替、国家大选之际都会推出各种选举专栏、专版、专刊，重点介绍政治选举的情况，呼吁所有的华人用手中的一票来影响政情的发展，并投身于候选人的行列中，反映华人的政治诉求。

华文报纸极其重视华人参政议政，不仅在政治选举当中投入大量精力和版面报道新闻，而且平时也相当重视对政治新闻的报道，一方面把它们作为报纸的重要稿件，另一方面唤起华人对政治的兴趣，激发他们参政议政的热情，培养他们投身政治的思想。

在美国，华文报纸不遗余力地推动华人参政议政，大量报道有关政治选举的新闻。如《侨报》为推动华人参政议政，还相当详细地刊登了有关选民登记的新闻。例如它于2005年8月15日报道了《初选选民登记19日截止》的新闻，呼吁够资格的华人选民要及时到有关政府部门登记，要善用手中的一票,影响选情,维护自己的权益。

在东南亚各国当中,对政治选举最感兴趣、投入精力最多的国家应该是马来西亚华文报纸,除了新闻有深度外,还刊登了大量言论,不但为华人提供了翔实的新闻内容,而且还为华人详尽分析政治形势,鼓励华人积极参政,为华人投票提供资料和观点。华文报纸这种强烈的政治参与意识,自然培育了马来西亚华人比较高的从政和参政意识,所以,每一次马来西亚的政治选举,各个政党都不敢忽视华人,纷纷向华人许下诺言,改善华人的生存环境,放松华文教育的政策,甚至还拨款资助华文小学。诸如此类反对党和执政党在大选前频频向华人示好的动作,一方面显示了华人在选举过程中的作用,另一方面也显示了华文报纸在培育华人从政和参政意识方面的巨大作用。

对华文报纸来说,只有关注政治,培养参政议政的意识,才能帮助华人摆脱"替罪羊"的角色。1998年5月13日至15日,雅加达、梭罗和印度尼西亚其他地方发生的大规模有组织的针对华人的骚乱震惊世界。1999年12月28日,印度尼西亚棉兰、万隆等地又发生了针对华人的零星骚乱事件。在棉兰,1000多名渔民和流氓冲击当地渔港,破坏了13个属华人的冷冻货仓、烧坏40艘渔船和数十辆卡车,并抢劫5000多吨海鲜。在万隆,一家华人所拥有的纺织厂被几百名村民放火烧毁。

《联合早报》《南洋商报》《星洲日报》对这些事件相当关注,通过大量报道,谴责骚乱分子。《联合早报》1999年12月30日发表文章《棉兰万隆反华事件疑由旧政权及军方策划》,怀疑骚乱分子有军方背景,要求印度尼西亚彻查骚乱原因。《联合早报》还在网上专门设立印度尼西亚骚乱的论坛,公布在骚乱中印度尼西亚人强奸华人妇女的照片。《联合早报》的文章因此引起新加坡、印度尼西亚两国外交纠纷,但是《联合早报》并不畏惧印度尼西亚的压力,不断大篇幅报道印度尼西亚暴民丧尽天良的行为,引起世界各地华人强烈的愤慨,随之在全世界形成维护印度尼西亚华人利益的"黄丝带"运动,在国际上形成强烈的反响,联合国为此专门成立印度尼西亚违背人权调查委员会,派专员到印度尼西亚做实地调查。印度尼西亚政府也不得不成立专门委员会调查事件真相。

在华人受过压制的印度尼西亚,随着苏哈托下台,印度尼西亚开始引入民主体制,实行全民普选制,给华人参政议政提供了更多的机会。所有刚创办的华文报纸在痛定思痛之后,对政治新闻倾尽全力,希望通过对华人参加竞选的报道,来教育华人运用手中的一票,改变族群的命运。

大量有关政治选举的新闻,有助于华人对政治动态的了解,也有助于他们冷静地动用手中的选票去维护族群权益。从这一方面来说,华文报纸对政治选举的高度关注是影响和鼓励华人参政议政的重要举措。

2. 提高华人的政治地位

海外华文报纸作为一种重要的宣传工具,具有强大的舆论形成和引导功能。它对华人的政治选举有着举足轻重的作用,促使华人社会团结,教育华人爱护族群形象,并开辟了华人参政的新领域,与华人社会一起提高海外华人的政治地位。

在美国,众多华文报纸意识到华人派别众多,选票分散,华人内讧的现状,均提出了策略性的华人参政意见,呼吁华人在政治选举中不要自相残杀。如美国《侨报》2005年8月15日报道,困扰阿拉米达郡华族社区已久的"陈(焕英)赖(燕屏)之争",在陈焕英宣布退出2006年郡参事的竞选后烟消云散。报纸借奥克兰发展基金会陈锡澎的话,高度赞扬了陈焕英的"聪明和远见"。该报评论,如果两名华裔参选,投票人和支持者都不知所措,而票数和竞选支持资金会被分散,结果必定是两败俱伤,事倍功半。现在这个局面,不仅对赖燕屏有好处,对陈焕英竞选州参议员和获取亚裔社区的选票也很有好处。集中选票,明智决定政治选举的方式,避免华人在选举中自相残杀、选票分散的弊端,可为华人当选提供条件。华人的参政议政思维和意识的培养,有赖于华文报纸平时的宣传和鼓动。

在菲律宾,华文报纸积极鼓励华人从政和参政,但是由于华人人数比较少,如果以选区直选方式参与选举,不可能赢得国会议员,因此,华文报纸提出政治选举的迂回策略。比如说《世界日报》指出:"新一轮的参政路向,应避免参加竞选公职,因华人人数在菲占比例太少,菲国地理形势也不利于高职位候选人活动。只有以高学历和勤奋的工作态度,谦卑和清廉的作风获委公职,才能青云直上,如现任农业部长黄严辉,就是一极好例子。"①

在马来西亚,《南洋商报》为华人族群维护和争取各种权利的努力,值得称道。为更加深入地了解其他政党的情况,该报于2013年5月政治大选期间,大幅增加了巫统(马来人政党)与回教党(马来人居多的政党)的新闻,利用他们之间竞争激烈的矛盾,阐述华人应该争取的权利,特别是呼吁华人要出

---

① 蔡青桓:《也谈"菲华公会"的可行性》,见《世界日报》网,http://www.worldnews.com.ph/news1/y6.html。

任政府的官员,在决策时有华人的声音,表达华人对政策的看法,提高华人的政治地位,维护华人的政治权益。

实际上,《南洋商报》早在马来西亚独立之前就为华人争取公民权。比如说,1947年1月23日《南洋商报》针对华人缺乏公民权的情况,在社论中提出警告:"华侨的商业利益与政治权利分不开,没有政治权利,我们工商业随时可以被别人排斥,被别人侵犯,华侨工商家不能不关心当地政治制度。"① 1969年马来西亚发生种族骚乱之后,华人在政治上处于弱势地位,在政治上缺乏建树,对此《南洋商报》2000年5月18日以《财长一去不回头》为题报道新闻,提醒华人:1974年陈修信不再担任财长后,马华公会(华人政党)就再没有人担任内阁要职,在马来西亚政治生活中没有决定性发言权,马华公会的作用日益边缘化。该报一再提醒华人要积极入阁,担任部长。

此外,《南洋商报》还针对华人入职公务员越来越少的情况,早在新世纪伊始就向华人提出告诫,于2000年3月24日发表两篇文章《华人也不爱当公仆》和《华裔好男不当差》,"近来华人公务员的人数不断下降,在50年代和60年代招聘的华人公务员现在几乎全已退休,70年代起招聘的公务员,大部分为马来人。目前马来人公务员共有45.436万人,而华人公务员只有6.4867万人"②。"在1999年申请成为公务员的总人数中,华裔只占1.77%。还有,目前马来西亚警务人员一共为7.9181万人,其中华裔警官和警员仅为2259人,只占2.9%。华人公务员越来越少,会影响到华社的利益。"③ 针对马来西亚华人参政态度,《南洋商报》采访时任马华公会副会长黄家定后发表文章认为,"如果26.8%的华人力量能够在大选中凝聚起来,可使华人在国家政策制定方面发挥左右大局的作用,这不仅有利于华人社会今后争取更大的权益,而且有利于马来西亚的国家利益"④。

只有提高海外华人的政治地位,使海外华人拥有一定的政治权力,才有可能使海外华人不至于被边缘化,才能维护族群的利益。政治权力是海外华人生存与发展的基础。过去许多海外华文报纸常游离于当地政治选举之外,缺乏推动海外华人参政的意识,结果进一步被主流社会边缘化。从20世纪末以来,海外华文报纸逐渐意识到海外华人参政议政对维护华人权益的重要性,纷纷加

---

① 《华人应争取公民权》,载《南洋商报》1947年1月23日。
② 《华人也不爱当公仆》,载《南洋商报》2000年3月24日。
③ 林铭清、张惠婵、彭秋福:《华裔好男不当差》,载《南洋商报》2000年3月24日。
④ 转引自方金英《东南亚"华人问题"的形成与发展》,时事出版社2001年版,第92页。

大了对当地政治形势的报道,深入分析选情,期望给华人选民准确的信息,使华人选票成为政治选举中的关键选票,并推选华人代表参选各种层次的议员,提高华人的政治地位。

在海外,华人是非主流族群,在政治方面也处于弱势地位。在这样的政治现实面前,华人只能以族群的力量来维护自己的利益,因此海外华文报纸作为舆论工具,在平时更要培养华人的参政议政意识,唤醒他们游离于政治选举之外的迷茫状态,积极参加政治选举,提高华人的政治地位。

3. 增强海外华文报纸的政治影响力

从来不存在一个天生就有强烈从政和参政意识的民族。只有当一个民族面临其他种族的镇压和驱赶,处于险境的时候,才会想到应该培育本民族的从政和参政意识,但是这已经来不及化解险情了。从海外华人多次受排挤的事件来看,一个民族即使在经济上再有地位,缺乏政治地位,物质财富很快就会化为泡影。1998年印度尼西亚大规模排华反华事件,就很清楚地说明了这一点。华人数十年辛苦积聚下来的财富,一夜之间就被破坏,许多华人从小康家庭一下子变成一无所有的穷人。

海外华文报纸鉴于各国种族矛盾,华人缺乏政治权利的事实,在培育华人的从政和参政意识方面做出了巨大贡献。它们意识到,海外华人要扩大政治影响力,争取自己的权益,就只能培养出更多的杰出人才,鼓励他们从政,为本族群的权益说话。

海外华文报纸在当地每次的政治选举当中都呼吁有条件、有能力的华人精英挺身而出,参加竞选各种级别的议员,争取进入政府。华人在政府任职,华人的声音就可以在政府当中得到反映。无论哪一份华文报纸,都竭尽全力让华人意识到,"不论哪一个领导人上台,华人要想改革自己的命运,只能参政议政"。比如说,在泰国,华文报纸和华人从政、参政意识相当高,华人的权益也因此能够得到保障。据统计,1965年和1966年的政府内阁中,19位内阁有12位有中国血统。"目前的国会,约有30%的议员是商人,其中多数是中泰混血儿后裔。""1987年的政府内阁成员44人,有中国血统的占1/2以上,包括总理察猜·春哈旺上将和几位副总理、部长与部长助理在内。高级军政官员中80%有中国血统。"① 曾任总理的猜信、英拉都有华人血统。华人掌握政权,对维护华人权益多少有帮助。事实上,泰国华人在所有东南亚国家(除了新

---

① 曹云华:《泰国华人社会初探》,载《世界民族》2003年第1期。

加坡以外）中最不受排挤，这与泰国华文报纸积极参与议政、华人积极竞选有相当大的关系。

事实证明，在一些华人受排挤的国家，由于华文报纸受到压制，华人声音得不到反映，无法鼓动华人参政议政，结果不仅使华人权益几乎受到漠视，生存也受到威胁。"在苏哈托掌权期间，华人虽然在经济上取得了显著的成绩。但是华人参政的渠道被堵死，对华人的政治排斥几乎杜绝了华人在公务员、军队、司法界的从业机会，华人只能通过权钱交易表达自己的利益。这种人为的职业分工使华人或被视为'经济动物'而受到鄙视，或被视为控制印度尼西亚经济的集团而遭到非议。在苏哈托政权面临危机时，华人往往成为政治动荡的牺牲品和转嫁社会危机的'替罪羊'。"①

苏哈托下台后，海外华文报纸多年受苏哈托压制的历史终于结束，犹如雨后春笋般涌现出来，不仅积极参政议政，而且也鼓励华人参加政治选举。比如"《世界日报》对族群平等地位的争取，如取消印度尼西亚国籍证明书，废除'支那'不雅的称呼，享有平等的参政权，都不遗余力。对华人社团的活动，华文教育与中华文化的传承与发扬，都有详尽的报道"②。对于华人公开、大胆寻求政治权利的行动，印度尼西亚华文报纸也敢于公开报道。"2000年5月11日，约有25名华人青年在雅加达总统府外示威，公开要求审讯前总统苏哈托等人，并为华人在过去多次骚乱中所受到的迫害负责。这次示威在印度尼西亚来说只能算是小规模，但对于当地华人来说却是迈出了不寻常的一步，意味着华人敢于公开表达自己的声音。"③ 印度尼西亚事务学院院长克列登对此评论说："多年来华人不能表现自己和文化，现在他们可以示威了，这是印度尼西亚的一大转变，显示华人终于得到了政治权利。"④ 华人敢于表达自己的政治权利要求，印度尼西亚华文报纸敢于公开予以报道，这说明印度尼西亚华人逐渐走出埋头商业、不问政治的局面，也反映了华文报纸意识到提高华人政治地位的重要性和紧迫性，这是一个相当大的进步。

在法国，华文报纸也鼓励华人用手中的一票来影响选情，维护华人的利益。2002年5月6日，面对极右势力有可能上台的形势，在《欧洲时报》的

---

① 张锡镇：《"五月骚乱"之后——印度尼西亚华人政策的变化及其原因》，2001年5月30日，www.people.com.cn/wsrmlt/jbzl/2001/05/30/zhang/zhang.tml。
② 崔贵强：《东南亚华文日报现状之研究》，南洋学会（新加坡）2002年版，第132页。
③ 《印度尼西亚华人首次示威》，载《南洋商报》2000年5月13日。
④ 《印度尼西亚华人首次示威》，载《南洋商报》2000年5月13日。

呼吁下，旅法华人一反以往对政治的淡漠，或奔走呼号，或举家出动，积极参与法国总统大选的投票活动，表现出强烈的公民意识与热情，为法国华人参政议政打造出了良好的氛围。

总体来说，海外华文报纸在鼓动华人参政方面相当尽力。海外华文报纸是大众传播工具，对海外华人的影响甚大。鼓动华人参政议政，提高华人的政治地位，唤醒华人沉睡的政治参与意识，既是海外华文报纸的义务，也是其不可或缺的内容，这是海外华文报纸扩大政治影响力的基础。

一个族群在社会上是否有地位，主要是看其有无政治地位。一个族群即使在经济上有地位，但缺乏政治地位，他们仍然处于弱势地位。海外华人通过勤奋、刻苦、苦心经营，建立了庞大的财富基础，然而，由于缺乏政治地位，他们的财富很容易在旦夕之间化为乌有。世界各国多起针对华人发生的骚乱，足以证明，没有政治地位，就不可能有长久的经济繁荣，就不可能使多年苦心经营起来的财富能够保留下来。1998年印度尼西亚骚乱向世人说明，只有拥有较高的政治地位，致力于建设民主制度，才能保护人身和财产完全。

鉴于参政议政对海外华人的重要性，笔者认为，海外华文报纸要致力于为华人争取当地的政治地位，唤醒华人的政治参与意识，提高华人的政治地位，才能改变"华人是经济动物"的形象。对于是否跟随西方媒体，把政治影响力扩展到其他主权国家，笔者认为，就海外华文报纸而言，至少在目前的情况下来说，这种做法不太可取。华人生活在一个比较复杂的政治关系中，本来在政治上就缺乏地位和实力，如果硬像西方媒体那样通过议题设置来影响当地国家的政治选举，支持反对派搞"颜色革命"，甚至争夺当地的政治权力，就会面临更多的问题，甚至生存的问题。笔者认为，在现有的政治条件下，海外华文报纸可以密切关心其他国家的华人政治取向，但是不应过多干涉其他国家华人的政治取向。

因此，在扩展海外华文报纸的政治影响力时，不应渲染种族情绪和宣传意识形态，而是要站在海外华人生存与发展的角度，实事求是地强调华人作为当地少数族群，有权利利用选票维护自身权益，避免让当地主流社会产生中国政府间接通过海外华人影响当地政治、干涉内政的印象，也要注意避免出现中国输出意识形态的现象。

作为重建社会关系的重要力量以及少数族群喉舌的海外华文报纸，在全球化的浪潮中，在西方社会的人权、自由、民主的理念支持下，确实可以争取到更大的话语权力，然而，它们在扩大政治影响力的时候，也要注重策略，避免使当地政府产生疑虑：海外华人会不会通过争取政治权力，实现族群自治，甚至把族群提升至民族层面，实现民族自决，分裂当地国家。

由此来看，海外华文报纸的全球化不仅是文化传播和争取华人话语权的问题，而且已经上升到政治层面，甚至把中国牵涉进去。这也是海外华人入籍当地国后，无论怎样表示效忠国家，仍然洗不掉主流社会对华人的偏见和怀疑的主要原因。因此如何防止海外华文报纸的全球化引发严重的国际政治问题，不仅是海外华文报纸的责任，也是中国政府的责任。

二、经济影响力的扩展

西方国家利用经济全球化的机会，在全球范围内优先资源配置和细化社会分工，结果造成发达国家与发展中国家的贫富差异进一步悬殊。他们动辄干涉他国的经济政策，形成了帝国霸权。西方媒体也利用雄厚的媒介资源，推销西方的经济制度，为其国家攫取更大的经济利益。

然而，对于经济全球化，我们要理性看待。我们不能因为经济全球化带来许多负面影响，就全盘否定经济全球化对世界的贡献。如果因为西方利用经济实力，制定不公平的经济制度，掠夺发展中国家的财富，就反对全球化，那么就否认了中国和印度通过全球化而获得成功的事实。这两个国家总人口已经超过了20亿。他们的成功，在某种程度上反映了全球化对人们带来的好处。

作为少数族群传媒，海外华文报纸如何扩大经济影响力？笔者认为，一是要注重报道当地的经济状况。二是要利用华文报纸的语言、人文等优势，搭建当地与中国经济联系的桥梁。三是要辩证地看待经济全球化，要积极投身于经济全球化，促进海外华人商业网络的形成，壮大海外华人的经济实力。报道当地的经济状况，可为华人更加深入地了解当地的经济情况，帮助华人理财和投资，为华人寻找经商机会。海外华文报纸从业者多年生活在海外，对海外的社会状况了解相当深入，又通晓所在地的主流语言，要充分利用自己的文化、语言的优势，通过报道中国经济发展情况，与当地的工商业界建立联系，搭建经济交往的桥梁，扩展经济影响力。

1. 报道当地的经济动向

海外华文报纸报道当地的经济动向，是它们重要的内容之一。许多报纸专门开辟财经版对当地的经济状况进行报道，为华人提供更加具体的当地经济信息。

在马来西亚，华人多从事商业活动，因此为华人提供最新的财经消息，及时掌握该国的经济动态，分析经济发展前景以及投资渠道，为华人创造一个良好的经商环境，不仅成为华文报纸的重要任务，而且还是抢夺读者的重要手段。

比如说，《星洲日报》财经版内容之丰富、信息之多元，令笔者吃惊。笔者翻阅国内报纸的财经版，顶多四个版面，内容也是关于大公司合并、盈利、投资的新闻，而关于如何帮助读者理财，以及寻找投资领域的内容相当少。即使有，也都是房地产投资居多，而对于中小家庭收入的理性与投资却缺乏更多的资讯。《星洲日报》财经版，设有"星洲财经""股势分析""产业兵法""投资广场""财富广场""八字捉运""分类广告""吉图预测"等版面，开设有"投资者指南""股市行情""世界各地金属行情分析表""石油""银行利率""信托基金""金价""树胶行情""锡价""外汇市场""马经""中国经济专题""企业管理""成功者经验"等栏目，内容相当丰富。该报财经版编辑和记者为深化股市内容的分析，在版面上做得相当细致，提供了相当多的股市走向示意图，以及相当专业的分析。

除了经济报道外，《星洲日报》还组织各种投资讲座，培养华人理财能力。在所举办的各种活动中，既有宏观的经济课题、资讯教育性质的投资和理财讲座，也有与多个金融监管部门和单位合作的计划与活动等。特别是一年一度的财政预算案热线服务和演讲，邀请税务、会计、股市和商业领域的佼佼者，即时通过电话和互联网，回答读者对新出炉预算案的各种问题。演讲结束后，该报财经版不但把调查出来的数据公布出来，而且根据调查的数据撰写深度的分析文章，成为该年度马来西亚经济发展的"晴雨表"。银行、投资者每年都会根据这一调查结果，来确定放贷和投资规模。财经版不仅为读者提供了大量的财经资讯，而且也引起了大量华人的关注。

海外华文报纸的财经新闻非常重视"本土化"。比如，《布达佩斯周报》对当地集贸市场的货品和价格进行深入报道，为华人提供商情。由于匈牙利布达佩斯的集贸市场中的商品价廉物美，不仅受到匈牙利人的青睐，还吸引了周边国家的人们。因此《布达佩斯周报》及时反映东欧市场状况，为当地华人提供更加具体的货品情况，成为当地华人不可或缺的经济信息来源。

虽然海外华文报纸是少数族群传媒，但是它的财经新闻却吸引了其他族群的关注。比如说，《星洲日报》的财经新闻，不仅吸引华人读者，也吸引马来人。许多马来人受过华文教育。他们也通过阅读该报的财经新闻来拓展商机。《星洲日报》财经记者刘素云介绍，据不完全统计，马来人订阅《星洲日报》

的数量有 500 份左右,许多马来人读者就是冲着财经新闻来的①。

海外华文报纸的财经消息不仅为当地的华人提供了详尽、丰富的经济信息,而且也为其他族群提供了经商信息。随着华人的经济实力越来越强,海外华文报纸的财经信息也将进一步受到主流社会的关注。

2. 搭建当地与中国经济联系的桥梁

中国经济已经成为世界经济重要的组成部分,它的经济形势已经极大地影响到世界经济。有人比喻说,中国打一个喷嚏,世界就要感冒。虽然此话有过分夸大中国对世界经济影响之嫌,但中国经济对世界的经济发展影响很大,却是不争的事实。

在海外,许多华文报纸关心中国时事,除了社会新闻外,经济新闻是报纸的重要内容。中国现在已经成为世界巨大的市场和加工场。各国企业都把进入中国市场当作企业迅速发展的机会,而华人无论是地缘还是人缘都在这方面具有其他人种所不可比拟的优势。华人通晓华语,熟悉中国历史,了解中国文化,许多华人还在中国有亲戚朋友,这种沟通渠道也是其他族群不太可能拥有的。所以,海外华文报纸针对华人的实际情况,相当详尽地报道中国的经济发展,并探讨海外华人的经济发展。

实际上,海外华文报纸利用通晓当地语言和华语的优势,不仅报道财经新闻,而且还牵线搭桥,促进两国的经贸发展。许多海外华文报纸已经跳出了狭窄的视野,把自己当作两国经贸联系的桥梁,一方面报道中国的商机,另一方面又报道当地的商机。中国公司通过海外华文报纸寻找当地的合作伙伴,而当地公司也通过海外华文报纸寻找中国公司进行合作。这种桥梁作用也从一个侧面反映了海外华文报纸财经新闻的本土化和全球化。比如说,《星洲日报》财经版立足马来西亚,放眼中国、世界,把市场经济现象放到中马两国经贸联系的背景下进行考察和评判,把中马两国的重大财经事件、财经现象、财经走势以及影响财经运行的新闻事件作为报道内容,并进行分析报道,从而为读者提供了更加深入和详尽的中马经济走势的分析。

海外华文报纸具有先天的语言、文化优势,加强当地与中国的联系,不仅可以满足当地华人的经济信息需要,而且也为当地主流社会提供了更加具体的

---

① 很多马来人和印度人懂华文。据统计,每年有 7 万非华人小孩进入华校接受华文教育。笔者在新加坡和马来西亚作学术调查时,发现许多马来人和印度人不仅懂华语,而且说得非常好,甚至一些马来人和印度人的福建话也讲得很好。

中国经济发展动态，促进当地公司与中国公司的合作，扩大华文报纸在主流社会中的经济影响力。

3. 增强海外华文报纸的经济影响力

全球经济一体化加速，使世界各国的经济都融入全球化的经济体系中，对媒体而言，强化了经济报道的国际性和全球性。经济报道的客体发生了深刻变化，这就要求报道者要有全球意识，改变对工业地理和区域经济的传统理解。新的世界分工不再按国家，而是按照区域的竞争方式来进行，资源等生产要素和分工在不同层次上迅速变化。这些经济变化都会涉及华人经济调整。因此，"财经新闻报道的国际化和全球化是经济发展的必然要求，那种不顾世界风云变化，只关心自己国家、地区的做法是落伍的"①。对于海外华文报纸来说，不仅要报道当地的财经消息，也要报道国际经济动态，以便为华人经济转型提供资讯。

海外华人在经济上颇有实力，并且通过各种组织不断加强联系，逐步走向全球化和网络化，在世界各国形成很大的影响，特别是在东南亚，华人的经济影响力更大，一方面为华文报纸的生存与发展提供了经济来源，另一方面又为华文报纸提供了大量的财经消息。更重要的是，随着中国经济迅速发展，海外华文报纸加大了对中国财经报道的数量，提高了报道质量，对中国经济的报道与分析常被当地主流媒体转载，甚至许多主流媒体还根据海外华文报纸的报道来分析中国经济的走向，成为主流媒体了解中国经济的瞭望台。

鉴于中国经济对世界各国所形成的影响，海外华文报纸在做好本土财经新闻报道的基础上，增加对中国经济的分析报道，将有助于当地主流社会对当地华人经济和中国经济的了解，从而扩大经济影响力，提升知名度。

三、文化影响力的扩展

文化全球化，造成四种文化现象：一是异质化；二是同质化；三是混合化；四是文化发展的不平衡化。异质化是民族国家完全抵制文化全球化，从而游离于全球化的世界文化体系。同质化，就是民族文化完全接受其他文化，主要是西方文化，而丧失了民族特性，如美国的一些少数族群。混合化，是指民族文化在保留民族特色的基础上，有选择地吸收其他文化，从而形成交叉、融

---

① 唐宋：《财经新闻报道的"国际化"和"本土化"》，载《国际新闻界》2003年第6期。

合的文化形态。不平衡化,会造成不同国家的文化发展差距越来越大,形成事实上的信息鸿沟。那么具有五千年悠久历史的中华文化,该走哪一条道路?特别是在远离文化母体的海外华文报纸又如何完善、补充中华文化?

笔者认为,完全排斥和接受,都不是可行的办法。中华文化应该接受其他文化的影响,并在吸收其他文化特质的基础上,实现自我提升。在这一点上,海外华文报纸可谓倾尽全力,而且效果不错。它们不仅在海外华人中不遗余力地弘扬和推广中华文化,而且也向当地主流社会推介中华文化。虽然它们是少数族群传媒,但是通过与当地主流媒体的联系和合作,以及举办各种文化活动,或者出版当地语言的报纸,对促进当地主流社会对中华文化的了解,扩展海外华文报纸的全球影响力,实现文化增殖,起到重要作用。

1. 承担传播中华文化的责任

作为海外重要的中华文化传播媒体,海外华文报纸有能力在海外搭建文化桥梁。实际上,海外华文报纸在传承华文方面不遗余力,并根据时势的变化不断调整文化传播的策略和方向。长期以来,中华文化在西方被边缘化,除了国际社会对中华文化缺乏了解并且歧视外,还有一个重要的原因就是华人自己在国际上的声音太微弱。如果自己不能在国际上发出自己的声音,而是等待别人来帮自己说话,这种可能性比较小。中华文化要实现从边缘向中心的飞跃,融入文化全球化的主流,就必须主动出击,把自己的成果展示给世界,让世界了解到中华文化发展的现状和未来发展的走势。

海外华文报纸在促进中国与海外、西方沟通方面有先天的优势。它们更了解当地文化,更懂得用全球化的语言、当地主流社会的文化思维从事中华文化的推广工作。笔者于2006年7月在马来西亚开展研究工作,有幸到马六甲参观访问。在一家早期华人的住宅里,许多来自欧洲的游客在导游的带领下参观各种设施,对华人的日常生活产生非常浓厚的兴趣。他们非常惊讶,在一百多年前,华人竟然能够在远离中国的地方,保留如此完美的文化印记。华人住宅独具风格的设计、家居的精雕细琢、建筑的精美考究,都使他们感到中华文化的精深和秀丽。他们对笔者说,在这里看到中华文化,非常惊叹中华文化的博大精深,非常渴望到中国去参观访问,进一步了解中华文化。

笔者认为,海外华文报纸如果能够在海外建立中华文化传播的基地,不仅有助于海外华文报纸传播华人消息,传承中华文化,对中华文化在海外的传播也有相当积极的意义。比如说,自1929年创办以来,《星洲日报》秉持文化办报的理念,用文化铺垫、文化传播的理念,创办了"花踪文学奖"等推动华文文学的活动，促进了世界华文文学的发展，在世界华人当中影响很大。该报把一些有关中华文化的新闻报道或者文学作品结集翻译成当地语言出版，对传播当地主流文化也做出很大贡献。

文化是族群认同的重要依据。海外华文报纸传播中华文化，一方面维系华人的根，促进族群认同；另一方面也满足了华人的文化需要，使他们在异国他乡消除文化寂寞感和文化疏离感，缓和他们对故乡亲人的思念。传播中华文化，不仅是海外华文报纸重要的传播内容，满足海外华人的文化需要，而且也能促进主流社会对中华文化的认识和了解，有助于消除误会，增进理解，这对海外华人的生存与发展尤其重要。

2. 促进族群间的相互理解

由于宗教、文化和族群认同的差异，海外华人常常成为被排斥的对象，形成了棘手的"海外华人问题"。1965年印度尼西亚驱逐数以万计的华人，1969年马来西亚爆发华人与马来人的种族冲突，1970年印度尼西亚发生长达10年的印支半岛排华反华行动，1998年印度尼西亚又发生排华骚乱，2004年西班牙发生排华行动，2006年所罗门群岛发生针对华人的种族骚乱，2015年7月11日马来西亚马来人对华人的骚乱等等都以华人为目标。这样一个问题不得不引起华人的思考——海外华人如何融入主流社会，并和其他民族和平共处？华人如何维护自己的权益，成为社会的主动参与者，而不是待宰羔羊？笔者认为，海外华文报纸一方面要维护华人权益，另一方面也要从全球化和以更加宽广的胸怀去反映华人问题。人类生命重要的意义在于负责任地理性思考并自由选择，但是，当人们对某一群体（如文化、宗教、种族）产生一种强烈的、排他的归属感时（有人称之为"自我的缩影化"），不但会扭曲人性，更会导致冲突和暴力。

美国著名的政治学者汤本接受《星洲日报》采访时认为，华文报应以世界主义的胸怀来看待世界问题。他鼓励马来西亚公众和政府放开眼界，以更广阔的视野来看待世界。他说："马来西亚的华文报章，要以马来西亚的心胸来看待问题。马来西亚华人站在特殊的位置上，处于南洋，在面向世界和西方的同时也面向伊斯兰国家，因此在两种关系中，她（它）拥有独特的地位和视野与领导作用。因此我们希望马来西亚华文报纸能成为世界华文报的领袖，能够使这个世界不要走向冲突，而是走向妥协、谅解和互利。"① 他希望马来西

---

① 《汤本：看待问题视野要广　中文报章应放眼世界》，载《星洲日报》2004年11月10日。

亚华人和华文报纸能更上一层楼，以更开阔的眼光来看待今天的东西方文化，在种族冲突中扮演更多角色。他说："马来西亚华人对马国的政治和经济的影响程度超过其他地方，华文报纸应该发挥更大的促进种族和谐的作用。"① 汤本的观点很值得我们借鉴。我们应以更加博大的胸襟去处理种族之间的矛盾，不局限于那些影响种族关系的枝枝节节，以发展和世界的眼光看待种族之间的融合与发展，既要主动向异族传播中华文化，也要主动吸收异族的文化，实现文化的自我成长。

德国著名社会学家尤尔根·哈贝马斯在批评现代性时认为，生活世界可以被拯救，以价值、规范为基础的生活领域可以抵制政治体系、经济体系的不断影响，暗淡的生活世界能够重新找回它失去的价值与规范。他为人类社会的发展构思了一个理想模型，即建立在以互主体性为基础的交往理性基础上的社会。这个社会，"它主要不是由目的合理行为共同体构成的，而主要是由无限制的交往共同体组成。在公共交往体中，暴力被解除，团结和正义被发扬，个人的自我实现和自主权成为可能，和解成为人们思想行为的动机"②。故此，海外华文报纸在向其他种族传播中华文化过程中，更应该了解和介绍异族文化。通过文化间的彼此交流，减少族群间的误会，形成更加多元化和包容的思想和观念。比如说，《星洲日报》通过有系统地翻译伊斯兰学者的学术文章和书籍，让华人更深入地了解马来人的习俗和伊斯兰文化，这样可以促进华人对马来人的了解，从而在与他们的交往当中，有意识地尊重他们的文化、习俗，赢得他们的尊重。《星洲日报》要充分利用传媒的教育和信息沟通功能，建构华人了解世界的文化平台，帮助他们深入了解不同种族的思想观念、价值取向、道德标准、宗教和政治信仰，通过多种渠道，运用多种方式，完整、准确、全面、真实地介绍其他种族情况，充分展现华人热爱和平、与其他种族共同创造和谐社会、对社会勇于承担责任和义务的思想。

实际上，《星洲日报》也一直建立文化对话的平台，不但把异族的优秀文化引进来，而且在报社的实际运作中，也与异族进行文化交流，吸纳异族的员工，以实际行动为种族间的文化交流做出了贡献。举例来说，《星洲日报》招聘了异族员工。他们在工作当中，与华人有意无意地进行文化交流，对促进族群间的文化交流有非常大的好处，同时也在某种程度上展现了《星洲日报》

---

① 《汤本：看待问题视野要广　中文报章应放眼世界》，载《星洲日报》2004 年 11 月 10 日。
② 李佃来：《重置理性的坐标：哈贝马斯现代性批判之维》，载《求是学刊》2005 年第 3 期。

注重种族和解,为异族创造就业机会的形象。

笔者采访了在《星洲日报》工作的两位马来族员工和一位印度族员工。两位马来族员工是父子。父亲名叫沙姆逊(Shamsoon),儿子叫克埃鲁尔(Khirul)。他们都是摄影记者。父亲于1962年进入《星洲日报》做摄影记者。该工作既是他的第一份工作,也是其最后一份工作。他在《星洲日报》工作了45年,自初中三年级开始就一直在《星洲日报》工作。沙姆逊进入《星洲日报》后,很喜欢报社的工作氛围,觉得同事都对他很好。他说,即使其他大报都在拼命招聘工作人员,他还是舍不得离开《星洲日报》。他回忆说,1969年发生"5·13"事件后,他坚持回到报社上班。他说,他一点也不担忧华人同事会伤害他,因为他与同事建立了非常深的感情。事实上,"5·13"事件发生后,一些激动的华人同事用言语威胁他,但他得到了其他华人同事的帮助。他很感慨地说:"我的血已经融入了报馆。"

沙姆逊的儿子克埃鲁尔也对报社充满感情。他于2005年10月进入报社。进报社之前要接受考试,他并没有因为父亲在这里长期工作,并为报社做出贡献就受到特别优待,而一样要接受报社的遴选,所幸表现优秀能够顺利进入报社工作。他说,他与同事关系融洽,没有很明显的种族区分。他提出的合理要求,都会得到同事的帮助和满足。其他华人同事还教会他拍摄新闻照片的要领。在大环境的感染下,他非常敬业,不避宗教的忌讳,到过华人寺庙采访,甚至在华人出殡时还亲临拍摄照片,有时也会因为某些原因没法拍到照片,无法满足编辑要求而自责。他说,他在报社学到很多东西,得到很多锻炼机会,已经把自己与《星洲日报》融为一体了。

名为西瓦姆(Sivam)的印裔员工,1990年就来到《星洲日报》。他说,在《星洲日报》没有种族的歧视。在他的记忆中,印象最深的事情是他刚到《星洲日报》工作仅一个星期就遇到车祸。报社很关心他的伤势,而且全部报销他的医药费。因此,他对《星洲日报》产生了很深的感情,与同事的关系也更加融洽。

上述三人是马来族、印度族在《星洲日报》工作的代表。他们对《星洲日报》的热爱,本身就说明了该报在种族融合方面所做出的努力与贡献,反映了该报是文化交流和思想沟通的场所,这对于促进各族群的了解和谅解都有好处。介绍异族文化,吸纳异族的文化精髓,同时向异族展示绚丽多彩的中华文化,以全球化的视野了解世界的文化格局及其他地域文化的特色和趋向,这是华人必须要面对的问题,也是化解种族矛盾,增进理解的重要渠道。华人有前瞻的文化理念，有璀璨的历史文明，应该主动展现善意和诚意，迈出与异族和解和共同发展的步伐，在相互碰撞和交流中展示中华文化，让异族感受和了解中华文化。从这个方面来说，秉持"让世界了解华人，让华人了解世界"的文化传播理想，海外华文报纸任重而道远。

今天，中国经济、社会迅速发展，海外华人在当地的地位和重要性随之得到提升。海外华人在看到民族和解、文化融合仍存在种种困难的情况下，更应看到形势发展对华人呈现有利的一面；更应以全球化传播的视野、博大的胸怀、前瞻性的眼光，认识到通过文化传播，营造和谐种族社会的重要性和必要性；要抓住当前世界对和平和稳定的普遍性追求，在种族文化间架起桥梁，加强文化交流。文化之旅是心灵的沟通，也是消除种族隔阂，改变华人形象的破冰之旅，更是种族相互谅解的重要途径。作为面向大众传播的华文媒体，更应当承担"让世界了解华人，让华人了解世界"的责任，构建文化交流的平台，消除社会不和谐的声音，发挥社会缓和剂与黏合剂的作用，承担海外华文报纸文化使者的角色，展现华人与人为善、与异族共同发展的美德和愿望，实现和谐社会的愿景，从而提升华人包容、博爱、勇于承担社会责任的整体形象。

3. 增强海外华文报纸的文化影响力

文化实力与民族的生命力、创造力和凝聚力紧密联系在一起，是构成国家、民族、族群综合实力的重要组成部分。文化也是软实力的重要组成部分，是影响社会和国际话语权的重要力量。没有强大的文化实力，国家和族群的综合实力就会大打折扣，一个民族就会丧失继续发展的动力和思想源泉。文化实力有着丰富的内涵，包括了文化创新的力量、文化塑造形象的能力。因此，一个民族要想不断发展，必须不断扩大自己的文化实力，参与国际文化的交流，在与世界不同文化的相互交流和激荡中展示文化特色，在世界文化大家庭中让其他族群、民族形成文化印象，借此产生华人的感召力和影响力，展现华人的独有魅力。

然而，从目前海外华文报纸的文化实力来看，其与西方实力雄厚的媒体相比，话语权相当微弱。与西方软实力相比，海外华文报纸的软实力差距明显，这种状况使海外华文报纸意识到扩大传媒的文化影响力、增强话语权的重要性。2001年6月8日，马来西亚星洲媒体集团董事主席张晓卿说："自从踏足媒体世界，在自我的期许和勉励中，我希望有朝一日，建立一个以华人为主体的华文媒体世界，使散居世界各地的华人，都可以看到华文报纸，都深刻体认中华文化的充实和灿烂。"① 西方文化能够在世界上流行，并深刻地影响到世界各国的价值观，很大原因在于传媒的全球性传播。假如海外华文报纸也能像西方强势媒体那样在全球传播中华文化，则不仅有助于使中华文化得到各国人民的了解，而且对于提升海外华人的形象，改善和创建海外华人良好的生存环境也有积极意义。

在传播中华文化的时候，我们要注意海外华文报纸的全球化传播过程是一个信息再编码的过程，要以当地主流社会能够接受，而且易于接受的方式进行再传播。比如，之前所论及的出版当地主流语言的报纸和书籍，在网络推出当地主流语言的网页等，以本土化的形象接近受众，但是又通过这种手段把华人社会的信息传到主流社会、西方社会和全世界。因此，海外华文报纸在文本语境转换的过程中，要注意传播方式的本土化，以免引起误解，造成不必要的文化冲突，进而影响海外华文报纸全球化进程，甚至影响到海外华人形象。

笔者认为，海外华文报纸不仅要实现量的增殖，而且还要实现质的增殖，增进其他种族对中华文化的了解，并促进中外文化的交流，使中华文化在吸收其他种族文化的精髓后实现自身的飞跃。"文化的增殖是一种文化的放大现象，当一种文化原有的价值或意义在传播过程中产生出新的价值或意义来，或者一种文化的传播面增加从而使受传者文化相对于传者文化有了某种增殖放大，就产生了文化的增殖现象。传播带来的文化增殖实际上是一种作为传播媒介的信息符号的放大作用。它一方面表现为量的增大，另一方面表现为质的增大。量的增大主要指传播面的扩大，例如电话、电报、电视、通信卫星等现代化传播手段的使用，使得传播的时间大大缩短，效率大大增加。质的增大是指信息在传播中价值意义的增加，例如文化融合后的新文化相对于融合前的文化就会产生某种增殖。中国传播的儒、道文化在向东亚及东南亚的传播中，与那里的文化融为一体，相对于文化母体实际上已经形成了一种文化增殖。"② 传播中华文化不能为了传播而传播，而是要注重文化的增殖，既要促进当地主流社会对华人的了解，也要通过传播实现自我的提升。

事实上，早在1815年，海外华文报纸就担负起文化交流的角色，并促进

---

① 张晓卿：《壮大海外华文报纸的文化实力》，载《星洲日报》2001年6月8日。
② 沙莲香：《传播学——以人为主体的图象世界之谜》，中国人民大学出版社1990年版，第79页。

文化增殖。在中国新闻史上占有重要地位的《察世俗每月统记传》虽然是由英国马礼逊等人创办的，而且用于传教，但是它不仅聘请了中国人梁发雕刻印刷模板，而且在内容上也传播西方先进的科学技术、文化思想、社会制度，是一份具有启蒙性质的刊物，它在早期起着开启民智的作用，在文化交流方面也起到一定程度的作用。今天，面对中国迅速发展，各种负面言论困扰海外华人的背景下，海外华文报纸要勇敢地站出来，向世界各国传播中华文化，让中华文化走向世界，促进世界各国对中华文化和海外华人的了解。

在全球化背景下，外国人通过网络、电视已经很容易接触到中国文化，甚至深入了解中国文化。然而，他们喜欢纯朴的中国艺术，而不喜欢人为地在中国文化中添加一些宣传和政治因素。如果海外华文报纸在传播中华文化时，对文化的样式和内容进行有意识地选择，并加上太多的人为干扰因素，那么外国人就会觉得这种文化活动变味，变成了一种宣传活动，而不是一种很纯粹的艺术演出。他们就会形成抵制心理，这样，文化传播活动的效果就会大打折扣，甚至还使人们产生海外华文报纸开展的文化活动是一种政治宣传的印象，因此产生极度反感，可想而知，长期下去，他们对海外华文报纸的文化传播活动就会产生政治秀的感觉，总觉得海外华文报纸在利用文化传播向他们倾销中国式的价值观和意识形态。更何况，由于意识形态的差异，许多西方人士"喜欢中华文化，但与政府保持距离"也是事实。他们常常用自己的文化标准和价值观来看待中国的各种文化活动。带有政治做秀、意识形态浓郁的文化传播活动非但无法收到提升海外华人形象的效果，反而更加强了当地主流社会对海外华文报纸试图用文化软宣传来达到推销政治目的的印象。

鉴于西方国家对海外华文报纸文化传播所形成的印象，笔者认为，海外华文报纸在进行文化传播和交流时，要减少和消除宣传味道，特别是不要带有意识形态。只有以纯粹的文化传播作为目的，才能赢得外国人的信任，才能得到他们的接受。许多西方人是从中国古老的文化历史逐步认识中国的。传播中华文化的历史，反映中国现在发展的情况，展望中国的未来，有助于人们对海外华人和中国的认识，消除他们对海外华人的疑惧，从而扩展海外华文报纸的文化影响力。

第三节 提高报纸经营管理水平的重要手段

全球化的主要特点是，按照市场规律实现全球化资源优化配置。它的核心是效益。面对全球化的竞争，海外华文报纸既要履行文化传播任务，又要在传媒日常运转中获得商业效益，就要按照全球化的规律实现对传媒的有效管理，并通过资源的有效配置、制度改革，实现经营管理水平的提升，实现海外华文报业的规模经济的目的。

一、采用现代企业管理模式

全球化对各种公司、企业均提出了要按照市场经济规律办事，按照全球化的方式运作的要求。因此，规范运作公司、企业，不仅将决定公司、企业的发展，而且将决定它的未来。海外华文报纸要想走得更远，站得更高，也要按照全球化的规则进行管理，其中之一便是要实行现代企业制度，对传媒进行严格、规范管理。

长期以来，华人企业的管理模式一直被西方的经济学家所诟病。他们批评华人企业采取家族式管理，裙带关系严重，效率低下，内讧不断，无法做大做强企业。确实，家族式管理企业，在创业阶段会取得很好的效果，但是当企业发展到一定规模时，家族式的管理模式严重影响企业的决策，由此产生诸多弊病，如管理不善，决策缺乏科学性等。所以，把企业引入科学管理的轨道，有助于革除弊端，使企业更加规范化运作，长远来讲对企业是有极大的好处的。

同样的道理，引入现代企业制度，实行新的管理模式，可使海外华文报纸避免类似于家族式管理的弊端，能够从不规范向规范、有序转变。报纸参照现代企业管理制度，采取相应措施，针对经营的不同特点，制定相应的规章制度，能够最大限度地避免决策的失误。比如说，星洲媒体集团从1997年5月23日便开始积极推广ISO 9001活动，并于1998年7月获得ISO 9001证书。为获得ISO 9001证书，星洲媒体集团在各方面均按照ISO 9001的认证标准运作，从中获得宝贵的运作经验。各部门运作更加规范，员工也学会用现代企业管理模式来经营报纸。

为了进一步规范传媒的运转，并且在社会上筹集更多的发展资金，一些发展程度较快的华文报业集团在股票市场上市。传媒上市，意味着更要严格按照现代企业制度实现规范管理，把所有权与经营权分开，充分让专业人士管理好报纸，因此对工作人员的要求更高。他们承担的责任更大更重。读者和员工在股票市场可以自由买卖股票，不仅在感情上认同传媒，而且能持有传媒的股票，积极参与到报纸的管理中。由此可见，全球化对传媒的长远发展很有好处，能对传媒产生相当大的促进和提高的作用。

此外，采用现代企业管理制度规范管理传媒，还有一个好处就是把民营企业转变成社会公共企业，这样就为海外华文报纸的生存与发展创造了许多有利的条件。在全球化时代，民族国家中的主流族群总是利用其掌握的庞大社会资源，对作为少数族群的华人进行某种程度的压制。一些政府也对海外华文报纸维护华人权益不满。在缺乏民主自由的环境中，华文报纸如果缺乏现代企业制度管理，很容易被当地政府关停，但是华文报纸上市后采用现代企业制度，从民营企业转变成社会公共企业，政府想打压它们就不得不顾及社会公共利益，顾及国际影响。从这个角度来说，海外华文报纸采用现代企业制度，不仅提升了管理水平，而且还寻求到一个保护自己的屏障。

二、实现规模效应

全球化将世界看成一个市场、一个车间、一个商场，跨国企业在世界各地设置工厂，进行分工，以降低成本、增加效益、减少风险，实现规模经济，于是我们可以看到一个跨国公司的产品零件分别由不同的国家制造。海外华文报纸为壮大实力，增加效益，实现滚动发展，扩展生存空间，也必须要积极参与全球化。

传媒行业是一个具有较高的资本门槛和规模效应的行业，从国内外经验来看，传媒发展已普遍趋向于大资本、大融合的跨传媒集团模式。现在跨国传媒集团都在千方百计地拓展自己的投资领域，希望从单一的传媒转向新的领域，以实现规模效应。从跨国传媒集团的业务结构来看，越来越多的跨国传媒集团将传媒运作的各个环节都纳入自己的版图，从而达到资源共享、发挥最大协同效应的目的，降低成本，获取更大的利润。

由此可见，规模效应最大的好处是，有效利用、分配集团资源，使传媒集团有更多空间大展拳脚，既获得更大的发展空间，也创造更多的利润。因此，为实现扩张和规模效应，跨国传媒集团不断通过兼并和收购的方法，把传媒集团做大，实现多渠道产品生产、流通、消费的目的。比如说，著名的美国新闻集团，控股电视、电影、书籍、杂志、网络以及报纸等多种产业，2013年一共拥有175种报纸、5家杂志和23家电台，电视网横跨世界，在西方国家中，它的触角几乎已经深入每一个普通人的生活中。新闻集团还拥有著名的电影公司——20世纪福克斯电影制作公司，既可以通过制作电影赚取丰厚利润，同时还可为集团下面的电视频道提供源源不断的节目。由于经营得当，规模效应明显，新闻集团的市场价值高达400多亿美元，年收入100多亿美元，净利润5亿美元。

与新闻集团相比，海外华文报纸面对的现实情况是，有机化程度很低，各种媒体间的相互依赖程度较低，而且产品单一，几乎没有一家华文传媒实现多种媒体的规模生产，绝大部分局限于报纸和网络。许多华文报纸不仅规模小，而且缺乏专业人才，发行量和覆盖面都非常有限，生存都成问题，需要海外华人和团体的捐款，才能勉强维持。这样的格局显然无法实现工业化生产、降低成本、创造规模经济的目的，当然不利于传媒的滚动发展。单一产品，并依靠单一广告来维持报业运作和赢利的传媒产业格局，已经局限了传媒集约性和规模化的发展，亟待进行变革，才能开拓新的发展空间，实现规模效应。从这点来说，海外华文报纸积极参与全球化，才能实现滚动发展的目标。

在西方，传媒产品商品化的目的十分明确，那就是占有市场，获得尽可能多的利润，实现资本增值。对此，美国学者麦克切斯尼（Robert W. McChesney）一针见血地指出："在很大程度上，全球媒体网的特征是它以广告业作为财务支持以及彻底的商业化。"① 作为进入市场的海外华文报纸来说，它们也同样要面对商业化、规模化的问题。

综观国际知名的跨国传媒，无一不是规模化的业务结构，其触角大多涉及影视制作、音乐娱乐、有线网络传播、互联网、出版等多个领域，由此实现产品的多渠道销售，降低风险，减少成本，获取更大的利润。借鉴西方跨国传媒的成功经验，随着海外华文报纸的不断发展，以规模效应为目标，将是海外华文报纸发展过程中的基本模式。也唯有如此，才能实现全球资源配置的规模效应，也才能实现海外华文报纸做大做强的目的。

---

① （美）爱德华·赫尔曼、罗伯特·麦克切斯尼等：《全球媒体：全球资本主义的新传教士》，甄春亮译，天津人民出版社2001年版，第129页。

三、改善经营管理

全球化的挑战,对改善企业的经营管理有相当大的好处。作为商业机构,海外华文报纸朝全球化方向发展,同样会因此提升经营管理水平。搞好经营管理,是一份商业报纸的中心工作。不然的话,海外华文报纸即使再怎么强调以文化办报为理念,为华社维护权益,也会因为缺乏良好的经营管理,缺乏滚动资金而致生存都成问题,这些良好愿望也终归是奢谈。

良好的管理创造效益。全球化对公司、企业提出了严格的管理要求,对于传媒来说,这种管理要求具体体现在传媒的各个领域,如采编、成本、资源等。管理不当,就会出现决策失误,再有实力的传媒也会面临严重的经济危机,甚至不得不进行机构重组。管理得当,工作效率就会提高,媒体集团内部各项工作的开展就能有条不紊、卓有成效地进行,失误不容易出现,内耗也会减少。好的经营管理,可以形成先进的生产方式,生产力随之提高。否则,管理混乱,事故频繁,责任不清,人员积极性受到挫伤,工作效率低下,集团整体效益自然就会受到严重影响。以管理促效益,是经营管理工作的难点,也是促进传媒长远发展的重要手段。比如说,《星洲日报》于1998—1999年开展节约活动。"节约运动开展7个月后,电话费和电费均逐步减少,特别是电话总机,由1998年9月的32000令吉(1令吉相当于2.1元人民币)减至1999年3月的12000令吉。总电话费(包括直接线和电传线)也从9月的48000令吉跌到1999年3月的21000令吉。每日平均用电开销也从1997年9月的4400令吉逐渐减少到1999年3月的3100令吉。"① 节约的效益相当可观。

经济全球化也对资本管理和增值提出了更高的要求。众所周知,资本主要包括资金、技术、设备、品牌、人才等。它具有配置劳动资源、消费资源、生产资源的功能,是产业发展的一个必不可少的重要条件。报业作为一种高投入、高回报的产业,良好的经营管理是其发展必不可少的手段。也正是良好的经营管理,才有可能使企业积累庞大的资本,进而实现规模经营的目标。因此,改善经营管理,不仅指的是企业需要规范化运作,而且还包括了企业各个组成部分的有效管理。以华文报纸上市来说,这种符合现代企业制度管理模式的市场行为,可为传媒带来很多好处,如能够激活华文报业集团的无形资产和

---

① 上述数据是笔者于2006年7月通过采访《星洲日报》财务部有关人员得来的。

其他固定资产，在短期内筹集到发展所需的大量资金，同时，上市反过来又对华文报纸提出了全新的市场运作模式和管理机制，对媒介的经营和管理带来全新的挑战与机遇。

良好的经营管理是传媒进一步发展的基础。全球化已为海外华文报纸改善经营管理提供了良好的条件。如果海外华文报纸能够以全球化的视野，按照全球化对传媒管理的标准，规范传媒的运作，在经营管理思想上实现突破，则不仅可为海外华文报纸的全球化创造更宽广的空间，开拓更多的财源，促进自身的发展，而且还可以帮助它实现传媒集团化、规模化、产业化的目标。

第四节　提升报纸本土化层次的主要目的

海外华文报纸全球化的同时，也要注重本土化。对于传媒来说，全球化与本土化是一棵树的根和枝叶的关系。根部粗大，就会为枝叶提供更多的养分和水分，而枝叶茂盛，大量进行光合作用，又会促进根部的生长。华文报纸全球化程度很高，实现资本、人才、内容的全球化，既壮大了本身，也为本土化提供了更多的力量和条件。

一、高效配置资源

枝叶繁盛，不断吸收阳光和二氧化碳并进行光合作用，就会促进根部的生长，使其深入土地的不同区域寻找各种养分。没有根，就不会有枝叶。同样的道理，海外华文报纸通过全球化筹集资金，向外拓展，同时反过来提升本土化的层次，实现资源的有效配置。

全球化是生产力发展的内在要求，技术进步与经济发展水平的提高客观上要求分工的深化与市场规模的扩张，这一要求推动着生产从区域向国际分工发展，销售也从国内市场向全球市场扩张。公司在追逐规模效益与分工效益的过程中，通过投资活动，形成了在全球配置资源、跨国协调其生产与经营活动的格局，推动产业内贸易、公司内贸易的高速发展，为国际资本流动带来了机会。全球化市场对技术的回报和推动，带来生产经营效率的提高，带来资源的合理配置。

对于海外华文报纸来说，其全球化反过来也促进了海外华文报纸分工和资源的有效配置。只有最大限度地利用全球化机会，才能实现其跨地域、低成本、个性化产品与服务、即时高效、全球配置人力与物力等自身发展。

全球化使全球资源得到重新配置，也对分工提出了更高要求，迫使海外华文报纸在全球化的过程中，要实现跨国管理，跨地区经营和生产，不断提高本土化的层次与水平。比如说，台湾联合报系刚刚在美国创办《世界日报》时，由于资金和传播网络的欠缺，只能面向台湾移民，但是随着资金的不断充裕，传播网络不断完善，该报不断开拓市场，在美国各地开设分版，扩充版面，增加内容，提高印刷质量，使本土化的层次和水平得到显著提高；不仅如此，该报相当重视海峡两岸的新闻，兼顾报道其他国家华人的新闻，报道的面和量都得到增加。由此可见，全球化促进了本土化层次和水平的提升，本土化反过来又促进全球化。台湾联合报系利用全球精干的采编队伍，以及在世界各地的通讯员和特派记者，建立了跨越世界的网络，获得了多元化的信息和区域性的内容，并把这些内容提供给《世界日报》，不仅满足了《世界日报》对本土信息的需求，而且也满足了它对世界华社以及其他重大事件的信息要求。在今后的全球化趋势下，海外华文报纸有可能走上分拆非核心业务，分包给其他承包商的道路，以降低成本、提高内容和版面质量。比如说，它们可以利用中国比较低廉的人力、财力，把副刊承包给一些文化公司，工作完成后通过网络把版面传回总部。

在全球化时代，海外华文报纸的资源配置充分利用各区域的不同优势，提出全球化的经营管理理念，既保证版面质量，同时降低成本，实现资源的高效配置。也因此，本土的优势，往往能够得到充分利用，人才、资本可以得到自由流动，也推动了本土报业的发展。

全球化的同时注重本土化，才能形成完善的资源配置体系，实现企业战略目标，达到对海外华文报纸核心资源的全球化的最优配置，促进本土报纸的内容生产、销售与服务水平的提高。全球化打破了地域限制，能够根据不同的区域优势和资源配置优势，构建不同的海外华文报纸核心竞争优势。报纸的布局不再限于总部所在地，而在于怎样合理地调配全球资源，怎样寻求企业更加高效地运作，从而能够跨区域、跨国界地进行布局。比如说，台湾联合报系的总部在台湾，但是它在加拿大、美国、泰国都有子报：《欧洲日报》和《世界日报》。管理这样一个庞大的报业集团，就要充分发挥子报的积极性和主动性，要对当地的报业资源进行有效配置，信息资源共享，才能达到有效管理和提高效率的目的。

　　全球化并不意味着本土化色彩的淡化，相反它更加注重本土化，实现资源的有效配置。对于区域性特点很强的海外华文报纸来说，其全球化是传播和管理的全球化，但是在内容的报道方面，还是要注重当地新闻的报道，因为它是当地读者最关心的内容，是吸引读者最有力的手段。因此，一份有雄厚实力的海外华文报纸如果想到一个新的地方创办新的华文报纸或者分版，就要充分实现资源的有效配置。比如，招聘当地的员工，组织当地的版面内容。《星洲日报》到柬埔寨办报，为使报纸更加贴近读者，就要招聘当地的华文记者，采编当地新闻，在当地印刷发行报纸，而不能从马来西亚派记者到柬埔寨采写新闻，然后发回到总部，排好版，印好报纸，再空运到柬埔寨。这样既不符合报纸本土化的要求，也不符合降低发行成本的要求。因此，《星洲日报》只能采取当地采访、当地印刷、跨国管理的方式经营《柬埔寨星洲日报》。

二、更好地服务本土受众

　　当海外华文报纸全球化程度很高、资金充裕、信息丰富，也可以实现为本土读者提供更好服务的目标。然而，目前海外华文报纸过多、全球化程度不高，不仅影响其后续发展，而且还影响了它们为本土读者的服务。时任《欧洲时报》总编辑梁源法认为："网络通信的发达，为海外众多华文报纸的生存与发展提供了重要的保证。但是，众多的华文报纸也存在着激烈的竞争问题。争发行量、争广告的现象不可避免。更主要的是，如果一份报纸的主要内容大多是从网上下载的话，难免会出现'多报一面'的现象。在一个国家里，如果同时有几份华文报纸的话，完全一样的新闻和文章出现时时'撞车'的现象也屡见不鲜。海外办华文报纸，限于人力财力，一般很难做到篇篇文章都是原创或进行改写、改编。人们戏言的'天下文章一大抄'现象在海外华文报纸中时有存在，也就不足为怪了。"① 缺乏资本和人才的支持，海外华文报纸就很难为当地的读者提供更好的服务。

　　如果海外华文报纸不仅实现传播全球化，而且实现传媒实体全球化，反过

---

　　① 梁源法：《欧洲华文报刊合作的新尝试》，2007年8月21日，www.chinanews.com.cn/hr/kong/news/2007/08-21/1007018.shtml。

来也会促进海外华文报纸本土化，提高为当地读者的服务质量。比如，《欧洲联合周报》受到欧洲各国华人的欢迎，报纸销量不断攀升，主要原因在于，"报纸强调贴近社会，贴近生活，贴近华侨华人；强调原创和深度报道；强调知识性、趣味性和实用性"①。该报在法国取得初步成功后，为了更贴近当地华侨华人的生活，反映他们的心声，寻求与欧洲各个国家的当地华文报纸合作，推出《欧洲联合周报》的当地版。

"到2006年年底，《欧洲联合周报》先后与奥地利的《欧华侨报》合作，在奥地利推出了《欧洲联合周报》奥地利版；与匈牙利的《布达佩斯周报》合作，在匈牙利推出了《欧洲联合周报》匈牙利版；与希腊的《中希时报》合作，在希腊推出了《欧洲联合周报》希腊版；与德国的《新天地》合作，在德国推出了《欧洲联合周报》德国版；与葡萄牙的《葡华报》合作，在葡萄牙推出了《欧洲联合周报》葡萄牙版。《欧洲联合周报》的地方版，贴近当地华人读者的需要，在共同的版面之外，着力打造当地读者需要的有关当地法律知识、移民政策和侨社消息的版面，得到了当地读者的肯定和欢迎。另一方面，兄弟报之间建立网络平台，又可互通各国侨社之间的活动信息，达到了资源共享、讯息互通的目的。"②

许多海外华文报纸在朝全球化发展过程中受到许多当地华人的质疑。比如，马来西亚星洲媒体集团、南洋报业集团、香港明报集团三家合并为世界华文媒体集团，组建跨国、跨媒体的传媒集团，在马来西亚华社当中引起许多质疑的声音。华人普遍忧虑三家集团合并之后，马来西亚华人声音是否还能像合并前得到充分反映；集团会不会抛弃读者；合并后的传媒集团是否会受到商业因素和政治因素的影响，无法全面、公正、强有力地维护华人权益。

鉴于马来西亚华人的种种疑虑，以及华人所形成的抵制态度，星洲媒体集团负责人不断向外界澄清各种谣传，表示本土化仍然是其立足的根本。事实上，马来西亚还有其他的华文报纸，如《光华日报》《东方日报》《诗华日报》《国际日报》等，网络、手机等新的传播工具也非常发达，如果《星洲日报》偏离本土化道路，违背读者意愿，与华人利益背道而驰，在短时间内垮掉是很容易的事情。因此，从这个事例中我们看到，海外华文报纸的全球化不应忽视

---

① 梁源法：《欧洲华文报刊合作的新尝试》，2007年8月21日，www.chinanews.com.cn/hr/kong/news/2007/08-21/1007018.shtml。

② 梁源法：《欧洲华文报刊合作的新尝试》，2007年8月21日，www.chinanews.com.cn/hr/kong/news/2007/08-21/1007018.shtml。

本土化。如果全球化是海外华文报纸扩大实力、形成产业规模、增强国际话语权、传播中华文化的重要手段,那么本土化既是海外华文生存与发展的基础也是全球化的基础。两者是相互影响、相互补充的关系,就像一棵树的根和枝叶的关系。建立在本土化战略的基础上,海外华文报纸才能站得稳、看得远,才能实现滚动发展,为全球化积聚力量。

三、促进本土报纸的发展

全球化为海外华文报纸提供了机会,而且全球化的趋势也逼着它们扩充发展。全球化促进了全球的进一步分工,资源也可以得到有效配置,资本和人员也得到了自由流动,也推动了海外华文报纸的发展。对于海外华文报纸来说,参与全球化,不仅可以在全球化的市场中获得资金,而且还可以借此扩充它们的实力,扩大版图。时任《欧洲时报》总编辑梁源法认为,"目前海外华文报纸面临最大的问题就是资金和人才的问题"[①],"除《欧洲时报》等少数发达国家的华文媒体能够靠报纸赢利,多数华文媒体,特别是一些东欧国家的媒体,都非单纯办报,而是在办报的同时经营一些实体,如广告公司、旅游公司和一些服务性质的公司,以实体养报"[②]。要解决资金和人才缺乏的问题,除了依赖报纸的自我积累外,一些有规模的海外华文报纸要积极参与全球化,从全球获取资金,聘请高水平人才。

比如,《星洲日报》积极面对全球化挑战。它利用雄厚的资本在柬埔寨和印度尼西亚相继创办收购报纸,并把《柬埔寨星洲日报》和《印度尼西亚星洲日报》本土化,与当地的财团合作,聘请当地的记者,报道当地的新闻,翻译当地政府的新闻,反映当地的文化,短短几年时间,就打开了局面,不仅扩大了版图,而且扩大了《星洲日报》的影响,增加了它的无形资产。实际上,《星洲日报》走向全球,在某种程度上已经反映了它在本土化方面所做的努力。它走的是一条"本土化—全球化—本土化"的道路,这与跨国传媒集团的全球化与本土化的道路是一样的。因为经济状况良好,员工待遇较高,该报每年向外招收员工时,均受到欢迎。比如,2015年4月14日,该报刊登广

---

① 梁源法:《欧洲华文报刊合作的新尝试》,中新社,2007年8月21日,www.chinanews.com.cn/hr/kong/news/2007/08-21/1007018.shtml。

② 《欧洲华文媒体探寻突破之路》,新华社,2006年8月29日,http://news.xinhuanet.com/overseas/2006-08/29/content_5022178.htm。

告,拟招聘 20 名员工,结果有近百名大专院校毕业生应征职位。

《星洲日报》在马来西亚股票市场上市后,获得了大量发展资金,从而有条件向世界各地扩展空间。该报所在的集团——星洲媒体集团与南洋报业集团、香港明报集团合并后,对马来西亚的报业充满期待,希望借上市机会做大做强马来西亚报业。马来西亚马华公会(华人政党)总秘书黄家泉说:"若合并可促使本地媒体更具竞争力,并且能把报业办得更专业,这就是好事情。"① 星洲媒体集团时任董事经理的刘鉴铨于 2007 年 2 月 5 日接受马来西亚严肃性政经杂志《亚洲眼》记者专访时也说,合并后,可以激发三方的合作能量,发挥协同效益,并通过整合资源去发展其他媒体平台。他表示:"除了在马来西亚的 4 家报纸,《明报》已在(中国)香港、中国大陆、加拿大、美国立足。《星洲日报》也在印度尼西亚和柬埔寨出版。未来我们肯定有计划扩展我们的版图。"②

随着全球化不断深化,要在未来的传媒竞争舞台上取得成功,取决于两个重要条件:第一,有没有相应独立的经营空间;第二,有没有进入传媒业的战略资源位置,换句话说,在传媒竞争中有没有占据有利的位置。复旦大学新闻学院李良荣认为,在全球化的时代中,新一轮媒体资本的扩张,有助于其扩充实力,拓展版图。他说:"未来 10 年内,世界上将只剩下少数几十个大型传媒集团,统治着全球的传媒版图。"③ 他同时认为:"过去的媒体并购着重于加强自身实力、进行范围上的扩张,而如今则是偏向于资源的多重整合,通过进一步打通上下游、组建更为畅通的产业链,形成更为核心的竞争力。"④ 如果说本土化是海外华文报纸的生存土壤,那么全球化是海外华文报纸筹集资金,扩充实力,拓展版图,增强其竞争力的重要手段,关系到它们的生存与长远发展。

---

① 黄家泉:《面对世界挑战,合并提升竞争力》,载《中国报》2007 年 1 月 30 日。
② 刘鉴铨:《整合资源共享平台 三集团合并发挥协同效益》,载《星洲日报》2007 年 2 月 6 日。
③ 叶馥佳:《资本俘获独立 默多克 56 亿美元得手道琼斯》,载《东方早报》2007 年 8 月 2 日。
④ 叶馥佳:《资本俘获独立 默多克 56 亿美元得手道琼斯》,载《东方早报》2007 年 8 月 2 日。

第五节 全球化的困难、机遇与策略

借鉴西方传媒全球化的经验，我们不难发现海外华文报纸要实现全球化，需要雄厚资本、全球传播网络、全球化的经营方式，然而，通过前面几章的论述，我们深深地感到海外华文报纸离全球化的要求差距很大。当前，随着越来越多的留学生到海外留学，以及越来越多的中国公民移民海外、经商，海外华文报纸发展相当迅速。在非洲，东非、西非都新创办了一些华文报纸，南非的华文报纸形势也不错。在其他洲，也出现类似非洲的情况，特别是一些经济比较发达的国家，移民和经商的华人数量呈现显著增长，华文报纸也随之繁荣起来。比如，在欧洲、澳洲、北美洲，随着华人数量的增长以及实力的增强，华文报纸不断涌现，呈现出相当繁荣的景象。在一些经济比较发达、人数比较多、民主氛围又比较浓厚的国家，华文报纸得到了长足的发展。大量华人移居海外，世界又兴起华文热，这些因素使我们看到海外华文报纸的机遇。如果我们采取适当的策略，推动它们的发展，海外华文报纸就有可能在全球化进程中走得更快、更远。

一、全球化面对的困难

大量华人移民为海外华文报纸的全球化提供了受众基础，但是他们的后代比较容易受当地主流文化的影响，甚至被同化，因此，海外华文报纸的长远发展面临很大的危机。此外，报业环境、新媒体均对它们产生了严峻冲击。当前海外华文报纸面临如此的困难，主要是因为它对于一个以非华语为国家语言的国家来说，是异文化，是外来媒体。当地政府虽然不反对华人创办华文报纸，但是也没有给予特别的优惠政策，一些国家对海外华文报纸的政治和文化倾向持有疑虑，为此还采取种种措施限制它们的创办和发行，这就使华文报纸除了面对受众小、资金欠缺、广告少的困难外，还要面对当地政府的文化政治制度的影响。所以，面对各种不利因素，华文报纸的发展显得步履维艰。

1. 扩大受众群受制于华文教育

随着中国迅速发展，世界兴起"华文热"，再加上大量中国人移民到世界各地，在某种程度上，海外华文报纸的受众群似乎有扩大的迹象，然而，我们对形势抱谨慎乐观态度的同时，不得不看到受众减少的问题。

受众减少主要有两种情况。一是华人数量增加，但是懂华语的华人减少，这样就会影响华文报纸的生存基础。另一种情况是，华人数量减少，懂华语的华人也减少，这种情况就更加严重了。如果得不到补充，那么当老一代读者离世之后，新一代的华人又不懂华文，华文报纸便缺乏生存的基础了。所以，发展华文报纸，除了要加强经营管理和创新外，也要加紧培育新一代的华人读者。

在东南亚，华人占当地人口的比例越来越少，随着时间的推移，有朝一日就会被当地主流族群所彻底同化。华人人口减少，会导致华人读者减少，随之而来的是报纸的销量减少，华文报纸传播的功能和影响力就会降低，报纸不可避免地进入恶性循环，最后也就只能停办，华文报纸从此消亡。

由于要融入当地主流社会，越来越多的华人新生代不懂华语。例如，越来越多在美国出生的华人，不会看中文，完全是一副"黄香蕉"的面孔。同化已经成为华文报纸最大的威胁。这种威胁来自四个方面。第一，许多国家对入籍当地国的华人进行当地语言教育，甚至不允许华人开办华文教育，就迫使华人小孩学习当地语言，这样华人新生代们就少了许多学习华文的时间和机会。一些小孩只能在家里或者参加社会上的华语培训班，才能得到锻炼华语的机会，但华文教育显然不系统。第二，华人要融入主流社会，也不得不接受当地文化教育，到了第二代、第三代，这些华人的后代就不懂华文了。第三，相比以字母构成的语言，华文确实比较难学。华语是以象形、会意、方块字等形式出现，要学好华文，就要了解中国悠久的历史文化，而这对于生活在其他国家的华人来说，缺乏学习环境，学好华文难度大。所以，许多华人小孩都有畏难情绪，宁可选择其他语言，而不愿意学习华语。第四，由于世界上许多国家都曾受过英国殖民统治，而且英语也成为世界上通行语言，所以，在一些国际上经济发达、官方语言为英语的国家，华人为了找到更好的工作岗位，不得不花更多的时间学习英语，从而逐渐荒废了华语学习，这是现实原因造成的。

比如新加坡，由于长期受英国殖民统治，英语已成为新加坡社会最重要的工作语言，再加上新加坡推行高度外向型自由经济战略，推行经济的高度开放性和与世界各国联系的政策，侧重于英语教育，因此许多华文学校的学生毕业之后，往往很难找到工作，迫使华人家庭让小孩学习英语。"据调查，华族学生在家里讲英语12年内的人数增长了12倍，从1980年的9%迅速增加到1992

年的31%。《海峡时报》在一篇报道中引述一个调查报告时指出,新加坡受英语教育年龄在25岁以下的华族年轻人,有11%至17%只阅读华文报,而有80%的学生没有阅读华文报。"① 这种社会英语化的趋势在今天越来越明显。在美国,如果说第一代华人是忠诚的华文报纸的读者,第二代就是"黄香蕉",受到完全同化的比例很高。华文报纸的读者群往往要依靠新移民来支撑,因此始终无法扩大读者群。

在海外许多国家,只有马来西亚才保持了完整和系统的华文教育,而且人数又多,因此华文报纸不但没有萎缩,反而得到了迅速发展。其他国家的华文教育逐渐衰落,当地政府又限制华人移民,就直接造成华文报纸面临生存危机。

虽然随着中国迅速发展,许多国家的海外华文教育重新起步,许多华人和当地主流族群人士把孩子送到华校学习华语,懂华文的人数确实有所上升,对海外华文报纸的发展也起到一定的促进作用,然而,这些学习华文的孩子,大多数是为了寻找一份好工作。他们有可能购买海外华文报纸或者收听、收看华文广播和电视,但并不是海外华文报纸忠诚和固定的受众群。缺乏忠诚和固定的受众群,海外华文报纸就无法建立根据地,获得长远的发展,因此,我们在看到海外华文报纸发展很快的现实的同时,也应看到海外华文报纸由于缺乏忠诚和固定的受众群而无法获得长远发展的动力。

如何增加懂华语和阅读华文报纸的读者,笔者认为,一方面要依靠中国经济的迅速发展,使华文在世界产生更大的影响,以促使更多的华人自愿和自觉学习华文;从目前世界上的"华文热"来看,随着中国经济的迅猛发展,华文在世界上的地位确实有很大的提高。另一方面华文报纸和华人社会要尽力在当地开办华文教育,不仅维系华人的族群感,而且也为华文报纸培养受众。双管齐下,华文报纸的生存与发展才有保障。

2. 改善报业环境受囿于四大因素

目前,海外华文报纸一般采取四种经营模式。一是免费赠报,以广告养报;二是有偿卖报,以广告养报;三是企业养报,企业拿出一部分资金支持报纸;四是华人企业、社团、个人捐资维持。这四种模式当中,前两种是比较符合传媒业的市场发展规律的,也是传媒发展的正确轨道。

在华人比较多,经济比较发达的国家,采取四种经营管理的模式运营海外

---

① 吴庆棠:《新加坡华文报业与中国》,上海社会科学院出版社1997年版,第255页。

华文报纸的情况都有，但是相对而言，前两种经营模式比较多。而在华人比较少、经济欠发达的国家，则主要采取第三、第四种模式。传媒只能作为企业的附属品，或是只能靠华人、社团的捐赠来维持日常的运作。很显然，前两种能够促进华文媒体的健康发展，而后两种则使华文媒体的运作欠缺市场特点。资本是传媒运作的保障，缺乏资金，传媒就谈不上发展，因为传媒业也是一种产业，要靠大量资本的投入，而且产品生产、流通和消费只能形成一个健康、周期性的循环，才能使资本的投入有产出。然而，在大多数华文媒体中，只有投入，没有产出，这就会影响投资人的投资信心。无利可图，自然会使许多投资人望而却步，所以，当前包括美国在内的海外华文报纸都面临着过度竞争、资金短缺、人才欠缺、新媒体冲击四个因素的影响。

（1）过度竞争。从海外华文报纸的现状来看，它们明显呈现过度竞争的问题。在俄罗斯，约有10家华文报刊。俄罗斯华人总人口据说最多50万，这样算起来，报刊受众群相对可观，但是在一些华人人数相当少的国家，如匈牙利、罗马尼亚等国家，平均只有15人看一份报纸，显然这种阅读人数比率很难推动报业健康发展。

国内的研究者常常在研究中走入一个误区，在谈论海外华文报纸时，总是援引总数，但是却没有看到过多的海外华文报纸会影响传媒的生存与发展，造成它们缺乏必要的发展资金，因此无法做大做强。

我们仔细研究华文报纸的创办地和发行范围，不难发现，在华人聚集的地方常常有数份，甚至数十份华文报纸挤在那里办。比如说，泰国的6家华文报纸就在曼谷一地印刷发行，而曼谷华文报纸市场再大，也很难一下子挤进这么多的报纸。所以，泰国华文报普遍存在着赢利不多，苦苦支撑的问题。2013年《新中原报》社长兼执行总编辑林宏在接受中新社记者采访时说，目前泰国6家华文报中规模最大的是《世界日报》，设备与人才都较充足，报纸销量约为1万份，其读者群主要为在泰国经商的13万台湾商人及其家属，所以，该报经营状况较好。然而，除了《世界日报》外，其余报纸却处于维持阶段，谈不上赢利。比如说，像《新中原报》这样历史悠久的华文报，只能尽力实现财政平衡，达不到赢利的目标，更谈不上滚动发展。

在欧洲，华人在分布上呈现"大分散、小聚集"的格局，读者分散，且由于读者来自中国大陆、香港、台湾，以及东南亚地区华人的再移民，各自的文化背景有差异，读者的口味不一样，华文报纸竞争激烈，定位困难，发行成本高，广告收入少，直接影响到资金的积累和报社的滚动发展。所以，欧洲的华文报纸面临资金严重短缺的问题。

在加拿大和美国,华人众多,经济也比较发达,但是华文报纸也多。许多曾经在国内报社工作过的华人到了加拿大后,没有找到更好的工作,只好重操旧业,办起华文报纸谋生。所以,面向华人社区发行的华文报纸相当多。虽然这些华文报纸发行只有数千份,但是由于加拿大、美国经济比较发达,华人经济也较有实力,所以维持不成问题,但是要谈滚动发展,却是一件相当难的事情。

所以,华文报纸数量多并不总是一件好事,还要看该华文报纸的影响力、竞争力、收入以及发展的动力。我们不能因为海外华文报纸的数量有增长便沾沾自喜,也不能因为数量减少而感到悲观,而是要深入分析华文报纸的受众群是否增加或者减少,是否做到了滚动发展,影响力是否得到增强等。总体上说,华文报纸的良性发展必须建立在良好的经营管理上。然而,许多华文报纸都存在管理不善的问题。

(2) 经营管理欠佳。良好的经营管理是报纸良性发展的重要基础,而广告则是维持报纸运转的血液。报纸的经营管理必须创新,才能发展,才能吸引广告。早期的报纸大多是基于商业的考虑兴办起来的。比如说,《南洋商报》是由陈嘉庚创办起来的,它主要的目的就是为商业服务。《星洲日报》是由"万金油大王"胡文虎创办起来的,当时也是为了促销"虎标"万金油。他多次在报纸刊登广告,感觉到花了很多钱,于是萌发了自己创办报纸,推销万金油的想法。他说:"与其花钱登广告,为何自己不办报?"他在刚创刊的《星洲日报》打出"最畅销的药品,必定是千千万万人最常见的药"的广告语,成为广告历史上经典的广告语。

胡文虎通过创办《星洲日报》既推销了万金油以及其他系列的产品,又吸引其他的华人到《星洲日报》刊登广告,从中获得许多收益。他发现,办报不仅能够帮助销售自己产品,还可以当作一项产业获得商业利润,于是不断在其他华人聚集的地方创办报纸,如1935年在新加坡创办《星中日报》,1939年在马来西亚创办《星槟日报》,1950年在泰国创办《星暹日报》等,后在厦门创办《星光日报》,在汕头创办《星华日报》,在香港创办《星岛日报》,逐渐形成了星系报业。但由于管理不善,胡文虎创下的星系报业基本都已转手他人,1999年3月,香港星系报业星岛报业集团因为胡文虎女儿胡仙投资房地产失败而转手他人,且虎豹别墅也出售给他人。

由此可见,创办和维持一份报纸需要庞大的财政支持和良好的经营管理。

如果创刊时没有雄厚实力做基础，创刊后缺乏良好的经营管理，那么报纸很快就会陷入困境，面临停刊倒闭的危险。《南洋商报》1923年创刊，一直到1930年之前，陈嘉庚独力经营，虽然小有赢利，但是投入太大，以致20世纪30年代后期爆发全球性的经济危机，陷入经济困境的陈嘉庚感到负担沉重，不得不让其脱离企业。1933年，李光前等人重组《南洋商报》，才使之重新焕发生命力。

印度尼西亚《龙阳日报》停刊的事实也给我们诸多的教训。1998年苏哈托下台后，印度尼西亚华文报如雨后春笋般涌现出来，结果造成激烈竞争。泗水在近40年后出版的第一份华文报《龙阳日报》，于2001年9月15日停刊。《龙阳日报》的编辑主任林麟辉认为："该报发行量每日只有近2000份，之所以停刊主要是因为发行部掌握在不会讲华语的人手上，从没有认真做好发行和服务工作。"①

传媒核心竞争力包括内容、发行、广告三种开发和组织的能力。报业收入结构的选择和调整只有建立在内容价值提升的基础上才会有效；同样，只有恰当、理性的传媒收入结构模式才能使内容的价值得以展现，并最终实现传媒自身利益的最大化。然而，华文报纸并没有在这三者实现有效整合，要么内容不佳，要么发行不好，要么广告创收不力。由于缺乏三者的联动和有效整合，华文报纸不仅面对无法壮大的事实，而且面临停刊的危险。

在泰国、马来西亚、新加坡，华人一般都聚集在几个城市中，如泰国的曼谷，马来西亚的吉隆坡、槟城，则报纸的发行成本比较低，报业运转所需的资金比较少；而其他一些国家，由于华人相当分散，发行的成本很高，即使建立起发行网络，所耗的费用也相当高。因此，只能借助邮政部门发行，而这些邮政部门的效率又成问题，往往是今天的报纸通过邮政部门送到另一个比较远的地方，变成了前天的报纸，甚至一个星期前的报纸。比如说，在印度尼西亚，由于岛屿众多，传送困难，报纸缺乏时效性的问题非常严重。发行渠道不畅通，费用过高，成为限制华文报纸滚动发展的一大原因。虽然目前涌现了一批在世界具有影响力的媒体集团，但数量太少，而且经营额对比美国规模较大的媒介集团，收入也有显著距离，华文报纸发展仍然任重而道远。积累资金，扩大生产，整合资源，仍然是海外华文报纸在发展过程中最重要的任务。

---

① 李卓辉：《印度尼西亚华文报面对生存竞争：泗水〈龙阳日报〉停刊》，载《联合早报》2001年9月17日。

3. 专业人才欠缺

新闻时效欠缺，内容可读性不强，报道质量亟待提高，这是当前华文报纸普遍存在的问题。比如说，有些报纸无明确的主旨，缺乏个性和创新，相互模仿，甚至连报纸版面设计都大同小异；从网上下载的内容太多，报社采写的东西太少，优秀文章更少；编辑、排版和印刷质量参差不齐，整体水平亟待提升。这些问题从表面上看，好像是办报存在缺陷，但实质却是缺乏资金和人才。不少报纸的总编辑告诉笔者，华文报纸要想发展壮大，面临着三大问题：一是经费不足，二是采编人员专业素质较低，三是报道质量不高。

办报需要专业人才，但华文报纸往往受经费限制，无法以较高的薪酬雇到专业的新闻工作者。许多报纸都是一人身兼多职，既当记者，又当编辑，还要拉广告。许多采编人员根本没有受过新闻教育，也没有做过媒体工作。因此，报纸拼版、编辑、美工和印刷都相当粗糙。比如说，在欧洲，报业人才奇缺。一位荷兰华文报纸的主编，原来是学美术的，"单枪匹马"办了份双周刊的报纸，为了填满这十多个版面，不得不从互联网上下载很多"稿件"。报纸变成了"文摘报"。像这样的报纸，维持下去都很难，更不用说做深度报道了。泰国《新中原报》所有雇员中，能用华文写作的采编人员只占20%，而且年龄偏大，培养接班人成为该报社最紧迫的问题。

所以，华文报纸生存与发展面临一大问题，就是缺乏大量的新闻人才。新闻人才缺乏，严重制约了华文报纸发展。在海外，销量比较高、经营比较好的报纸，都聚集了大量优秀的新闻人才，而那些处境比较危急的报纸，其工作人员往往身兼两职，白天到公司上班，晚上到报社值班，甚至一些报社的工作人员纯粹是义务性质。事实上，现在一些东南亚华文报纸担任编辑的，都是那些50岁以上的老编辑。这种现象的产生，一是因为华文比较好的年轻华人嫌工资待遇低，无法养家糊口，不愿到报馆工作；二是因为老编辑不放心那些华文水平比较低的年轻人担任编辑。比如在印度尼西亚，由于1965年后华文教育被禁止开办，年龄低于40岁的华人基本上都不懂华文。可想而知，报纸如何招聘到优秀的华文人才？

《龙阳日报》和《新生日报》就是因为欠缺新闻人才，造成经营管理不善而被迫关门。"《龙阳日报》编辑、记者水平低下，是它停刊的又一因素。该报有十多位职员，大多没受过正规华文教育，更不用说编报的基本训练了。因此，报纸错字连篇。不少文章不合华文语法规范。以2000年2月5日试刊号为例。它的'致读者'不过寥寥数十字，却难以读懂：'虽然我们不同德民族,但是为密切我们的友好关系与加强团结,我们龙阳日报在你们面前到齐'。什么叫'不同德民族'?令人莫名其妙,'在你们面前到齐'读起来也很别扭。印度尼西亚文'Anak Pak Harto'应译为'哈托伯的儿子',该报却译为'总统爸爸的儿子',在同行中引为笑谈。"① 已退休的前华文报人李焕清指出,当局长期禁止华文教育后,造成印度尼西亚面临严重的华文人才断层问题,现已问世的华文报华文水平有待提高,有的文句完全不通或错别字一大堆,简直是"不堪入目"。正在出版或仍在筹备的华文报纸正在招兵买马。《印度尼西亚商报》编务负责人之一王维理说:"我们已登广告4次征聘精通中文与印度尼西亚文的翻译员,应征者40人,合格的只有4人。"②

办报水平不高是海外华文报业普遍存在的问题。"在美国,就编辑艺术和文字水平来说,美国华文报并不见得高明,至少,与中国大陆、香港和台湾还有一段距离,比东南亚国家也好不到哪里去。例如,2005年8月15日某报头版头条的大字标题:'勿忘过去爱和平创未来'。副题是:'中国及世界各地华人华侨纪念抗日战争胜利六十周年'。副题过得去,主题就不够活泼,一个句子中,有的是三字一个音节,有的是四个字一个音节,读起来不大流畅,也没有文采。这样的题目出现在头版头条的位置,就不大醒目,难以吸引读者。"③

记者、编辑水平不高的出现,有其客观原因,但有实力的大报也时不时出现令人遗憾的错误,如一份东南亚报纸竟把伊斯兰教说成东罗马帝国的国教。一些报纸对华文的使用也出现不少问题,如语病太多,令人读而生畏,特别是对其他语文的翻译,文法被外语"西化"的现象尤其严重,使一直接受华文教育的读者很难适应和接受。

目前,相比较而言,除了新、马、加、美、澳等国家的华文报纸水平较高外,其他国家的华文报纸的记者、编辑都存在水平有待提高的问题,如不抓紧解决这个问题,华文报纸的质量就会始终上不去,最终影响到华文报纸的生存与发展。

4. 新媒体强烈冲击

在新媒体的强劲挑战和网络传播强势介入的情况下,报纸的销量出现了下

---

① 黄昆章:《从〈龙阳日报〉的停刊看印度尼西亚华文报业的沧桑》,载《国际新闻界》2003年第3期。
② 《印度尼西亚对华人政策出现转机 多家华文报日前问世》,载《华声报》2000年2月18日。
③ 书欣:《一家之言:美国华文报之我见》,载菲律宾《世界日报》2005年8月25日。

滑的趋势,广告面临萎缩的危险。虽然它们下降的趋势还不是很明显,但是已经在传媒从业者心中产生了焦虑感和忧患感。

广告收入是传统媒体赖以运营的重要手段,也是它们的生命线。传统媒体的广告收入随着世界经济的增长可能还会有所增长,但是其增长速度不及新媒体,这从一个侧面反映了传统传媒产业不得不面临转型,寻找新的增长点的事实。

网民、网站数量迅速增加,功能不断完善,传播更加快捷和自由,因此大大拓展了网络发展的空间,也在社会舆论的形成和引导方面产生了重要作用,一旦网络以及其他新媒体确立了公信力和影响力,那么它的价值就会上升,就会得到商家的青睐,广告自然接踵而来。从受众的成长、成熟的过程来看,电视媒体用了80多年,而网络媒体只用了4～5年便达到了这个水平。媒体成长的背后就是注意力。强大的注意力就会直接带来经济效益和社会效益。对任何一个传播媒介来说,注意力资源是维系其生存、发展的生命线。诺贝尔经济学奖的获得者赫伯特·西蒙说:"随着信息的发展,有价值的不是信息,而是注意力。"① 因此信息只有在获得了注意力的状态下,才是真正具有价值的信息。在传统媒体中,电视的注意力是观众,而报纸等纸质媒体的注意力则是读者。网络以及其他新兴媒体的迅猛发展,已经在分流传统媒体广告,对传统媒体产业产生了冲击,也对传媒产业的发展产生了深远的影响。

如在马来西亚,由于受到多媒体超级走廊② "不审查制度"的保护,马来西亚最大的网站"当今大马",其内容不受印刷与出版法令管制,无须申请出版准证,因此新闻采编的空间与自主性相当大,而且也形成了强大的社会影响力。"当今大马"(Malaysiakini.com)不仅有英文网页,也有华文网页。每天的浏览次数在30万次以上。如果该网站实行收费制度,每人次收0.1令吉,一天便有3万令吉,一个月有90万令吉,一年就会有1080万令吉。这些数字反映网络充满了机遇和希望,也对传统媒体构成了严峻的挑战。

根据马来西亚通讯及多媒体委员会(Malaysian Communications and Multimedia Commission,简称 MCMC)所公布的统计资料,"从2000年至今,马来西亚网络用户人口每年不断地增长。2005年马来西亚网络服务使用者的覆盖

---

① 李乾文:《赫伯特·西蒙谈创业与创新》,博心志业网站,2005年3月7日,http://cyz2005.home.sunbo.net/show_hdr.php? xname=8JQ4S01&dname=QGGKS01&xpos=7。

② 多媒体超级走廊(Multimedia Super Corridor,简称 MSC)是马来西亚政府促进国家科技的发展计划。

面越来越广,约占总人口的14%,即350万人使用因特网,若以一项网络服务由2～3人使用推算,因联网使用人口已达1100万,约占马来西亚总人口比例的一半。"[1] 马来西亚通讯及多媒体委员会在2005年公布的《家庭因特网应用状况调查结果2005》报告显示,"马来西亚网络最大的使用群体年龄介于15～34岁,且该群体中的大多数用户的教育水平都在高中以上"[2]。在马来西亚,华人重视教育,教育程度普遍比马来人和印度人高,华人上网人数也比其他族群多,因此,从统计数字来看,网络的迅猛发展已经构成了对马来西亚华文报纸的冲击。

网络的自由性、互动性与跨媒体传播对单向线性传播产生重大冲击。网络传播受众的年轻化、高智商化,为网络传播带来了发展的动力,预示着网络传播美好的未来。新兴媒体不断涌现,如移动电视、4G手机等,对单一的传媒产业格局构成了新的挑战,并分流越来越大的广告份额。海外华文报业市场竞争已近白热化,在报业市场饱和的情况下,要想再提高市场的占有率就要付出极大的成本,事实上,即使付出极大的成本,也不太可能开拓新的市场和提高市场占有率,这样,报纸的发展就将面临困境,甚至不得不因为市场萎缩而面临停刊的危险。面对网络的强烈冲击,读者不断流失,造成越来越多的广告也不断流失。然而,报纸严重依赖广告,使报纸在经营管理上面临生存危机。报纸已经受到新媒体的冲击,一旦出现纸张价格上升、油价上涨等全球化经济波动,其就将面对越来越大的生存压力。由此可见,海外华文报纸不仅面对行业内的竞争,而且还面对新媒体的冲击,可谓腹背受敌,处境颇为艰难。

二、全球化机遇

随着中国经济迅速发展,社会全面进步,加上悠久的历史文化,现在世界兴起了一股学习华文的热潮。在世界兴起"华文热"的同时,许多不懂华文

---

[1] 马来西亚通讯与多媒体委员会:《家庭因特网应用状况调查结果2005》,《亚太区互联网研究联盟》(Asia Pacific Research Alliance),2006年10月5日,http://www.apira.org/html/report/report_12.htm. 转引自郭倚幸《马来西亚网络中文新闻媒体突破政府管制之研究》,暨南大学学士毕业论文,2006年。

[2] 马来西亚通讯与多媒体委员会:《家庭因特网应用状况调查结果2005》,《亚太区互联网研究联盟》(Asia Pacific Research Alliance),2006年10月5日,http://www.apira.org/html/report/report_12.htm. 转引自郭倚幸《马来西亚网络中文新闻媒体突破政府管制之研究》,暨南大学学士毕业论文,2006年。

的华人也重新加入学习华文的行列。学习华文的人数因此大增。时任中国新闻社总编辑郭招金说:"哪里的经济发展,社会稳定,国际地位不断上升,那里的语言和信息就成为人们竞相学习和了解的对象。中国发展了,人们也希望了解更多的关于中国的信息,因此新世纪的海外华文报纸步入持续稳定发展的黄金时代。"① 持续的华文热,为海外华文报纸的生存与发展提供了条件。据统计,随着海外华文报纸数量不断增加,受众群也在有所扩大。

1. 大量华人移居海外

随着大量留学生、经商人士、移民赴海外学习和定居,海外华文报纸面临良好的发展机遇。比如说,俄罗斯和其他独联体各成员国,长期以来都是中国留学生留学的重地,过去10年,留学俄罗斯的中国学生数目增长近10倍。

在俄罗斯留学,不仅每年学费比欧美低5~10倍,而且回国的学生很多都能找到不错的工作。很多在俄经商的中国企业,也专向留学生招手。学成后能够找到比较好的工作,加上学费比较低,而且俄罗斯还可以成为到欧洲其他国家的跳板,自然使俄罗斯成为中国学生热衷的留学国家之一。此外,到俄罗斯经商的华人也大量增加,每年都有接近1万人以各种方式进入俄罗斯从事各种工作,比如经商、农业、工业等。大量留学生和移民进入俄罗斯,使俄罗斯华文报纸迅速发展起来,迄今约有10家华文报刊。

在美国,据该国土安全局2013年的统计数据,按照出生地来分,获得绿卡最多的移民来源国依次为:墨西哥135028人(13.6%)、中国大陆71798人(7.2%),印度68458人(6.9%),菲律宾54446人(5.5%)。从数据来看,获美国绿卡者中国大陆移民数量占第二。

根据中国教育部公布的数据,2013年中国出国留学总人数为41.39万人,留学回国人数达到35.35万人,逆差为6.04万人,从1978年到2013年年底,长期居留在海外的中国留学生超过100万人,这还不包括他们的家属。这么庞大的人口数量,由于生活在异国他乡,对故乡的思念,对母国的眷恋,或多或少都会使他们产生强烈的了解母国信息的渴望,这种母国文化情绪和传统的中国文化观念,很自然促进华文报纸的发展。

庞大的移民群和留学生人数,给华文报纸的发展带来了机会和希望。2005年8月14日,《远东经济评论》把华文报纸在全球的发展当作封面故事。文章

---

① 郭招金:《华文媒体将逐渐步入黄金时代》,2003年9月19日,http://www.qianlong.com/。

说，从纽约到马来西亚，寻找家乡新闻的华文读者群正在增加。美国政府人口普查的数据显示，到2014年，全美华人人口接近400万。据统计，有70%的华人在家讲中文。这么良好的语言和文化氛围，很有利于华文报纸的发展。事实上，美国华文报纸从20世纪90年代迅速发展，也是建立在这个基础上。

越来越多的中国人向外移民，并且仍然使用海外华文报纸，有理由让人们相信，随着海外留学生、移民的大量增加，海外华文报纸的前景也会越来越好。

2. "华文热"席卷全球

截至2014年3月，全球拥有超过1亿汉语学习者。除了孔子学院和华文学校，海外很多高等院校和中小学主动地将汉语纳入选修课程，以培养更多具有跨文化交际能力的人才。目前，有100多个国家的3000多所高校开设了汉语课程。其中，韩国学习汉语的人数100余万人，日本汉语学习人数约200万人，美国公立中小学学习汉语的学生超过50万人。汉语学习人口的迅速增加使汉语水平考试（HSK）近年来变得异常火热。"被称为中国托福的汉语水平考试（HSK）考生在2013年度达到37万人次，历年累计达188万人次。1990年汉语水平考试（HSK）在中国大陆正式实施，1991年海外首考。截至2013年年底，全球汉语考试考点超过800个，遍布108个国家和地区。"①（见表5-9）HSK被外国学生形象地称为"汉语托福"。中国高校的校园里，学习汉语的留学生已随处可见。

表5-9　汉语水平考试发展情况②

年　　度	汉语水平考试发展情况
2004年	参加汉语水平考试的人数10万人
2005年	参加汉语水平考试的人数达12万人
2013年	参加汉语水平考试的人数达37万人

在新加坡，面对华文商业价值大增的趋势，2013年11月23日，新加坡总理李显龙认为，华文华语在新加坡不会消失，并促请新加坡国人应在提升双语

---

① 国家汉办：《2013年汉语水平考试人数再创新高》，美和汉语网，2013年12月30日，http://www.mandarinhouse.com.cn/hsk/201312303783.html。
② 此表数据来自吴晶《中国"汉语水平考试"海外考生年增幅达40%》，新华网，2005年6月15日，http://news.xinhuanet.com/newscenter/2005-06/15/content_3088643.htm。

能力方面多加努力。李显龙一再强调中国经济崛起,将带动国内外公司机构对华语人才的需求,再三呼吁华社要协助政府推动华文学习,让华语成为新加坡人的生活用语。

2004年11月26日,为推动华文教育的复苏和发展,新加坡国会批准了教育部提交的华文教学改革白皮书。教育部部长尚达曼当天宣布,这项改革将在2008年全面执行,其中部分内容会在明年启动。官员称,此举目的是使新加坡这个以英语为日常语言的国家重回"华语世界"。为推广华语,新加坡政府每年都会举办一个月的"讲华语运动",以鼓励国民使用华语。

在马来西亚,除了华人学习华语外,其他族群也接受华文教育。2005年7月怡保市政厅为29名马来人和印度裔职员开办华语班。该市市长哈山·纳华威上大学时修读过华文基础课,至今仍情系华文。他先后把两名儿女送到华校读书。哈山市长说:"华文虽不易学,但在现今形势下,懂华文的人在就业或经商方面就占有优势。"① 在马六甲郊区的一所华小,学生来自华族、马来族、印度族和其他土著等近10个种族。2005年该校录取的55名一年级新生中,非华族学生占43名,华族学生仅12名。在华文小学中其他族群学生超过华族学生的现象,在马来西亚已经不是个别现象。截至2014年7月,华文小学学生约有8万人,其中12%是非华裔,共有9600名。为让大学生了解更多的中华文化,更好地掌握华语,马来西亚部分大专院校也开设中文系。最高学府马来亚大学中文系开设了中国古典文学、马来西亚华文文学、汉语语法、现代华文散文和戏剧等学科,并开办了学士、硕士和博士的课程。此外,博特拉大学、新纪元学院、南方学院和韩江学院等院校也开设了中文系。这些院校的中文系从事较高水平的华文教育与研究。

在柬埔寨,华语虽然不是其官方语言,但随着柬埔寨华人人口的日益增加和他们社会地位的不断提高,华文在当地也随之日益普及和受到重视。在柬埔寨各省、市、县建有华校60多所,在校学生达5万多名,教职员工1500多名。其中,著名的金边端华学校拥有学生1.5万名,教职员工近300名,规模和影响力在东南亚乃至海外各国首屈一指。柬埔寨华文教育已形成一套完整的教学和管理体系,包括统一学制、统一教材和统一师资调配等。在华文教育的支持下,柬埔寨的华文报纸也发展很快。《星洲日报》现在日发行量已经超过了3000多份,而且基本实现了收支平衡。

---

① 邱孝益:《世界汉语——马来西亚再掀华文热》,载香港《大公报》2005年7月18日。

此外，中国政府为推动世界各国人民对中华文化的了解，在世界各地组建了许多孔子学院，希望通过孔子学院，实现中华文化全球化的目标，让更多的人了解中华文化，改善对中国的印象，激发当地学习华文的热潮。虽然孔子学院在世界各国的开设存在许多不足。比如说，有学者批评，孔子学院是一个空壳，缺乏实质性的内容，也没有尽到推动文化交流的责任，但是孔子学院在海外的开设，毕竟迈出了中国向海外传播中华文化的步伐，对于推动当地的华文教育和中华文化有相当大的好处。

"中国热""华文热"激发了世界各国人们学习华文的热潮，虽然它们不能为华文报纸的发行带来直接、显在的提升，但是长远来说，却有助于华文报纸的生存，因为懂华语的人多了，其生存基础就会厚实。就像在新加坡，当越来越多的人重新拿起华文教材、学习华语，从华文报纸了解新闻，他们自然会促进《联合早报》在内的华文报纸销量的提升。在泰国，从2002年至2014年，华文报的销售份数每天维持在10万份左右。据泰国老报人《新中原报》社长兼执行总编辑林宏反映，销量增加的原因是由于泰国各学府学习华文的人数已增加至5万人，中泰经贸合作的增加提高了人们阅读华文报的兴趣，一些来自中国大陆和台湾的新移民提升了报纸的销量。

许多学习华文的学生，为了提高华文听、说、写水平，也会收听华文广播，收看华文电视，阅读华文报纸，显然有助华文传媒受众群的扩大。比如说，现在学华文的非华人越来越多，利用各种华文传媒学习华文的非华人也越来越多。美国华语电视在波士顿开播后，每天只在上午8：00—8：30播放半小时，居然有许多非华人观众收看。他们把这作为学习华文和了解中国的重要工具。从这个意义上说，我们可以推断，有许多"洋人"是潜在的华文传媒的受众。

中国是世界人口第一大国，是商界普遍看好的大市场。随着中国经济迅速发展，综合国力不断增强，对外经贸、科技、军事、文化交流日益扩大，全世界越来越多的有识之士认识到，中国具有无限潜力，将在下一世纪成为一个和平、繁荣、举足轻重的大国，与中国人打交道，不谙华语、不懂华文将产生诸多不便。因此，懂华文者成了跨国企业聘请员工的条件之一。比如说，韩国三星集团聘请员工的条件之一就是能够说一口流利的华语。

伴随各国对中国的投资热潮，华语成为一种商业语言，提高了语言的使用价值。此外，海外华人经济实力的增强、财力雄厚的华人企业家不断涌现、华人企业的集团化和国际化，也在更大范围内提升了华文的经济价值。随着世界经济重心向亚太地区转移，华语也将成为亚洲最重要的商业语言，在世界经贸来往中有更大的实际使用价值。从这点说，"华文热""中国热"，有助于海外华文报纸的发展。

三、全球化策略

海外华文报纸全球化策略可以借鉴西方跨国传媒的全球化经验：全球化经营，本土化内容，实现做大做强的目标。本土化是海外华文报纸增强贴近性、提高服务质量的主要举措，而全球化经营则可以按照现代企业制度对报纸进行规范管理，提高效率。

随着走出国门的中国人越来越多，海外的华文报纸也得以迅速发展起来。比如说，纽约市区的许多报摊都有各种华文报纸出售；在罗马尼亚首都布加勒斯特的中餐馆里，客人在等着上菜的同时，可以阅读当地出版的华文小报。然而，面对分散的华人，以及激烈的竞争，华文报纸普遍存在维持困难的问题。因此，集团化就成为改善华文报纸经营管理，增强实力的重要措施和方法。事实上，过度的竞争，对于一个还处于创办期、远未成熟的华文报纸来说，无疑是釜底抽薪、丧失滚动发展的机会。因此，华文报纸当务之急是要整合资源，增强实力，积累原始资本，才有可能增强传媒的竞争力，才有可能增强生存能力。此外，面对新媒体带来的机遇与挑战，华文报纸要向新媒体投放资源，以便在新一轮的传媒革命中获得新发展动力。

1. 整合传媒资源

西方媒体为何能够在全球化的过程中主导世界的舆论，其中一个很大的原因就是它们有雄厚的经济实力，有功能完善、遍布世界的传播网络。它们借助媒介实力，扮演了文化霸权的角色。反观海外华文报纸，弱而散的状况始终影响传媒的发展。整合海外华文报纸资源，壮大它们的实力，是摆在海外华文报纸业界不得不考虑的问题。北京大学教授程曼丽 2003 年接受《国际先驱导报》记者的采访时说："现在的华文媒体分布不是很合理，存在扎堆现象，比如俄罗斯有十几家华文报纸，全部集中在莫斯科。"[①] 由于市场空间狭小，因此竞争过度的现象比较严重，一些报纸不得不用"拆墙脚""几家斗一家"这样的恶性竞争手段来取得市场。这一方面不利于华文报纸进入主流社会，一方面也限

---

① 时捷：《全世界华文媒体，联合起来》，载《国际先驱导报》2003 年 9 月 27 日。

制了华文报纸通过整合资源以扩大规模，只能沦为传媒世界边缘的"游击队"。

根据笔者的统计，海外华文报纸布局不太合理，受华人数量和高度集中的影响，媒体聚集在一地的现象十分严重，如俄罗斯华人较为集中的城市有10多个，而十几家华文媒体却全部集中在莫斯科，其读者群覆盖了俄罗斯全境数十座城市和乌克兰及白俄罗斯等周边独联体国家。这在地域广阔的俄罗斯既降低了信息发布的时效性，又增加了发行成本。在日本，仅东京一地就聚集了20多家华文媒体。在北美等地区均程度不同地存在这种问题，形成多家报纸挤在狭小的空间里竞争的局面。在南非，大多数华文报纸在开普敦出版。在东南亚，情况也是如此。（见表5－10）

表5－10 东南亚七国华文报纸总部一览

地名		报纸名称
新加坡		《联合早报》《联合晚报》《新明日报》《星期五周刊》
马来西亚	吉隆坡	《星洲日报》《南洋商报》《中国报》《东方日报》
	槟城	《光明日报》《光华日报》
	沙巴	《华侨日报》《亚洲时报》《沙巴日报》
	砂劳越	《砂劳越晚报》《诗华日报》《国际时报》《美里日报》《中华日报》
印度尼西亚	雅加达	《印度尼西亚星洲日报》《国际日报》《印度尼西亚商报》《和平日报》
	泗水	《千岛日报》
菲律宾马尼拉		《世界日报》《商报》《菲华日报》《联合日报》《环球晚报》
泰国曼谷		《中华日报》《世界日报》《亚洲日报》《京华中原联合日报》《星暹日报》《曼谷时报》《新中原报》
柬埔寨金边		《华商日报》《柬华日报》《柬埔寨星洲日报》《高棉独立日报》《金边时报》《大众日报》《新时代报》
越南胡志明市		《解放日报》《越南经济新闻》

大部分的华文报纸在华人集中的地方创办，尤其是东南亚各国的首都，结果造成竞争相当激烈。一份新办的报纸倒闭了，过不了多久，又有一份报纸开办。泰国曼谷一地就聚集了6家报纸，几乎全国最有影响的华文报纸都集中在曼谷。华文报纸日发行总量大约10万份，但是全部由设在曼谷的6家报纸分享，平均每家发行1.6万份。由于读者群分散，影响力远远不及发行将近100

万份的《泰叻报》（泰文报），随之而来的是广告量也相当分散。菲律宾马尼拉、印度尼西亚雅加达也几乎集中了该国所有的华文报纸。马来西亚稍微好一点，但是报纸集中的现象也相当严重。在吉隆坡，全国影响相当大的4份报纸都在这里出版。砂劳越、沙巴两个州有7家报纸，《南洋商报》《星洲日报》还在这两个州开设分版。报纸聚在一块办报，就会产生激烈竞争，造成销量不大。

在西欧、北美等地，华文报纸数量虽然有所增加，但读者主要是唐人街的华人，报纸的发行范围很受限制。许多读者所关心的内容也以社区新闻为主，有的华文报纸甚至还有一些低级趣味的东西，以满足较低层次市民的兴趣。许多华文报纸免费发行，华人可以在唐人街的报摊上自取，报纸靠唐人街的广告收入来维持。华文报纸因此很难提高档次，更谈不上成为"主流"。

北京大学教授程曼丽认为，同一地区的华文媒体应该建立相应的协作组织以加强协调，甚至由专业人士提供特稿方面的专业服务。她说："从理论上来看，一个地区如果能有一份权威、主流的华文报纸就是比较理想的。"① 泰国《新中原报》社长兼执行总编辑林宏也认为，以泰国华文报纸的情况来说，几家华文报纸成立联合股份公司，出版一份早报、一份晚报，人员合成两班，设备只留一套，这样可以大大降低成本，提高报纸的赢利。

事实上，整合资源、联合办报、海外媒体的办报视角和经营理念，已经在实践中被多位媒体的负责人所肯定。曾任马来西亚星洲媒体集团总编辑萧依钊说，马来西亚的华文媒体近年来已经由各自为政、恶性竞争的格局，向融合兼容的集团化方向发展。虽然数量众多的报纸能够在某种程度形成多元化的办报特色，但是由于过度竞争，报纸的赢利空间很小，人才和资金远远不如中国大陆的传媒集团。所以，她认为，整合华文报纸的资源，实现传媒集团化，并加强与其他地区华文报纸的合作，是海外华文媒体发展的必由之路。

马来西亚《星洲日报》是世界上发行量最大的华文报纸，每天发行36万份，2013年集团收入大概5亿马币（相当于10亿元人民币）。虽然从业绩来看，已经相当优秀，但是与西方媒体相比，差距相当大。整合华文报纸的资源，进一步壮大实力，构建全球性的华文报业集团已经成为海外华文报纸刻不容缓的议题。星洲媒体集团董事主席张晓卿因此决定把星洲媒体集团、南洋报业集团和香港明报集团进行合并，以组建世界级的华文传媒集团。他说："在

---

① 时捷：《全世界华文媒体，联合起来》，载《国际先驱导报》2003年9月27日。

自由贸易全球化的今天，如果没有强大的集团力量，华文传媒业根本就无法跟其他同行竞争。"①

面对分散的海外华文报业，有港台背景的海外华文报纸也意识到加速内部资源整合，扩大报业市场，应对全球化挑战的重要性。《星岛日报》打出了"有华人的地方，就要有《星岛日报》"的口号。该报已在纽约、旧金山、洛杉矶、多伦多、温哥华、悉尼和伦敦创办分版。台湾联合报系不甘落后，以台湾本土的《经济日报》和《联合报》、北美《世界日报》、泰国《世界日报》等多家报纸为基础，建立了政治新闻、财经新闻等中心，提出了"中央厨房"概念，共享联合报系的信息资源，初步打造了横跨全球的报业集团。在欧洲，2005年由法国《欧洲时报》和上海《新民晚报》共同创建的《欧洲联合周报》，在短短的一年多时间中，迅速在欧洲6个国家开花结果，形成了一种新的报业联合体，实现资源共享。

西方传媒通过收购、兼并其他传媒，逐渐形成实力强大、跨媒体的跨国传媒集团，在世界各国也建立了新闻采访办事处，面向全球传播，促成了全球性强大的话语权。华文报纸应该吸取它们的有益经验，兼并实力弱小的报纸，逐步建立一个横跨全球的华文媒体联合体，不仅促进华文报纸发展壮大，而且也增强整合后的华文报纸的话语权。海外华文报纸只有整合分散的资源，才能构建集团，才有可能上规模，增强话语权，才能获得更高的回报。所以，笔者认为，针对当前的华文报纸小而差、弱而虚、滥而粗的现状，整合资源是华文报纸发展壮大的主要而且最有效的手段。笔者希望，全世界的华文报纸联合起来，实现全球性的华文信息共享联盟，不仅可以帮助各地的华文报纸丰富内容，而且还可以加强协助，增强华文报纸的实力，这对于华文传媒业来说是相当有意义的策略。

2. 发展新传媒实现跨越式发展

随着技术的革新，全球性的传播已经成为可能。网络现场直播，已经使全球成为一家，更加拉近世界各国的距离。网络的存在，已经使信息的交换更加迅速。传统的信息传播方式，在传播过程上由于受到传播制度、传播速度、传播方式的限制，时效有所滞后。比如，报刊有一定的出版、发行周期。广播电台、电视台虽然可以实现实时传播的目标，但由于技术和成本以及制度上的原因，制作过程复杂，其信息发布也无法消除一定的滞后性，而网络的信息传

---

① 《张晓卿：收购南洋报业建构中文媒体网络》，载《星洲日报》2006年10月18日。

播，则可以完全实现实时传播，传播过程被简化。如2007年11月，马来西亚发生大规模印度族集会，抗议印度族受马来人歧视，并传递印度族在马来西亚的利益诉求。在手机短信和网络的号召下，很快得到全国印度族的广泛关注和响应。

网络因为无限的信息量，对特定新闻事件通过超链接的手段，进行全方位、多角度、立体式传播，形成宏大的报道规模，形成强烈的报道效应。传统媒体由于受版面和节目播出时间等条件的限制，很难做到这一点。印刷媒体的信息传播只能使用文字与图片，广播电台只能使用声音，电视虽可以实现图像、声音和字幕同步传播，但其传播的快捷性、手段的多样性、符号的丰富性仍不及网络。网络传播的信息，可以调动多种感官和多种媒介形式、采用多种传播技术，创造虚拟的网络世界，带给人们新的想象空间，这是传统媒体无法达到的传播境界。

在传统媒体中，报纸要想增加版面，要受到纸张、人力、物力、财力的限制。一定的版面所能容纳的字数和图片量有限，信息承载量也因此受到制约。广播电视采用线性传播模式，一天只有24小时，在固定的时间内，只能播出有限的新闻信息，要想扩充信息量，只能创办新的频道，但是受制于高昂的成本。尽管传统媒体也会就重大新闻事件做专题，集中报道，但是由于先天的局限，所"推"出去的信息相对于人们的需求量来说仍然相当有限。人们在短时间内对信息需求量的激增而造成的信息供需的"非均衡状态"，是信息承载量有限的传统媒体所无法解决的。事实上，媒体要充分满足受众的需求，要在激烈的竞争中处于领先地位，就必须要有一定的信息存储量。所以，从这点来说，网络一开始就显现了强盛的生命力。

21世纪是充满希望和不断变革的时代，海外华文报纸的出路在于加速报纸的数字化和产业化，加强信息的增值服务。马来西亚星洲媒体董事主席张晓卿说："面临21世纪全球化的时刻，各地华文主流媒体都纷纷通过互相购股或是并购方式进行联营，展开多元化的业务。事实上，发达国家的媒体合并风潮已在更早时候吹起，例如美国时代华纳集团早已是世界著名的庞大媒体企业，美国华纳收购在线后成为跨传媒的航空母舰，为当今世界强大的多媒体集团之一。这些西方传媒集团利用属下所拥有的庞大用户和各种平台的优势，采取多种媒体互相促销的方式，以多样化、内容丰富的信息和产品占据市场。"[①] 他

---

① 《张晓卿：收购南洋报业建构中文媒体网络》，载《星洲日报》2006年10月18日。

认为："这是个新科技一日千里的信息时代，中（华）文传统报业正处在十分恶劣的竞争环境之中。传统媒体的发展也受到新科技影响。计算机普及、手机流行，早已推动新兴媒体力量的扩大。为了生存，华文报纸必须顺应时势，找寻新的出路。"①

一些海外华文报纸通过大力发展网络等新兴媒体，已经收到显著效果。如星洲互动网首页的广告版位被公司企业全部订购，实现了初步赢利。曾任星洲媒体集团总编辑萧依钊说，《星洲日报》受制于马来西亚的法律规定，很难申请到电视牌照，即使申请到电视牌照也受到政府和资金的诸多限制，不如把资源调拨到发展新媒体当中，扩大《星洲日报》发展空间。她认为，集团已经充分意识到传统媒体的弊端，决定把更多的资源投放到电子媒体当中，激发媒体集团新的发展动力，为星洲媒体集团的长远、快速发展创造新的发展支点。

多媒体、跨国传播，是实现海外华文报纸跨越式发展的重要举措。利用新技术，抓住全球化的机遇，不仅有助于增强海外华文报纸的全球化进程，而且还可借助新媒体所产生的传媒革命浪潮，推进海外华文报纸的变革，拉近与西方跨国媒体的差距，实现海外华文报纸跨越式发展的目标。

3. 促进海外华文报纸产业化

只有产业化，才能进一步推动海外华文报纸的发展，才能实现滚动发展。海外华文报纸、网络相对繁荣，但是广播、电视却相对落后。这种状况更加要求海外华文报纸产业化，实现立体化、多元化的发展格局，推动华文广播、电视发展。海外华文报纸有人才优势，有丰富的信息资源，完全可以实现信息的二次、三次开发。要做到这一点，报业就要充分利用信息资源丰富的优势，努力进行信息的深加工，建立各种实用、有效的数据库，为人们提供综合性、个人化的信息服务，建立更多的信息传播渠道，使媒体与信息消费者的需求相吻合，把更多的资源投放到新媒体，实现资源的有效利用。如《星洲日报》的网站不仅全部上载报业所有的资源，而且可以实现信息增值，提供咨询、短信、信息服务和电子商务等服务。

组织社会学有一个非常著名的理论，叫作"资源依附理论"。这个理论的核心内容，是指当一个组织面对的是确定的环境时，就可以通过改革和组建一个更有效率、更科学的组织，操纵环境的资源，实现资源的充分利用，促进公司企业的发展。把这个理论应用到海外华文报纸的产业化当中，就是要求传媒

---

① 《张晓卿：收购南洋报业建构中文媒体网络》，载《星洲日报》2006年10月18日。

根据现实环境，通过改革自身的组织框架，使之能够面对确定的对象及时做出合理的行为，实现组织的增殖和扩张。比如，面对受众群比较确定，华人在经济上有所成就的事实，报纸可以通过组建集团，建立更具有效率的组织来实现赢利，使利润最大化。

由于依靠单一的广告收入来维持传媒的日常运转风险太大，而且面对新媒体的挑战和受众群的变化，报纸要求得生存，并获得充足的发展资本，就必须要运用资源发展外围企业（或关系企业），如杂志、出版、信息、跨媒体、行销顾问、娱乐公司、旅行社等，实施跨媒体运作。这样就要求报社建立产业链，以协调各个外围企业的行动。报纸可参考日本"社内公司制"的做法，将社内各部门朝独立公司发展，以提高工作效率，如把印务部改制成印刷公司、广告部改制成广告公司、发行部改制成物流公司等，实现多种经营，多元化生产，以降低报纸经营的风险，扩大赢利面。

世界上很多成功的报业集团，就是采取扩大与报纸有关的业务，使报社得到滚动发展。比如，报社可以利用现有的人员设备增加报社有效收入，包括排版设计、翻译、代办、外勤人员兼承接广告和印刷业务等。印刷业是相当赚钱的一个行业，而印刷报纸一般都是在凌晨开机，早上4点钟就结束印刷，那么如果没有其他业务的话，机器的价值就得不到充分利用。如果能够创建印刷公司承揽社会上的印刷业务，那么这些机器一开动起来，利润就滚滚而来。从这个角度来说，"资源依附理论"对华文报业资源的优化配置及重组有重要意义。

与"资源依附理论"相对应的组织社会学理论是"权变理论"，其核心内容是指，当一个组织面对外界不确定性的环境时，组织也要及时进行内部调整，以适应外界变化的环境。从这个角度上说，面对经营环境的改变，比如说世界外围经济变坏，那么依赖广告收入来维护日常运转的媒体就要加强对有关产业的剥离，合理改革，以应对环境的变化。上面这两个理论都揭示了媒体必须进行产业化，才能根据外部环境与内部状况及时对媒体进行资源有效配置，从而避免重大损失，增强抵抗风险的能力。对于海外华文报纸来说，更是要进行产业的升级换代，实现成本的下降和利润的增加，这也符合全球化对传媒的要求。

以美国《侨报》的网页来说，每天的浏览量数以万计，网民停留的时间也在半个小时以上，是一个充满商机和发展机遇的数字化社区。由于受传播特点的限制，纸制报纸《侨报》只能采用华文作为传播语言，受美国华文教育影响很大，而网络没有版面限制，不但可以刊登以华文为传播语言的新闻，而且还可以刊登以英文为传播语言的新闻；同时，还可以挂上声频与视频，实现信息传播的多媒体化。这样，既可以扩大读者群，降低运营的风险，充分挖掘信息的价值，又可以实现多元化的信息传播。又比如，财经信息是华人一直相当关心的内容，但是许多华人接受英文教育，如果海外华文报纸在网上开辟财经英文版，利用丰富的资源，向读者提供财经信息，不仅可为中上层受英文教育的华人以及其他族群提供丰富的财经内容，而且可以增加很多广告商投放广告的商机。

在全球化进程中，商业化的经营理念、市场化的经营方式、跨媒体的经营策略以及必要的资本运作都是不可或缺的，这是一个传媒企业进行集团化和产业化运作必须采取的模式。海外华文报纸作为一个企业，要向全球化的西方媒体学习，要实现多元化经营，实现产业化，壮大实力，才能增强抵御各种风险的能力，才能长期性地在海外传承中华文化，为海外华人提供更好的服务，才能增强话语权，维护海外华人的权益。

4. 中国助力海外华文报纸全球化

在全球化的进程中，西方媒体何以那么强大，除了经济实力雄厚外，政治、文化、意识形态、制度的相近性也使得它们能够成为一体。美国、英国、法国、德国等西方国家，虽然语言有所不同，但是价值观接近。因此，它们的传播往往能够相互呼应，以共同的声音来报道世界，无形之中扩大了传播力量，共同对反西方价值观和意识形态的声音进行压制。而其他文明，如东方文化虽然能够引起世界的关注，但是受到东方文化影响的国家却没有团结起来，甚至由于存在政治、文化、经济、意识形态的差异，彼此相互猜忌，互不信任，犹如一盘散沙，缺乏共同的声音回应西方媒体的言论，结果只能依靠东方文化的代表——中国，单枪匹马与西方文化抗衡。由于话语权弱小，无法与西方社会进行抗衡，使得西方文化独大，从而造就了文化帝国主义。

海外华人社会已经形成了同源不同流的现象。海外华人承认中华文化为文化母体，却并不承认华人社会的思想和价值观完全同一性，具体体现在对中国负面新闻的报道观念方面。不同源流的海外华文报纸的报道取向有显著的差别。大陆移民创办的海外华文报纸对中国的报道，正面的新闻比较多，而港台和其他地区在海外所创办的华文报纸不仅报道中国的正面消息，也报道中国的负面新闻。按照受众的接受心理，正反两方面都进行报道的方式更符合受众的接受心理，更能在受众当中树立客观性和权威性，这也是有港台背景的华文报纸的公信力，强于一些大陆新移民所创办的华文报纸的主要原因。

在许多人看来，海外华文报纸只要拥有充足的资本，就可以很容易地实现全球化的梦想，然而，由于思想和价值观的显著差异，它们的全球化进程面临相当多的难题，整合全球的华文传媒业面临一些很难解决的问题，例如意识形态和文化价值观等。新兴网络虽然为海外华文报纸的全球传播提供了重要条件，但是种种原因却使海外华文报纸距离真正的全球化道路还很漫长。全球化并不仅指传播的全球化，也包含了人员、资本、利润的全球化，但是海外与中国的新闻理念差异很大，人员、资金的自由流动还有很多障碍，因此从这个角度说，海外华文报纸全球化仍处于初级阶段。

很长一段时间，中国过分强调新闻传播的主旋律，缺乏用前瞻性和世界性的眼光去看待海外华文报纸的全球化。在许多不必要的争论和意识形态的局限下，海外华文报纸全球化因此不得不面对如何和怎样进行中华文化全球化的问题。这本来并不是一个核心问题，但是在意识形态的影响下，海外华文报纸的全球化常常陷于中华文化全球化的困惑。比如说，中华文化全球化的核心是什么，是以中国大陆为中心的中华文化进行全球化，还是香港、台湾的中华文化的全球化，或者是马来西亚中华文化与马来文化的混合文化的全球化等。在核心价值观和意识形态的作用与影响下，海外华文报纸全球化因此成为一个相当复杂，包含了政治、文化、经济等各种变量的问题，变得相当敏感。

面对风起云涌的全球化现象，针对全球化所带来的诸多负面效应，世界人民也进行反思，并形成了反全球化的浪潮。其中一个反政治全球化的观点很值得我们借鉴。许多反全球化的人认为，全球化导致了西方政治与意识形态的泛滥，将对发展中国家的思想与价值观造成致命的冲击。借鉴反全球化的观点，海外华文报纸在海外传播中华文化，如果重走西方媒体意识形态宣传的道路，将对中华文化在全球的传播带来相当大的负面影响，而且会引起世界各国人民的抵制。目前，中国在海外进行的文化传播已经被一些人看作颇具中国特色的"中国式统战"的一部分，并引起许多不必要的批评，甚至在一些西方人看来，中国的对外传播是一种"非领土的扩张化"，即通过控制和影响海外华人来达到其"统战"的目的。虽然这种观点相当片面，但是却让我们看到文化传播夹带意识形态会带来诸多负面效应。

因此，鉴于海外华文报纸全球化所面临的诸多难题，以及产生的负面效应，海外华人社会出现了不同意全球化的观点，希望海外华文报纸不受过多因素的制约，不带有政治意识形态，而以客观、公正的面貌，有针对性地服务当地华人。这是可以理解的。然而，传媒是全球化的基本推动力量，传媒全球化是全球化的重要组成部分。在全球化的背景下，传媒不可能偏安一隅，更不可能拒绝全球化的浪潮，关起门来发展，而应该在全球化的背景下，接受全球化的洗礼。

笔者认为，虽然海外的中华文化与当地文化相融的过程中，显现了当地文化的特色，但是它的核心思想仍然没有变化。比如，海外华文报纸最基本的特征：文字、历史文化，仍然没有发生质的变化。因此，即使中华文化与当地文化相融后形成混合文化，只要有华文，它就有浓郁的中华文化色彩。因此，海外华文报纸全球化必须跳出以谁为核心的问题，而是以包容兼蓄、相互吸收的态度，传播中华文化"温良恭俭让"等思想，促进中华文化的全球化传播。中国应该跳出意识形态的窠臼，开放传媒市场。一方面扶持和壮大海外华文报纸，促进其全球化，使之逐渐成为能够与西方跨国传媒抗衡的跨国华文传媒，担负传播中华文化任务的强大力量；另一方面真正实现海外华文报纸的全球化，既推动中国传媒业的发展，也消除西方社会对中国的批评，以更加开放、开明的形象展示在西方社会面前。

面对人们抵制带有功利性和意识形态宣传的文化传播的现实，中国在促进海外华文报纸的全球化过程中，除了要努力扶持海外华文报纸的文化传播外，还要创造环境扶持它们的发展，壮大它们的实力，要注意传播的纯洁性、客观性、艺术性，避免渲染意识形态和中华文化沙文主义，从而在文化传播过程中得到更多人的理解与尊重，真正通过海外华文报纸把中华文化传播到世界各地。

在这里，笔者要强调指出的是，中国在扶助和推动海外华文报纸的发展的过程中，要改变把它们作为意识形态宣传的工具的思想，更不应该通过扶助海外华文报纸的手段来影响甚至阻碍海外华人对当地国的认同。海外华文报纸能够获得生存与发展的原因，主要靠其自身的力量和不懈的努力。因此，中国政府希望通过扶助海外华文报纸，使它们正面宣传中国的做法，这是对海外华文报纸以及传播规律的误解。只要中国继续改革开放，社会不断进步，海外华文报纸自然会正面、客观报道中国的新闻。当前，中国面对的是来自西方媒体的压力，因此要调整传播策略，通过扶助海外华文报纸，增强它们的实力，一致面对西方媒体不客观的报道，而不是把视野只投到海外华人身上，忌讳海外华文报纸对中国的负面报道。

中国经济迅速发展，已经成为世界大国，因此要有大国的自信，在面对挑战时要有从容不迫的风度，对海外华人文化认同和思想的转变要持开放的态度，承认和维护他们的选择权利。这些开放的做法不仅不会给中国带来什么损失，反而更加彰显中国的大国风范和自信形象。事实上，中国政府即使想影响海外华文报纸和获得海外华人对中国的国家认同，也不可能收到很好的效果，甚至适得其反。如马来西亚华文报纸不仅维护族群认同，也增强华人对国家认同。这个现实例子很清楚地反映了海外华文报纸把文化和政治认同区别对待的事实。客观来说，如果马来西亚华人不认同当地国，不融入主流社会，他们就很难在这个国家生存。因此，马来西亚华文报纸的双重认同特点，为我们如何扶助和推动海外华文报纸的发展，提供了另一个文化交流的视角，那就是要扶助海外华文报纸的发展，但不要削弱它们对当地国的忠诚与认同，要从文化传播的角度出发，把它们当成文化传播的机构，共同促进中华文化在世界的传播，以达到全世界了解中华文化的愿景，减少文化冲突，实现中华文化与其他文化的相互发展和交流的目标。

第六节　小　　结

本章以新加坡和马来西亚的华文报纸，以及双语报纸作为海外华文报纸的代表，通过对新加坡、马来西亚两国的华文报纸销量、华文教育的发展等多方面的比较研究，指出新加坡华文报纸的主流地位被削弱、作用逐渐被边缘化的事实。马来西亚华文报纸强大的话语权，引导我们从另一个视角研究少数族群传媒，特别是在全球化的趋势下，少数族群传媒在复杂的政治、经济和文化多种因素的综合作用下，其话语权有时反而得到增强。如果善于利用这些因素，包括海外华文传媒在内的少数族群传媒有时可能产生比西方跨国传媒和所在国主流传媒更大的舆论影响力，从而达到反映少数族群声音、维护族群利益的目的。因此，海外华文传媒要有全球化思维，视野要开阔，不能局限于少数族群内部的传播，而是要放眼主流社会和世界，才能真正达到文化传承和维护族群权益的目的。

新加坡华文报纸地位的衰落，使我们深感到，一旦少数族群上升到主流族群，由于缺乏族群生存的忧患感和危机感，往往会产生族群感疲弱但国家认同感增强的现象，华文报纸因此就失去了凝聚族群力量的核心作用，作用就会被弱化。新加坡独立后，为了求得生存，解决马来人、华人、印度人之间的矛盾，在西方强大的经济实力面前，只好选择一条融入西方经济的道路。政府选择英语为社会媒介语言，直接造成媒介语言英语化，华文报纸的地位逐渐被英语报纸取代。由此可见，英语仍然是世界上的强势语言。在西方强大的经济实力面前，海外华文报纸的话语权要想与西方传媒平起平坐，甚至主导世界的话语，还有很漫长的路要走。

华文报纸出版双语报纸，或者单独出版当地语言报纸介绍当地华人社会，虽然在一定程度上能够促进当地主流社会对华人的了解，但是由于发行量少、规模小，而且以介绍华人社会为目的，不仅使华文报纸增加财政负担，而且报道的面也比较有限，再加上当地政府的种种限制和疑虑，华文报纸寄希望通过单独发行当地语言报纸或者创办双语报纸，以实现传播华人声音的目标很有难度。

海外华文报纸话语权弱小，面对华人被同化、报纸竞争过度、经营管理有待提高、人才和资金欠缺以及新媒体的强烈冲击等问题，有必要进行报业重组和资源整合，增强政治、经济和文化影响力。全球化可以促进海外华文报纸提升经营管理水平，规范运作，创造生产力，提高效率，筹集资金，对于它们的长远发展来说是相当有好处的。

本章论述了海外华文报纸要注重本土化策略吸引读者，借助新技术实现信息传播全球化，利用全球化契机实现公司全球化的目标。本章通过大量可靠的数据论证了全球化的必要性和重要性，认为本土化是它们吸引和贴近受众的最佳手段，全球化则是它们扩展生存和发展空间，增强影响力的主要途径。目前，海外华文报纸也面临相当好的条件，如中国迅速融入全球化，经济得到迅猛发展，海外华人移民增多，"华文热"在世界兴起等。海外华文报纸要抓住有利契机，加快发展和整合华文报业，扩大影响力，采取多种策略改善华文报纸的环境。

文化全球化对族群、民族文化产生重大冲击，对民族国家中的少数族群影响相当大。许多学者对全球化冲击弱势文化产生很深的担忧，这是有一定道理的。我们再设想一下，如果海外华人没有形成网络化，那么在受当地主流社会和全球化的双重压挤下，他们的命运会是怎样呢？答案不言而喻。因此，作为联系海外华人的重要纽带，海外华文报纸不仅要承担建构海外华人联系网络的责任，而且还要努力扩展生存空间，增强影响力，使作为少数族群的海外华人能够避免走上一些人数少又缺乏发展动力的族群，在主流社会和全球化的双重挤压下族群意识和文化逐渐消亡的道路。积极参与全球化，并在此进程中实现传媒的发展壮大，扩展影响力，将是海外华文报纸不容回避的历史任务。

作为中华文化的中心，中国在海外华文报纸全球化的过程中缺乏支持力度，主要反映在两个方面：一是对海外华文报纸设限，不鼓励它们进入中国，结果海外华文报纸只能依靠自己的力量走全球化道路；二是把海外华文报纸当作意识形态宣传的工具，结果不仅遭到海外华人的抵制，而且也受到西方社会的抵制。中国希望借助海外华文报纸在海外宣传政府的形象，但同时又对它们抱有戒心，这种意识形态严重阻碍了中国与海外华文报纸的合作，很明显反映了政府对海外华文报纸既爱又怕的心理。海外反华势力猖獗，中国软实力偏弱，海外华文报纸全球化程度低，很值得中国政府反思。试想一下，连与我们同根同源的海外华文报纸都不信任，谁还值得信任呢？海外华文报纸本来是很值得我们信任的伙伴，但是政府却对它们抱有疑虑。比如，中国为建设软实力，花巨资在世界各国搞文化周、文化年，但是又不充分发动海外华文报纸的参与。这一方面说明海外华文报纸力量弱小，无法委以重任；另一方面也很明显反映了政府对海外华文报纸的忽视态度。

2008年5月12日发生的四川汶川大地震，高速运转的传媒，透明公开的灾情传播，深入全面的立体报道，为全国人民和全世界人民充分了解灾情提供了详尽的信息，也及时促进了人们的自救，因此形成了全国人心空前团结、万众一心抗灾的感人场面和氛围，促进中国人民公民意识和道德意识的培养。由此可见，透明公开的信息传播不仅无损政府的权威与形象，反而更进一步塑造了政府为人民服务的形象。四川汶川大地震信息公开的例子充分说明了让外界报道灾情的作用。既然让外界报道灾情和负面新闻可以促进政府施政的改善，提升政府的形象，那么对作为同文同种的海外华文报纸是否给予更大的发展空间？

鉴于海外华文报纸的全球化要求，以及中国建设软实力的紧迫形势，笔者认为，中国政府要从文化传播的高度看待海外华文报纸的作用，要加强扶持力度，推动海外华文报纸的全球化，要打开国门，欢迎它们进来办报，以博大的胸怀和冷静的思维看待它们对中国的报道。打开国门，迎接挑战，不仅可以推动国内传媒的发展，而且可推动海外华文报纸的发展，更有助于全球性传播网络的形成。海外华文报纸的发展，不仅可增强它们在当地的话语权，也可为中国在海外构筑中华文化传播的基地，增强中国的软实力。两者是相互补充、相互促进的双赢关系。如果中国政府能够总结在许多大灾难中及时发布信息所产生的积极效应，以更加宽广的胸怀面对海外华文报纸，扶持海外华文报纸的发展，把它们作为文化传播机构提供帮助，那么海外华文报纸的发展就会更快，而且也极大地有助于中华文化在海外的传播，同时也直接或间接促进中国软实力的发展。

第六章 总结、结论与启示：一个少数族群传媒发展的视角

随着全球化的进一步深入，移民已经成为世界普遍现象。由移民转变成族群，再转变成民族的现象在民族国家中不断涌现。几乎所有的国家都无法避免移民和族群问题。在全球化的浪潮中，各个族群争取各种权益，甚至促使国家分解，成为世界各国不得不谨慎对待的课题。2008年2月17日，科索沃总理塔奇宣布科索沃从塞尔维亚分离并独立，在某种程度上说明，在全球化时代中，少数族群上升至少数民族，并分裂国家的可能性是客观存在的。

作为影响华人族群的海外华文报纸，它们在全球化所反映出来的形态，更使我们不得不思考它们在全球化时代中的地位与前景。与此同时，作为少数族群传媒的重要代表，海外华文报纸的全球化进程不仅可为我们总结少数族群传媒的特点提供典型案例，同时也可为其他少数族群传媒的生存与发展提供有益的借鉴与启示。

第一节 总结：海外华文报纸本土化与全球化的呈现方式

通过对上述五章的论述，我们了解到，随着网络的出现、华人移民全球化的趋势、增强话语权以及提升经营管理水平的要求，在受众、资本、技术条件同时具备的情况下，海外华文报纸本土化与全球化有显著的必要性与重要性。面对西方政治、经济、文化的全球化，海外华文报纸倍感肩上的担子沉重。它们不仅在海外维护华人权益，传承文化，增强华人族群和文化认同感，同时还要面对西方文化压迫性的挤压，在艰难的环境中实现发展的目标。

作为少数族群传媒的海外华文报纸，它们呈现出与当地主流传媒、跨国传媒既有相同的特点，也有显著的差异的特点。因此，在全球化进程中，它们一方面对全球化持欢迎态度，另一方面又对文化帝国主义持保留和抗拒态度，由此构成了它们复杂的矛盾心态，反映了它们面对全球化的矛盾性。在许多人的

眼里，少数族群传媒的存在，是阻止华人融入当地社会，减弱国家认同的障碍，然而，笔者根据调查结果和研究却认为，它们是促进少数族群了解当地主流社会，实现少数族群与主流社会的交流的有力工具，也有助于他们对国家的认同，因此，它们具有双重认同的特点。

由于要向当地主流社会和西方社会表达华人诉求，因此海外华文报纸要经过二度编码，这说明海外华文报纸向主流社会和西方社会传播文化相当不容易，同时也反映了海外华文报纸弱小的话语权。虽然全球化对民族国家产生冲击，但是民族国家和族群仍可以起到过滤的作用，因此，全球化又要考虑本土化，从而出现全球本土化的现象。

一、本土化与全球化相辅相成

本土化与全球化的关系就像一棵树的枝叶与根部的关系，两者相互依存，相互促进。本土化为全球化打下基础，为全球化作铺垫，积聚力量。全球化为本土化带来更多的资金、先进的管理制度、规范的运作模式，促进了本土化水平的提升。本土化的水平提升后，又会进一步提升全球化的水平，因此两者是相辅相成的关系。

全球化不能忽视本土化。这是因为文化模式一旦被某个群体所接受并认同，便会成为相当顽固的思想和观念，并形成族群认同感。人们会自觉地把族群媒体当作信念、思想的载体，并在群体当中进行传播，这无形当中提升了媒体的地位，使之成为族群的象征物。比如说，华文报纸在华人社会担当信息传递和中华文化薪火相传的载体，人们通过这个载体来形成族群的认同感。它展现了华人能够在当地生根发芽，文化仍然能够得到承传的现实，也因此无可置疑就成为族群存在与否的象征符号。

人们习惯了按照自己的文化模式去理解外界的事物，并且这种模式会使人产生依赖性，其依赖性之强，即使外来文化很强势也难以改变。因此，西方传媒进入亚洲市场时，就不得不进行本土化，通过改换节目形式，以当地的文化模式来接近观众，才获得成功。如此强势的西方传媒所制作的内容，仍然会遭遇本土化的问题，而不得不改头换面实施本土化战略，更不要说弱小的海外华文报纸，在全球化过程中更要注重本土化问题。因此，我们要以辩证的眼光审视本土化与全球化关系。比如，可口可乐想在中国推销"Spirit"的运动饮料产品。该英文名翻译成中文即为"精灵"的意思，如果以这个名字向消费者推销，就有可能无法被中国消费者接受，因此公司就按读音译成"雪碧"，而这个名字恰恰符合人们运动后对饮料消暑解渴的要求，起到"望梅止渴"的作用。于是，这种产品很快在中国打开市场。这种情况说明，即使面对全球化的冲击，族群文化和民族文化仍然能够起到一定的堡垒阻挡和过滤作用。

本土化战略是跨国传媒集团朝全球化发展的重要手段。本土化战略有利于化解当地国的心理疑虑，能够绕开当地国对外来传媒资本和经营方式的限制性政策，越过市场、文化和政策的壁垒，能够在一定程度上消除当地政府和同行业的戒备心理或敌意。借助于区域优势，使经营内容和手段入乡随俗，以受众喜闻乐见的形式贴近受众，是跨国传媒经营管理成功的关键。因此，海外华文报纸要想发展成跨国传媒，也要借鉴跨国传媒全球本土化的经验，在本土化的基础上实现全球化，通过全球化促进本土化水平的提升。

二、与当地主流传媒的共性和差异性

世界上大多数民族国家都是多族群（民族）国家，因此维护国家统一和社会稳定常常成为政府的首要任务。然而，面对全球化的冲击，民族国家面临解体的危险，这更促使民族国家注重解决少数族群的问题。因此，在全球化的背景下，以维护少数族群权益、扩大少数族群发展权为宗旨的少数族群传媒不仅有存在的合理性，而且还有得到政府承认的合法性，甚至还重构少数族群和主流族群的社会关系。

对于海外华人来说，除了新加坡外，他们在当地都是少数族群。这就决定了他们同时面临被当地主流文化同化和生存空间受挤压的问题，特别是全球化日益深化的今天，发展中国家的海外华人不仅要面对被当地主流文化同化的问题，而且还要面对西方文化全球化的挑战。因此，海外华文报纸不仅担负维护华人的权益，而且还通过文化传播来实现对族群和文化认同的维系。不仅如此，它们还要建构华人对当地国家的认同感。这样，海外华文报纸作为少数族群传媒形成了与主流传媒、西方跨国传媒既有共性又有差异性的特点。

共性是海外华文报纸同样要走西方传媒全球化和市场化道路，通过市场资源配置获取经济效益，增强影响力，既求得传媒的生存与发展，又实现增强传媒实力的目的。差异是它们承担了当地主流传媒、西方传媒所没有的功能与作用，如推动华文教育、族群和文化认同感的维系等，因此履行了更大的传媒责任。主流传媒因为没有族群消亡的危机，因此关注的层面是国家的发展和文化的传播，西方跨国媒体关注的是如何获得更多的效益。西方媒体传播的是商业文化。而海外华文报纸除了更加注重维护作为少数族群的华人权益外，还承担传承族群文化的责任，传播当地主流社会的信息，搭建海外华人了解主流社会的平台。因此，对商业利益的追求与族群文化传播是海外华文报纸两个重要任务。

对于海外华文报纸来说，它们也与其他少数族群传媒有很大的差异。这是因为海外华人数量庞大，遍布世界的每一个角落。在许多民族国家中，华人在文化上保持相当大的独立性和完整性，而且普遍在经济上取得很大的成就。这些条件决定了海外华文报纸不仅能够在当地获得生存的机会，而且还可以在全球形成传播网络。因此，许多少数族群传媒普遍只能短期生存①，而海外华文报纸却能不断生根发芽，发展壮大。与其他少数族群传媒相比，海外华文报纸更有条件实现产业化、集团化、全球化，并成为抗衡西方文化全球化的重要力量。

三、面对全球化的矛盾性

面对全球化的冲击，海外华文报纸既希望全球化能帮其获得更大的发展空间，又因为缺乏实力抵抗西方文化而产生焦虑感，因此对全球化充满了矛盾，也形成了海外华文报纸面对全球化的矛盾特点。

虽然是少数族群传媒，但海外华文报纸有悠久的历史文化积淀，以及强大的经济基础，它们的处境与其他少数族群传媒的命运差别很大。其他少数族群传媒无力抗衡西方文化的入侵，然而，海外华文报纸却有力量（虽然力量并不特别强大）维护中华文化。故此，海外华文报纸在全球化进程中所遇到的问题，与民族国家的主流媒体所面对的全球化问题有很大的差异。

与许多民族文化抗拒全球化不同，海外华文报纸虽然也在全球化的冲击下面临文化与身份认同的危机，但是，它们以积极的态度去参与全球化，这在发展中国家尤其明显。比如说东南亚，海外华文报纸与当地主流传媒相比，更加积极参与全球化。这样就给我们提供了另一个视野去研究全球化传播的问题，

---

① 美国学者 Judith R. Blau, Mim Thomas, Beverly Newhouse, Andrew Kavee 等人在其一文 *Ethnic Buffer Institutions – The Immigrant Press: New York City*, 1820—1984 [*Historical Social Research*, 1998, 23 (3), p. 20 – 37] 中，阐述了少数移民（族群）传媒一般只有2年生存时间。

即全球化构成了对民族国家的冲击，民族国家为维护国家利益和占统治地位的族群的权利，出台了许多措施和政策抵制全球化，过滤西方文化或者其他外来文化，然而，对于人口占少数的华人来说，他们却为了减少主流社会的控制，而倾向于接受或者淡化主权观念的全球化观念。因此，全球化对于海外华人社会来说，意味着获得解放，文化获得相对宽松的发展空间。

在全球化的帮助下，海外华文报纸获得一定程度的发展空间，但是同时它们又面临全球化"时空压缩"的危险，因此，它们在欢迎全球化的同时，也在为维护族群文化而做出种种努力。这就使得海外华文报纸的全球化呈现出矛盾性：一方面欢迎全球化，希望借全球化在言论和文化的传播方面获得更大的自由与空间；而另一方面又要面对全球化造成的文化帝国主义这个巨大狮子，在"时空压缩"和话语权力的进一步集中化的背景下，积极参与全球化，并在此过程中扩大话语权，争取更大的族群权益。

海外华文报纸面对全球化的矛盾心态，引导我们思考一个问题，就是如何在当地国家中寻找到生存的空间，并作为世界多元文化的一种形态，在全球化进程中得到弘扬和发展，它们如何在文化民族化、文化国家化、文化全球化之间找到平衡点。

四、族群与国家认同的双重性

海外华文报纸的创办，对维护海外华人的权益起到了相当重要的作用。全球化反映了强势传媒的主导作用，但是有时弱势传媒也有可能对社会产生更大的影响力和震撼力。这是因为在民族国家中，当地政府为保持国家的统一和社会的稳定，在族群矛盾比较尖锐的情况下，不得不根据少数族群传媒所发出的诉求对政策进行调整，满足少数族群的部分愿望。因此，在全球化的背景下，少数族群传媒的存在，不仅展现了族群是否继续存在的象征意义，而且能够对社会产生影响。中央民族大学客座教授孔文吉认为："我们期许它不但能为少数民族（族群）的权益发声，也应该针对少数民族（族群）社会的诟病展开反思和批判，而强调少数民族（族群）历史、文化、政治、经济以及传播的主体性，这非常重要。如果少数民族（族群）掌握了媒体，就掌握了族群关系的解释权。如果没有媒体，我们就会被动地落于被别人报道的地位。少数族群传媒对少数民族（族群）的报道，对我们（少数族群）形象的改善是有帮助的。我们谈少数民族（族群）媒体的主体性，就是掌握我们少数民族（族群）媒体的发声权，实现少数民族（族群）媒体的主体地位。我觉得主体性的建构关键就在于此。我们要通过少数民族（族群）自己的记者、制作人来报道我们自己的事情，让社会看到我们少数民族（族群）的真实情况。我们要掌握这样一个主体的位置来展现自己，这对于我们未来的发展有很大帮助。所以少数民族（族群）媒体的建立是非常重要的。"① 孔文吉关于少数族群传媒存在的观点，反映了少数族群传媒存在的合理性和合法性。

作为少数族群传媒，海外华文报纸之所以能够如此繁荣，很大程度上是因为它们是华人的舆论工具和文化承传的重要传播媒介。然而，海外华文报纸作为少数族群传媒的代表，它是否只注重族群感的维系和文化的认同，而忽视甚至抵制国家认同呢？多数的研究表明，它们不仅有助于为族群服务，而且还有助于华人融入主流社会、增强国家认同的观念。

19世纪末20世纪初，大量新移民来到美国。如何使这些新移民效忠美国，是当时美国主流社会普遍关心的问题，同时，美国社会也存在排斥新移民的现象。美国社会学家罗伯特·帕克（Robert E. Park）通过对移民报刊的研究，反对压抑或控制这些报刊。他强调移民报刊的角色有助于维护种族文化，并使读者通过族群语言而接触到都会生活，了解当地主流社会，从而顺利融入美国社会中。帕克的研究，证明了少数族群传媒并不会阻碍少数族群融入主流社会，当然也不存在不认同国家的问题。

美国学者布罗（Judith R. Blau）、托马斯（Mim Thomas）、纽豪斯（Beverly Newhouse）、卡威（Andrew Kavee）等人在其一文《移民报刊：族群缓冲机构，纽约，1820—1984》（*Ethnic Buffer Institutions - The Immigrant Press: New York City, 1820—1984*）中也对少数移民报刊的文化和国家认同提出了与帕克相同的看法。他们认为，没有证据显示，这些移民报刊憎恨或拒绝同化（Assimilation）。②

对于海外华文报纸来说，它们如此繁荣，是不是也阻碍了华人对当地国家的认同呢？2002年在马来西亚举行的"马来西亚历史回顾及前瞻研讨会"上，一位马来西亚华人学者王朴空（音译，Heng Pek Koon）通过对马来西亚境内的华人、马来人、印度人等族群进行调查，发现华人虽有很强的族群感，但是

---

① 田建明：《传媒对台湾少数民族发展至关重要》，载《中国民族报》2006年4月18日。
② Judith R. Blau, Mim Thomas, Beverly Newhouse, Andrew Kavee: Ethnic Buffer Institutions - The Immigrant Press: New York City, 1820—1984. Historical Social Research, 1998, 23 (3), p. 20 - 37.

把国家认同感放在首位。统计数据很明晰地反映了华人有国家认同意识,而不是如政府和马来人对华人所指责的那样缺乏国家认同感。(见表6-1)

表6-1 国家/族群认同
(哪一个比较重要:你认为是族群认同重要还是国家认同重要)①

族群	国　　家	族　群	一样重要	没有回应	总　　数
华人	53.6%	21.3%	16.8%	8.3%	291(100%)
马来人	55.9%	24%	11.7%	8.4%	179(100%)
印度人	55%	20%	10%	15%	20(100%)
其他	45.4%	27.3%	9.1%	18.2%	11(100%)

在表6-1中,调查预设了一个前提,那就是如果让华人在国家和族群认同当中选一个时,华人该怎么选择。有53.6%的华人选择了国家认同。这说明华人有大局意识和国家意识。由此可见,作为维系华人族群的重要工具的海外华文报纸并不会阻碍华人对国家的认同。因此,指责它们淡化华人的国家认同感、鼓动华人抵制主流社会的观点是不成立的。然而,为何少数族群传媒仍然会让政府不满呢?笔者认为,当地国家对少数族群的政策会影响少数族群对国家的认同。就以海外华人来说,不合理的华人政策,当权者和主流族群的歧视,在很大程度上起到了社会分化的作用,导致了一个经济上强大但又相对封闭的华人社会延续下来,马来西亚和印度尼西亚是其中典型的代表。这在客观上极大地妨碍了华人国家认同向更高的水平发展。在美国,由于政府对少数族群持比较民主、开放的态度,华人对美国的国家认同感就会强烈很多。

根据国家认同的理论,人们对国家认同的产生和发展需要两个因素:一是国家要为他们提供某种现实的利益;二是在危机情况下为他们提供恰当的行为方式态度。而在许多民族国家中,华人不仅在经济上受到压制,而且政治上也缺乏权力,甚至生活中也受到歧视。在危机来临时,华人往往成为政客转嫁危机的"替罪羊",这无形中告诉他们:华人只有团结起来,才能争取自身的权益,而这自然会削弱他们对国家的认同感。因此,海外华人发现早期华人国籍的归化只不过是一种"标签"的变化,他们对政治表现得漠不关心,反而更

---

① Heng Pek Koon. The Malaysian Chinese Successor Generation: Identity Formation, Political Orientatin, Economic Preferences and Socio-culture Attitudes. The Malaysian Chinese in the 21st Century: Challenges in a Multi-ethnic and Multi-cultural Malaysian Society, Conference Paper 2002.

加注重族群的认同感,因为他们觉得只有族群力量才能为他们争取利益,再加上中国传统的宗亲观念,也进一步使华人"认祖归宗",甚至把它上升到与国家认同同样重要的位置来对待。这样,维系族群认同感的华文报纸就承担了促进族群团结的重要任务。在这样的政治背景下,海外华文报纸就体现出国家和族群认同的双重性。然而,很多时候,当权者并没有看到政策对华人的不合理性,而是指责海外华文报纸阻碍了华人的归化与对国家的认同,显然对海外华文报纸不公平,也反映了执政者狭隘的思想。

虽然少数族群传媒并不妨碍少数族群对国家的认同,反而有助于他们融入当地主流社会,但是作为族群重要的象征符号,它们的存在和发展始终受到误解;特别是在全球化时代,它们更有可能被解读成增强族群感、分裂国家的重要工具,并受到政府的严厉压制。在美国,政府也曾经出台政策压制少数族群传媒,以防范传媒过度渲染族群性,而减少对国家的忠诚。所以,少数族群传媒的发展受到当地政治、经济、文化政策的重大影响。

在这里,笔者要指出的是,根据西方学者以及笔者所做的调查,中国扶助海外华文报纸的发展,并不影响它们对当地国家的政治认同。有时候,少数族群往往表现出双重认同甚至多重认同的特点,特别是对于海外华文报纸来说,这方面尤为明显。一方面,作为少数族群传媒,它们鉴于少数族群在当地的生存环境,要鼓励他们融入主流社会,因此要提倡对当地社会和国家的认同;另一方面,作为族群文化的主要载体,鉴于文化全球化和当地主流族群文化对少数族群文化的影响,它们又要增强少数族群的文化认同感。因此,即使中国为增强中华文化的话语权,出台许多扶持海外华文报纸的政策,但是在一个以非中华文化为主流文化的社会和国家中,融入主流社会仍然是海外华人的痛苦和必然选择。因此,从这个角度说,中国扶助海外华文报纸,并不妨碍它们鼓励海外华人形成对当地国家的认同感,尽快地融入主流社会。

五、面向主流社会传播的二度编码

从海外华文报纸全球化的过程和方式来看,它主要体现在两个层面:一是在华人社会中实现传播全球化;二是在不分种族的全球范围内传播。相比较而言,实现第一个层面的全球化比第二个层面的全球化难度要小很多。由于要向不同文化背景的人们进行传播,而且一些族群文化历史相当悠久且占据主导地位,因此实现不同种族的全球化传播的难度很大,不仅需要雄厚的资本,而且还要进行二度编码和语境的转换①，传播过程相当复杂。实际上，海外华文报纸的全球化不仅希望在华人社会当中实现全球化，而且也希望在西方社会中进行全球化，在西方文化与中华文化之间架起桥梁；既在西方文化的全球化过程中得到提升，又在反西方文化全球化的"时空压缩"的过程中获得展现中华文化魅力、扩展中华文化影响力的机会，从而增强中华文化的软实力，在文化全球化的过程中争得一席之地。

根据海外华文报纸的传播特点、性质和功能，笔者设计了一个海外华文报纸全球化的传播机理模型（见图6-1），以便更清晰、深入地探讨海外华文报纸全球化的过程，以及其在海外华文报纸政治、经济、文化全球化中所起的作用。

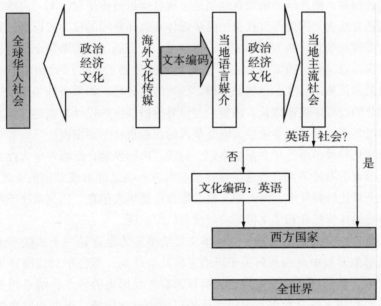

图6-1 海外华文报纸全球化传播示意

由于海外华文报纸对当地主流社会、西方社会以及全世界来说，都属于少数族群传媒，虽然全世界说华语的人数比说英语的多，但是迄今为止，英语仍

---

① 北京大学程曼丽教授在北京大学出版社（2006年）出版的《国际传播学教程》一书第123页中提出文本的二度编码和再传播问题，认为中国对外传播要进行语境转换，才能更好地到达受众，实现有效传播的目的。

然是世界通用媒介语言。因此，海外华文报纸向当地主流社会、西方社会以至于全球传播的过程中，就要经过文本的二度编码，也就是说海外华文报纸要通过多种手段，以当地主流语言翻译海外华文报纸的信息，通过书籍、当地语言报纸、华语电视把华人的信息传播给当地主流社会。如果该主流社会是英语社会，那么经过文本编码后的信息就可以直接传送到西方社会和全世界；如果该主流社会是非英语社会，那么还需采用英语再次编码，才能传送到西方社会和全世界。西方媒体使用全球媒介语言可以在世界通行，而海外华文报纸以华文作为媒介语言，因此要想通行世界，就要走文本二度编码的道路，不仅增加了传播的难度，而且也使得全球化的成本上升，这就给海外华文报纸的全球化制造了增加传播成本的障碍。

与此同时，海外华文报纸在向当地主流社会进行传播时，不一定就会立即传播到西方社会，因为西方社会的强势媒体有选择新闻的权力和标准，只有西方社会需要的信息，西方媒体才会进行报道，才会通过其网络向全球传播。这令我们深深地感到，西方社会由于掌握强大的传播工具，因此制定了信息选择、过滤和传播的标准，也因此掌握了传播的主导权。如果海外华文报纸不能在全球化的过程中快速成长，积极参与世界传播制度的设计与制定，那么海外华文报纸将仍然处于弱势地位，海外华人的权益也将受到损害。

全球化导致了海外华文报纸迅速、持续、跨国界地介绍海外华人社会的现实，也导致了海外华人、当地主流社会、西方社会之间形成紧密的交流网络。在一个全球化的背景下，海外华文报纸能否传播华人信息，仍然取决于西方社会对信息的评价标准和华文报纸的效度和信度问题。

从重构主义的观点来看，海外华文报纸报道的也许是一个残缺不全的海外华人形象，集中在一系列关于当地主流社会歧视、不公平对待海外华人的特殊领域。由于对这些现实片断的解释带有意识形态的特点，结果西方媒体通过对海外华人信息的多重编码之后进行的全球化传播，可能与原来的信息完全不同，结果有可能导致海外华人的形象被扭曲、误读，需要海外华文报纸的关注、及时纠正，甚至很多时候，即使海外华人、海外华文报纸发现西方媒体在对海外华人信息进行全球化传播的时候出现误读现象，并及时提出纠正意见，仍然得不到西方媒体的反应。这种现象，一方面，说明即使作为少数族群传媒，海外华文报纸仍然需要全球化；另一方面，海外华文报纸在全球化的过程，必须以整体的力量与西方媒体对话，这就需要海外华文报纸的规模化、产业化、集团化，壮大与西方媒体对话的实力。由此可见，全球化是海外华文报纸归宿之一。

第二节 结论：本土化与全球化是海外华文报纸的历史和现实选择

通过上一节对海外华文报纸本土化与全球化的总结，我们深入认识了海外华文报纸的传播特点。这些传播特点构筑了海外华文报纸的本土化与全球化的传播理论。通过对这些传播理论的总结，我们发现，海外华人与其他移民既有相同之处，也有显著差异。作为世界上最大的移民族群，海外华人散居在世界各地。他们不仅在经济上取得卓越成就，也在政治、文化等领域为当地国做出杰出贡献。由于人数众多，文化认同感强，而且在经济上颇有成就，推动了海外华文报纸在全球的发展。它们不仅在单一国家发行，而且在本土化的基础上，视角转向世界，开始了全球化的征程。

全球化既对海外华文报纸带来冲击，也为其提供了良好机会。海外华文报纸全球化程度低，话语权较弱，产业化和集团化仍有待发展。一方面反映了它们面临相当多的困难，有待发展；另一方面反映了正因为全球化程度低，它们才有更大的发展空间，全球化才显得更加迫切。

海外华文报纸历史悠久，文化传承和华文教育色彩浓厚，是海外传播中华文化的重要阵地，是维护海外华人权益的重要喉舌，是传播华人社会信息的重要工具。全球化构成了对海外华文报纸和中华文化的严峻冲击。美国学者弗雷德里克·杰姆逊说："第三世界国家的学术精英通过书写本民族文化的落后和奇异，以此来取悦于第一世界，得到第一世界文化的承认。"① 他通过对文化全球化的话语分析，并从发展中国家的殖民文化的出现来证明文化霸权的存在及危害。他的论断一针见血地反映了处于边缘区域的文化在面对全球化时所呈现的被动性、被殖民性和被边缘化。不进则退，海外华文报纸如果不积极进取，参与全球化，就会面对消亡的结果。

鉴于全球化形成的"时空压缩""权力""重组社会关系"和"社会联

---

① 转引自韩毓海《詹姆逊的企图——评杰姆逊的"后现代主义"及"第三世界"文化理论》，载《上海文学》1993年第11期。

结"等特点，海外华文报纸只有在做好本土化的基础上，朝全球化方向发展，才能获得更大的发展空间，取得更丰硕的成果，才能壮大实力，增强话语权，构筑与西方传媒平等对话的平台。

一、海外华文报纸全球化程度低

从本书对海外华文报纸的整体研究中，我们不难发现，虽然海外华文报纸积极参与全球化，通过全球化实现资源优化配置，降低成本，扩展发展空间，实现人员、资金的自由流动。然而，我们要冷静地看到，它们在全球化进程中的参与程度相当低，而且产业化的程度也比较低。

根据传媒全球化的有关含义以及三个重要衡量标准，即传媒经济要素在全球的流动、一个统一的传媒市场体系和规则体系、信息和交换网络形成，我们不难看到，虽然网络技术的革命为海外华文报纸的全球化提供了传播技术，初步实现了信息传播的全球化，但是经济要素的全球流动以及统一的传媒市场体系和规则体系还没有形成。海外华文报纸的全球化方面还处于比较初级的阶段，也就是说，它们参与全球化的程度比较低。比如，世界上规模最大的世界华文媒体集团（马来西亚星洲媒体集团、南洋报业集团和香港明报集团合并后的集团），还没有把大多数国家的华文传媒纳入一个统一的市场体系和规则体系，并实现经济要素的有效配置，它们局限于中国香港、马来西亚、印度尼西亚、柬埔寨、加拿大、美国，而没有统合更多国家的华文传媒。

在业务外包方面，海外华文报纸的全球化程度更低。产品单一、单打独斗、内容大包大揽，是海外华文报纸的三大问题，也反映了它们全球化程度较低的事实，与西方跨国传媒把大量业务外包给其他承包商相比，显然有巨大的差距。西方跨国传媒不仅有英语报纸，而且还有其他语言报纸；不仅有报纸，而且还有广播、电视、电影、网络等媒体。它们按照地区分工，把全球资源重新进行配置，降低成本，规模生产，业务外包，从而实现了产业化和全球化。与西方跨国传媒的比较，海外华文报纸的全球化还只迈出了第一步。

影响海外华文报纸全球化的因素有很多，作为族群性传媒，这种性质决定了海外华文报纸要想引起当地主流社会、西方社会、全球的注意，必须进行文本和语境的再编码和再转译的过程。在这个过程中，海外华文报纸进入主流社会、西方社会，扩散到全球会产生相当多的阻力，如资本、成本、人才、受众、当地的政治文化制度等。这些因素的存在迫使许多海外华文报纸只能首先立足于华人社会,然后再寻找途径和方法以引起当地主流社会、西方社会和全球的注意。因此,它的全球化往往滞后于西方媒体的全球化。

西方传媒全球化程度很高,话语权强大,除了西方国家强大的经济实力外,国家层面的支持也是造成它们话语权强大、走向全球化的重要原因。正是有国家的强大支持,它们才会在本土化的基础上,依靠强大的经济实力,建立完善的传播网络,实现传播全球化的目的。如美国新闻集团,其产业遍布世界,从澳大利亚到英国,从英国到美国,从美国到以色列、印度、中国等,不仅创办报纸,而且还拥有电视、网络等各种传媒,采用包括英语在内的多种语言向外界传播,构筑了全球性的传播网络。该集团以英语国家,如澳大利亚、英国和美国为基地,并得到这些国家的支持,因此能够建立集团的发展基地。又如BBC,该传媒建立在英国纳税人基础上,除了在国内垄断广播和电视传播外,还采用34种语言向世界传播。它不仅征收收听费、收看费,而且还得到了政府的巨额拨款。2014年,该台约40亿英镑收入中,约33亿来自英国的纳税人。BBC向世界传播的节目——"面向世界服务"(World Service)得到了政府的全力资助,成为向全世界展现英国文化的重要窗口。

与西方媒体的国家支持形成鲜明对比的是,除了新加坡以外,海外华文报纸几乎都是少数族群传媒,非但得不到国家的支持,反而屡受当地政府的限制。因此,它们的全球化才受到资金、人才、受众等困扰。如果海外华文报纸能够与中国境内的报纸联合起来,真正实现华文媒体的联盟化,海外华文报纸的全球化、产业化、集团化的速度可能会更快。但是可惜的是,由于种种原因,这种联合迟迟不能落实,造成海外华文报纸的全球化、产业化、集团化始终独自进行,不断受到西方传媒的挤压。由于意识形态与价值观的差异,中国境内的报纸无法走出国门,总是在出现负面新闻时,被动地呼应和反驳西方传媒,造成国家形象受损。国内传媒走不出国门,但国家又缺乏对海外华文报纸的有效帮助,海外华文报纸不得不各自为战,无法拧成一股绳反击西方传媒。

海外华文报纸全球化程度低是不争的事实,但并不代表其缺乏发展空间。一些海外华文报纸在一个以非中华文化为主流文化的国家中迎难而上,发展壮大,并组建报业集团,甚至在股票市场上市,充分说明海外华文报纸有旺盛的生命力,有充分的生存与发展空间。

二、全球化为海外华文报纸提供了机会

西方跨国传媒抓住全球化的机会，依靠强大的经济实力，利用全球的资源、要素和市场，利用先进的产业结构、强大的市场扩张、大量的科研投入、国际性的营销网络，不断加强自己在国际传媒市场上的优势，在全球形成了产业链，不仅创造了丰厚的经济利润，而且也增强了话语权。

在现有的全球化背景下，西方传媒利用强大的经济实力和国家支持主导世界舆论已是事实，拒绝全球化，就只能更加处于被动的环境中。与其被动地全球化，不如主动参与。一方面通过参与全球化，了解全球化的游戏规则，积累经验，为自己参与国际竞争搭建实战演练场；另一方面，参与全球化可以促进海外华文报纸市场管理机制的变革，充分引进、学习西方传媒先进的技术和管理经验，并借助其经验使海外华文报纸进入国际市场，通过跨媒体经营，利用各种媒体之间的优势互补，充分开发和利用海外华文报纸的信息、人力等资源，生产出满足消费者的不同需求的传媒产品系列，促成传媒产品的规模化的生产和销售，以此提高在国际传媒市场上的地位，营造有利于海外华文报业快速、健康发展的良好市场环境。

全球化既对海外华文报纸带来冲击，同时也带来机遇。全球化促成政治上的解构、经济上的分工、文化上的冲突，但如果我们从逆向视角看待全球化，全球化恰恰可为海外华文报纸提供机会。在海外，华文报纸属于少数族群传媒，在全球化解构民族国家的敏感时刻，民族国家为保持统一和稳定，将不得不考虑代表少数族群的华文报纸的利益诉求，这样就为华文报纸增强影响力和话语权提供了条件。如果它们能充分认识到民族国家种族关系的敏感性，利用这种敏感性设计议题和内容，那么它们就不会被动地应对民族国家制定的各种针对华人的政策。

西方文化通过全球化对世界多元文化形成冲击，但是也并不代表其能够在世界通行无阻。民族国家仍然可以利用各种政策限制、抵制和过滤西方文化，在民族国家中的各个族群又可以凭借文化观念、习俗、价值观、信息接收模式等，对西方文化进行再次过滤，所以，海外华文报纸可以采取各种措施，缓解全球化的冲击，利用全球化的机会展示中华文化的内涵。

作为商业性机构，华文报纸要利用全球化机会增强实力。全球化促进全球一体市场的形成，报纸因此可以拥有更广阔的发展空间，即它们可以突破国

家,甚至是地区市场规模和资源的限制在全球的范围进行布局,这对西方传媒来说是如此,对于海外华文报纸来说也是如此。由于资源可以在全球市场的空间里进行调配和流动,因此可以在最大程度上实现资源的优化配置,从而可以追求尽可能好的效益。由于全球化建立在信息革命的基础上,促成了全球传播网络,因此,可以实现华文报纸经济要素(包括技术要素)流动上的便捷。经济要素的"最优"配置,既可以体现在传媒内容的交换、生产布局上,也可以体现在资金的筹措与运用上。从海外华文报纸全球化的角度来说,全球化将会为其带来一个新的发展机会,提高规范运作水平,以现代企业制度管理传媒,与国际的规定或通行的惯例进行接轨。这本身就是一个进步。

当然,全球化是一把双刃剑,如果策略不当,也有可能遭受重大挫折,然而,面对全球化所提供的机会,华文报纸要勇于参与。在实践中,那些开放程度高的报纸往往能得到比较快的发展。全球化是一个多层次、多元化和多样性的动态概念,其中的机会和竞争也是在一种复杂的多元组合结构下存在和进行的。在许多情况下,通过努力,也可以使竞争的劣势转变为一定的优势。中国和印度充分利用经济全球化的机会,后来居上。它们在经济上的成功,有助于海外华文报纸从中吸取有益的经验,即在参与全球化的过程中寻找到自己的机会和优势,进而实现发展的目标。

三、全球化增强海外华文报纸的话语权

话语权弱,实力弱,全球化程度不高,造成海外华人维护族群利益的力量也弱。西方传媒一再发表侮辱海外华人的言论,面对海外华人的抗议,仍然我行我素,足以说明西方控制世界的话语权的事实,也让我们发现文化帝国主义的负面效应。因此,面对全球化的契机,抓住机会,壮大实力,增强话语权是海外华文报纸的必由之路。

如果说本土化是海外华文报纸赖以生存的基础,全球化则是它们扩大影响、增加无形资产、增强话语权力、扩大影响力、反"文化霸权"的重要途径。只有本土化,它们才能生存;只有整合资源,改变华文报纸过小过多、无序竞争的局面,实现集团化和产业化,才能更好地完成全球化传播的任务,才能增强海外华文报纸的影响力,维护海外华人的权益,实现中华文化在海外的传播,也因此能够更好地改善和提升华人形象。

面对全球化所带来的挑战,从本土走向世界,再在其他地区寻找发展空

间，实现集团化和产业化是海外华文报纸的趋势。固守本土只能造就孤芳自赏的传媒文化，游离于世界文化之外，不可能得到长远的发展，只有全球化才能在一波又一波的全球化浪潮中抓住机遇，获得动力。本土化与全球化可以并行不悖，全球化也要注重本土化。我们不能以全球化将对本土化造成冲击拒绝全球化，也不能认为只有全盘全球化才能让世界了解中华文化，从而丢掉了本土文化的特色。我们要思考的是，海外华文报纸如何利用全球化的手段和方法，包装本土文化，把本土文化推销出去，并在此过程中，扩展传媒实力，学会与外界交流的技巧与方法，学会吸纳其他文化的精髓为己所用，学会用世界主义的眼光去看待中华文化发展的问题。

面对全球化趋势，作为信息和文化传播的重要承载物，海外华文报纸只有走向全球化，才能满足传媒业的发展要求。事实上，面对全球化的挑战，一些规模较大的海外华文报业集团已经逐渐走向全球化和集团化，如香港明报集团、马来西亚星洲媒体集团等。同时，新媒体的迅速发展，以极强的传播时效和全球化的传播形式，更加促进了海外华文报纸的全球化。外国通讯社、中国新华社和中新社等新闻机构，把华人的声音带进来、传出去，特别是随着网络的迅猛发展，华人资讯已经随着网络在全球扩散。可以说，海外华文报纸的全球化逐渐展开，形成了本土与其他地区的全球性联结。它们报道本土新闻，并把该新闻通过各种渠道传遍世界。它们之间相互转载，实现资源的共享，从而形成了以中国为华文传播中心、海外华文报纸传播当地新闻并与其他国家和地区相互交流的全球性华文资讯传播网络。随着海外华文报纸的全球化程度越来越高，集团化后的实力越来越强，它们将有更多的财力、人力、物力构建更加完善的信息传播网络，为全球华人提供更加快捷、丰富的资讯，甚至有可能形成强大而又统一的华文资讯传播网络，实现与西方强势媒体平等对话的愿景，反映海外华人的声音，促进中华文化的全球性传播。

作为少数族群传媒，海外华文报纸与生俱来的传播特点，就决定了它们是民族国家相当敏感的传播媒介，要谨慎、客观、合理地报道华人诉求，反映他们的声音，为海外华人服务。笔者认为，鉴于海外华文报纸的敏感性，它们的全球化宜走中间道路，即以客观报道为原则，以文化传播为己任、以效益为动力、以文化交流为目标。海外华文报纸应以更加宽广的胸怀去面对全球化，不应受政治意识形态的影响，避免价值观的争论，以理性、客观、公正的诉求手段，加强与其他族群的交流，促进族群的相互理解。

德国社会学家尤尔根·哈贝马斯鉴于现代性对社会带来的许多负面后果，

提出交往理性的观点。该观点要旨在于：对现代性的理解和批判必须实现从主体性向主体间性的转变。它的核心是促进人与人之间达成相互理解、协调一致的关系的可能性，其功能在于从形式上为达成一致的对话、商谈、论证等规定一个可操作的原则。作为在海外传承中华文化的海外华文报纸来说，是否可以借鉴哈贝马斯交往理性的观点，秉持中华文化与人为善的理念，实现人类共同发展，促进世界和谐？海外华文报纸在开展与其他文化的对话时，不应当重走今天西方媒体的道路。我们可以借鉴西方传媒冷静审视世界，批判世界等优点，借此推进世界发展，解决各种争端，促进人类和谐，但不应当充当意识形态和西方文化的推销员。

面对西方媒体的全球化对族群文化、民族文化、世界多元文化所造成的冲击，海外华文报纸要想全球化，就要采取多种措施来解决全球化过程面对的诸多问题，要借鉴西方媒体全球化的经验，如建立跨国的传播网络、上市融资等，增强实力，优化资源配置，把海外华文报业做大做强。

第三节　启示：全球化背景下对少数族群传媒的思考

传媒、社团、教育是少数族群维系族群的重要手段和工具，其中，传媒起着相当关键的重要作用。它们不仅传播族群信息，也传播当地主流社会信息。它们不仅服务族群，而且也促进族群间的文化交流。它们不仅是维系族群认同的重要工具，而且也是促进族群融入主流社会的重要手段。少数族群传媒起着当地主流传媒、跨国传媒不可替代的作用。通过上述五章有关海外华文报纸的论述，我们充分认识到，少数族群传媒的生存与发展不仅是历史现象，而且还是社会议题，有其存在的合理性和合法性。总结它们的传播特点、产业发展形态、文化传播形式等，进一步思考少数族群传媒，有助于我们更加深入研究全球化对少数族群传媒的影响，以及少数族群面对全球化的表现形态，由此帮助我们认识全球化背景下少数族群传媒的发展方向，思考少数族群的命运。

一、修正对少数族群传媒的四个认识误区

迄今为止，帕克的《移民报刊与控制》一书仍然被认为是目前对少数族

群传媒理论论述最为完整和系统的著作，后人对少数族群传媒的调查基本上建立在帕克研究的基础上，并围绕某一族群传媒而展开。今天，全球化已经波及世界每一个角落，不参与全球化就会被边缘化。生活在世界各国的少数族群，当然也不可避免地受到全球化的影响。作为传递少数族群声音的少数族群传媒在面对全球化时，与1922年帕克当时调查少数族群传媒状况的情况有很大的差异。换句话说，帕克关于少数族群传媒的一些观点有待修正及提升。

本书以海外华文报纸作为研究个案，鉴于它们与少数族群之间的密切关系，以及受全球化的影响，提出了少数族群传媒要实现市场化运作，要注重文化传承功能、面对全球化的矛盾心态、族群和国家认同双重性、传播二度编码、全球本土化的少数族群传媒全球化等观点。这些观点可以作为帕克以及其他学者所提出的少数族群传媒理论的补充和提升。同时，本书借鉴帕克以及其他学者对少数族群传媒的论述，总结海外华文传媒全球化的传播特点，并在此基础上，提出了修正人们对少数族群传媒的四个认识误区的观点。

1. 少数族群传媒并不一定由少数族群创办

少数族群传媒的创办存在两种情况，一种是政府为向少数族群传播有关国家大事而创办的少数族群传媒；另一种是少数族群为弘扬本族群的文化和思想，维护本族群的利益，反映本族群的诉求而创办的少数族群传媒。前一种传媒是由政府主导，因此向少数族群宣传和灌输国家认同和主流文化的色彩比较浓郁，比较少反映少数族群的利益诉求，主要起传播政府政策的作用，比如说，1965年印度尼西亚政府创办的双语（印度尼西亚文和华文）报纸《印度尼西亚日报》，就是其中的典型代表。而后一种则担当了重要的社会功能。它们不仅完全具备主流传媒的传播功能和责任，还承担了维系族群认同和文化认同的重要历史使命。马来西亚《星洲日报》、美国《世界日报》是其中的典型代表。所以，后一种少数族群传媒才能真正反映少数族群的心声。笔者对少数族群传媒理论的阐述也是基于后一种情况总结形成的。

少数族群传媒的出现，在全球化时代呈现出相当复杂的政治、经济、文化关系，不仅反映了少数族群与当地主流族群的关系，而且还牵涉少数族群祖籍国与少数族群所在国的国际关系。民族国家对境内的少数族群问题处理不当，便会引发该国与少数族群祖籍国的矛盾。于是族群间的矛盾便会上升到国家矛盾，甚至会引发两国间的战争。因此，全球化背景下的族群问题，是民族国家的一大挑战。

面对全球化的时空挤压、文化同化，以及民族国家对少数族群传媒的控制,少数族群及其传媒的生存空间面临日益萎缩的危险。少数族群文化是世界多元文化的重要组成部分,是保持世界多元文化生态的重要力量,然而,面对文化全球化的冲击,许多少数族群处于弱势地位,既无力抗衡文化全球化的冲击,又得不到民族国家的扶助,甚至还受到民族国家的限制和歧视,因此,少数族群呈现逐步被当地主流文化、西方文化同化的现象。一些古老且又经历过璀璨历史时期的少数族群,正面临消亡的境地。作为传播族群文化的重要工具,许多少数族群传媒也不可避免地受到波及,也同少数族群的命运一样,面临消失的危机。因此,开展少数族群传媒的研究,不仅可为世界范围内的少数族群传媒提供许多生存与发展的经验和启示,而且还可以从中更加深入地探讨少数族群、民族国家与西方国家的关系。

2. 文化认同不等于政治认同

促进人们的文化认同与对某一社会问题形成共识是社会传播的一项重要任务,在传统社会,这一功能是由教育和宗教来承担的,而在现代媒体社会则成了大众传播的一项主要任务。"大众传播通过象征性事物的选择、加工、记录和传达活动向人们提供关于外部世界及其变化的信息,用以作为社会成员认识、判断和行动的基础。教育和宗教的传播是在有限的规模和范围内进行的,而大众传播则把同一内容的信息传达到社会的任何阶层和任何角落。因此格伯纳认为,大众传播不仅是现代社会的故事讲解员(story-teller),而且是缓和社会各异质部分的矛盾与冲突的'熔炉'(melting pot),在这个意义上它还是维护现存制度的文化武器,因此,大众传播在形成现代社会的共识方面,已远远超越了传统社会中教育和宗教的作用。"[①] 大众传媒已经深入到人们生活的各个层次,极大地影响了人们的思想与观念。它既是传播文化的重要武器,也是文化融合的重要手段。对于一个多民族的国家来说,利用大众传媒传播思想,缓和社会矛盾,推动多民族文化的交融尤其重要。

在全球化时代,我们也要认识到,大众传媒能够帮助人们接收信息,形成强大的舆论,但无法左右人们的想法。也就是说,受众虽然接收外界信息,但是其看法未必与传媒的传播思想相一致。因此,在一些民族国家中,政府非常希望传媒通过宣传国家政策,引导少数族群增强对政治的认同感,但是结果未必能达到政府的期望。

比如,长期以来,中国政府希望借助海外华文报纸增进华人对中国政治制

---

① 吴文虎:《传播学概论》,武汉大学出版社2000年版,第285页。

度的认同,甚至促成海外华人对中国的归属感,但是事实证明,这种愿望无法遂愿,也不符合现实情况。

马来西亚学者王朴空(音译,Heng Pek Koon)于2002年对马来西亚人关于国家认同感和族群认同感的调查发现,在愿意移民的华人当中,只有2%的华人愿意移民到中国(内地、香港和台湾),相比较而言愿意移民到新加坡的华人却有7.9%,接下去是澳大利亚、西欧、美国,甚至希望移居日本的华人也比希望移居中国大陆的人数多。由此可见,马来西亚政府对华人的看法是错误的。(见图6-2)

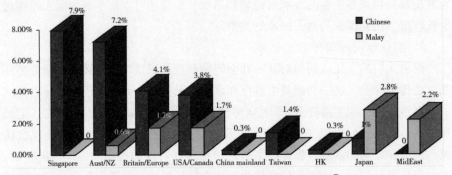

图6-2 马来西亚华人希望移居地区调查①

从图6-2的数据来看,华人愿意移民到中国大陆的百分比只有0.3%,与华人希望移民到香港的数据相同,但比华人希望移民到台湾的数据相差很多(台湾是1.4%)。经过将近40年的改革开放,中国沿海地区的经济发展和成就并不逊色于马来西亚,但是为什么华人不愿意移民到中国大陆呢?这个调查数据使我们从中发现另外一个事实,那就是华人认同中华文化来自中国,但是并不等于他们认同中国大陆。数据也说明,华人认同台湾多于认同中国大陆与香港。

中国政府要冷静地看待海外华文报纸和华人的政治认同,不能想当然地认为海外华人认同中华文化,就会认同中国的政治制度,以致造成决策上的失误。实际上,帕克和其他学者通过对少数族群传媒的研究,也证明了它们在政治上比较少要求少数族群认同祖籍国的事实。

---

① Heng Pek Koon. The Malaysian Chinese Successor Generation: Identity Formation, Political Orientatin, Economic Preferences and Socio-culture Attitudes. The Malaysian Chinese in the 21st Century: Challenges in a Multi-ethnic and Multi-cultural Malaysian Society, 2002.

3. 边缘化不等于无影响力

一份有关少数族群传媒最新的调查报告显示："美国少数族群的媒体正在美国社会中呈现出越来越大的力量，对它们影响力的被忽略将是一种错误。当然，对于美国主流舆论而言，英文强势媒体如美联社、BBC、NBC、《纽约时报》《洛杉矶时报》等仍然把持着强劲的话语权。但随着少数族群媒体的兴盛，它们的舆论引导能力大为加强。调查显示，有高达5100万美国成年人经常接触少数民族传媒，这差不多为25%的美国成年人的数目。在这些传媒消费者之中，有2900万的少数族群成年人，也就是说美国30%的成年人，不只经常使用少数族群传媒，而且他们喜欢选择自己的族群传媒，更在主流传媒之上。"① 虽然少数族群传媒被主流社会边缘化，但是它们却起着主流传媒无法取代的作用。"主流媒体不可能包揽美国所有的新闻报道和对所有的少数族群社区的报道。比如，在越南妇女遭受性虐待的起诉案时，如果你对越南社区不了解，得不到他们的信任，你是无法做出深入、感人的报道的，但是当地的越南语媒体就有这样的优势，能帮自己的主流媒体同行们一把。"②

在美国，"除非裔组群之外，移民们都表示，更愿意通过少数族群媒体获取关于故土或所在的美国社区的信息。西班牙移民对本族群的媒体最忠诚，87%的人说他们经常接触西班牙语媒体；其他四个少数群体中，也各有64%的人收听、收看，或是阅读母语新闻。在网络媒体的受众中，阿拉伯语网站吸引了美国76%的本语种移民；亚裔居民中也有2/3愿意登录自己的母语网站了解窗外事"③。少数族群传媒已经成为当地传媒的重要组成部分，是传播族群信息的重要工具。

"在美国，有超过1000份少数族群报刊，少数族群媒体的触角能渗透到其中的5100万人。在这5100万新闻受众中，2900万人是少数族群媒体的忠实受众，占美国成年人口的13%。剩下的2200万人，在接受英文或是美国主流媒体的信息时，也会光顾少数族群媒体。亚裔移民中各语种存在很大的分化：来

---

① 汪晨：《最新调查显示：美国少数族裔传媒呈现出巨大力量》，新华网，2005年6月9日，http://news.xinhuanet.com/overseas/2005-06/09/content_3062505.htm。
② 李焰：《少数族裔媒体：藏在美国主流媒体身后的巨人》，华语国际通讯社，2008年3月4日，http://www.ccmedu.com/bbs54_58671.html。
③ 李焰：《少数族裔媒体：藏在美国主流媒体身后的巨人》，华语国际通讯社，2008年3月4日，http://www.ccmedu.com/bbs54_58671.html。

自中国、韩国和越南的移民非常依赖于本民族语言媒体,由此获取信息。"①
"有82%的少数族裔成人经常收看、收听和阅读本族裔传媒,中文报纸覆盖了70%的华裔成人。"② 由此可见,边缘化不等于无社会影响力。在美国,报纸社区化几乎成为趋势。新加州传媒(New California Media)行政主任珊迪·克劳斯(Sandy Close)说:"少数族群媒体对移民社区中的中小企业发展有促进作用。比如,一家韩国干洗店如果没有广告宣传,如何让社区的居民知晓?汉(华)语媒体就提供这样一个交流信息的平台。"③ 少数族群传媒面向大量人群,又为特定的社区族群服务,因此它们的针对性更强,目标更明确。从这一点来说,少数族群传媒虽然面对社区受众,但是影响却能扩展,甚至能够跨越不同族群,影响到主流社会的舆论。

4. 强调族群认同不等于妨碍少数族群融入主流社会

海外华文报纸具有族群和国家认同的双重认同特点,反映了少数族群传媒认同族群,但并不阻止该族群融入主流社会的事实;恰恰相反,少数族群传媒充分认识到少数族群融入主流社会的重要性,不断鼓励少数族群融入主流社会。

作为一种少数族群传媒,海外华文报纸不断推动华人融入当地社会。早在20世纪50年代,华文报纸社鼓励华人落地生根,改变认同对象,1951年1月24日,《南洋商报》刊出评论《确立马来亚公民权》,强调马来亚华人要全力争取公民权。随后,《南洋商报》针对华人的国家和政治认同问题,于1951年3月5日刊出社论《怎样决定马来亚的命运》。文章说:"我们在此居住了数百年,马来亚已成为我们的故乡……我们愿做马来亚公民,与马来亚其他民族继续和平相处,为马来亚的和平与繁荣而努力。"④ 该报又于1951年5月28日刊出评论《展开星马选民登记运动》,再次强调"绝大多数华人已有意终老新马,政府应早日确立制度,以解决华人的公民权问题。华人一旦取得公民权后,就会效忠当地,和其他各族和谐共处。报人在社论中指出,南洋千万华侨应视南洋为第一故乡,华人应随时参与此时此地的政治运动,青年也不应逃避

---

① 李焰:《少数族裔媒体:藏在美国主流媒体身后的巨人》,华语国际通讯社,2008年3月4日,http://www.ccmedu.com/bbs54_58671.html。
② 沙蒙:《边缘崛起:少数族裔传媒的发展》,美国《侨报》2009年7月6日。
③ 李焰:《少数族裔媒体:藏在美国主流媒体身后的巨人》,华语国际通讯社,2008年3月4日,http://www.ccmedu.com/bbs54_58671.html。
④ 《怎样决定马来亚的命运》,载《南洋商报》1951年3月5日。

人力动员法令,因为身为第一故乡的子民,服兵役是应尽的天职"①。这些言论,充分反映了《南洋商报》已从认同中国转向认同马来亚,鼓励华人融入当地主流社会。

在许多主流社会的人眼里,少数族群传媒强调族群和文化认同,将会降低对国家的认同,然而,这种观点并不能成立。1947年3月至6月间,新加坡华文报纸《南侨日报》举行了一次"关于马来亚未来政制民意测验"②,民意发现,"调查共收到个人及社团寄来答案总计24023人,除其中11人未依照规定投稿作为废票外,实际参加测验的有效人数为24012人,只有23人选择不做马来亚人,占全部有效人数的0.1%"③。这个调查很清楚地反映了马来亚华人虽然强烈保留族群认同,但也效忠马来亚。

在美国,少数族群传媒的影响也很大。美国之音于2006年11月24日以"美少数族裔报刊鼓励移民融入社会"为题,报道了美国少数族群传媒注重帮助移民融入主流社会的新闻,说明少数族群传媒虽注重维系族群认同,但并不妨碍少数族群融入主流社会。

在美国,接近1000种少数族群传媒大量报道主流社会信息,增强少数族群对主流文化的认识。美国独立媒体协会负责人安德鲁·怀特(Andrew White)说:"在纽约,令人感到吃惊。你发现在过去的12年中这里的人口数量增长了100万,其中大多数来自世界其他国家。在这里你会发现关于纽约市、美国政治和美国政府的许多不同的声音。少数族群媒体越是对这座城市和对美国进行报道,那些声音就越有可能进入美国的主流社会。"④ 在美国,希伯来文报纸的历史相当久远,而且在犹太人社区的影响非常大,而犹太人又对美国政治、经济影响很大,希伯来文报纸因此直接和间接在美国社会产生影响。

综上所述,少数族群传媒强调维系族群和文化认同,并不妨碍少数族群融入主流社会,反而鼓励他们培养国家的认同,加快融入主流社会的速度。认为少数族群传媒的存在,会减弱少数族群对国家的认同的看法不能成立。以少数

---

① 《展开星马选民登记运动》,载《南洋商报》1951年5月28日。
② 1963年新加坡加入马来西亚前,马来西亚称为马来亚。
③ 崔贵强:《新马华人国家认同的转向1945—1959》,新加坡南洋学会1990年版,第173页。
④ 美国之音电台新闻部:《美少数族裔报刊鼓励移民融入社会》,美国之音,2006年11月24日,http://www.voanews.com/chinese/archive/2006-11/w2006-11-24-voa43.cfm。

族群传媒会阻碍少数族群对国家的忠诚为理由压制少数族群传媒,不仅违背了少数族群的意愿,而且也违背了事实,对国家的稳定和族群间的和谐也不利。

二、全球化背景下少数族群传媒需注意的问题

在民族国家眼里,少数族群传媒已经成为一个牵动社会神经的媒介。为何会出现这种现象,根本的原因就是在全球化的时代中,对族群问题处理不当,会引发族群间的相互误解,甚至相互敌视。发展中的民族国家甚至因此成为西方社会口诛笔伐的对象。因此,少数族群传媒理论所揭示的族群间相互影响的复杂关系,真实地反映了全球化对民族国家的冲击。对海外华文报纸来说,它们在全球化背景下所呈现出来的传播特点,足以使我们感受到它们所处环境的复杂性,带给我们对它们如何在全球化下发展的思考。

1. 少数族群传媒如何履行责任

新媒体不断涌现,为海外华文报纸的全球化传播提供了良好的便利。面对政治、经济、文化的全球化趋势,鉴于海外缺少华人的声音,中华文化传播的缺位,海外华文报纸的弱小,全球化是海外华文报纸的主要出路。然而,另一个问题也随之浮出水面,那就是海外华文报纸积极参与全球化进程,会不会成为另一个类似西方媒体的文化帝国主义?会不会给其他族群也产生类似于西方文化的文化殖民的感觉?海外华文报纸的全球化会不会继承西方媒体全球政治干涉的传统?换个角度说,海外华文报纸的全球化要达到哪个程度,才算履行它应尽的职责?是不是它达到了在海外传播中华文化的目的,它就可以不再全球化?全球化是一个历史进程。它的完成需要很长的时间,甚至没有终点,那么在此过程中,随着中国的崛起,海外华文报纸该肩负何种使命呢?

随着全球化的发展,反对全球化的声音也很大。作为全球化的中心力量之一,传媒在推动全球化方面起到了重要的,甚至是决定性的作用。然而,由于媒体的力量过于强大,有时它就超越了冷静、客观评判社会的界限,对世界政治、经济、文化进行全面干预,从而引起族群、民族国家的过滤和抵制。传媒的全球化,"不仅能够重构由非领土扩张化所耗尽的文化意义和认同感,而且能够重构全球文化政治的相关形式"①。那么,海外华文报纸在全球化的过程

---

① (英)约翰·汤姆林森:《全球化与文化》,郭英剑译,南京大学出版社2002年版,第41页。

中，会不会因为介入当地的政治、经济、文化，而罩上政治的外衣，引发华人族群与主流社会的争议，甚至冲突？因为传媒全球化会涉及对各个领域的影响，所以海外华文报纸如何在重构社会关系时一方面争取族群应有的各种权益，另一方面又能避免族群之间的文化冲突甚至政治冲突？再进一步，海外华文报纸在全球化过程中，会不会产生中华文化的沙文主义倾向，从而引起其他文化的抵制与敌视？这些问题是海外华文报纸全球化过程中不得不面对，而且必须要思考的课题。

2. 少数族群传媒如何面对民族国家碎片化的倾向

曾经是主流媒体的新加坡华文报纸，因为华文教育衰落，影响力日益减弱，而作为非主流媒体的华文报纸，其影响力却在维护族群利益时发挥了重要作用。这说明，少数族群传媒确实对民族国家造成相当大的影响，如果它们过分维护族群利益而忽视国家利益时，就有可能挑拨少数族群的情绪，甚至会促使少数族群致力于争取国家权力，造成民族国家面临解构的危险。新马两地华文报纸不同命运，说明全球化对海外华人的文化、思想已造成重要影响，而且也重构了海外华人与民族国家甚至西方国家的社会关系。

西方国家认为人权、民主、自由没有国界，各族群、民族有权选择自己的文化和生活方式，在某种程度上为民族国家的少数族群维护生存权和发展权提供理论依据。然而，这种人权无国界的理论和观点，又对许多民族国家中各个族群之间的关系产生重大影响。比如说，民族国家的少数族群提升为民族后，就会寻求政治、经济、文化的独立，那么民族国家就会面对四分五裂的后果。大量华人生活在海外，一旦他们改变族群的性质，并把它提升到民族的层面，那么民族国家如何面对海外华人民族属性的改变？作为海外华人重要的喉舌，海外华文报纸在这一过程中起何种作用，会不会鼓励聚居在一起的海外华人实行类似于科索沃、阿尔巴尼亚族的民族自治的方式，寻求海外华人脱离于当地民族国家？中国面对海外华人族群属性的改变，又如何调整自己的政策？

以新加坡的例子来说，1965年新加坡为争取华人的发展空间，不得已脱离马来西亚而建国，结果通过勤奋努力，建设了今天繁荣的新加坡。这说明海外华人确实有因为维护族群利益而改变族群政治属性的可能性，重构华人与当地主流社会关系，但是争取到政治权力后，又不得不面对全球化的局势改变政治、文化、经济政策，以求生存于全球化的浪潮中，于是华文报纸、中华文化在全球化的冲击下，因为丧失了维护族群认同感的作用，社会地位就会下降。全球化一方面有助于促成海外华人实现族群自治和民族自决的可能性，但另一方面也明显反映了西方社会在全球化过程中的主导地位。面对如此强势的西方社会，一旦华人争取到政治权力之后，就有可能因为全球化而走上西方化的道路。

比如说，新加坡独立后，当务之急便是获得国家的生存，自然选择了一条亲西方、走西方社会制度的道路，选择世界通用媒介语言——英语为官方语言，使得华语在新加坡的地位日益下降。2007年8月，新加坡一位图书馆管理者与笔者交谈时指出，再过20年，华语便会成为新加坡的外语。因为把英语当作官方语言，新加坡社会逐渐西方化。虽然政府意识到新加坡西方化的危险，但是已经无法阻止和改变这种现状和趋势。很自然地，由于华人已经争取到国家权力，由政府控股的《联合早报》也觉得没有责任在全球范围内进行文化传播。华文报纸考虑更多的是如何为新加坡服务。

由此可见，海外华文报纸全球化问题相当敏感。新加坡民族自决，并独立建国的例子，有可能成为海外华人争取族群权益的最终出路。然而，这条道路可能会进一步引发和制造新的全球性的海外华人问题。是祸是福，很值得我们冷静思考。因为全球化，海外华人和华文传媒面对众多重建社会关系的问题及族群的前途，都使得我们不得不以更加前瞻的眼光看待海外华人族群的变化，以及海外华文报纸的社会影响力。这些因应全球化而出现的海外华人族群问题以及海外华文报纸社会影响力的变化，虽然课题相当敏感，但是很值得我们展开研究。

事实上，今天海外华人所面对的全球化问题，以及国家碎片化的危险，也是民族国家少数族群普遍面对的问题。一些少数族群选择独立倾向，族群转变成民族，致力于争取国家权力；一些少数族群选择与政府合作，共同解决族群问题，从而在保留族群特色的基础上，接受主流社会所拟定的政治、经济、文化制度；还有一些少数族群认同主流社会，放弃争取族群的生存权而选择了一条被同化道路。因这三种少数族群对国家碎片化倾向的态度，与之关系密切的少数族群传媒因而也呈现相应的特点。所以，在全球化背景下，一些民族政府对少数族群传媒的宗旨感到忧虑，防止它们的舆论影响到社会的稳定和国家的统一，是有一定理据的。

综合少数族群争取自治甚至争取政权的现象，笔者认为，政府出台处理族群问题的政策对少数族群影响最大。由于族群权益得不到维护，文化受到歧视，经济受到压制，政治受到挤压，作为弱势群体的少数族群自然会起来争取应有的权益，比如马来西亚、印度尼西亚等国的华人，与其他族群之间隔阂很深。

反之，少数族群的权益得到政府的重视，问题就会得到很好的处理。比如，泰国把入籍后的华人当作国民，对他们实行国民待遇，再加上文化相近，因此泰国华人问题最少。在一些西方国家，由于实行民主政策，华人族群利益得到一定程度的维护，况且在经济上得到发展空间，因此，华人问题也比较少。由此可见，全球化时代国家碎片化的倾向，主要发生在一些少数族群权益得不到重视，或者受国际政治、文化因素重大影响的国家。很自然，少数族群传媒就会根据现实情况确定报道宗旨，这是全球化、政治、文化、经济共同作用的结果。

3. 少数族群传媒如何解决族群文化扁平化的问题

少数族群传媒全球化，会不会使族群失语，这也是它们在全球化过程中要面临并解决的问题。以海外华文报纸为例，在华人社会当中，它们的全球化就引起不少争论。人们普遍产生忧虑，那就是当海外华文报纸全球化过程中，通过整合资源，优化配置，实现了少数几个跨国媒体的壮大，那么一些弱小的海外华文报纸就有可能丧失了生存空间，海外华人也就产生担忧：这些实力雄厚的传媒通过兼并弱小的传媒后，会不会垄断华文传媒业，成为政府的代言人，而丧失了维护华人权益的责任。比如，马来西亚星洲媒体集团、南洋报业集团与香港明报集团合并，组建世界华文传媒集团，在马来西亚华人社会产生了抗议活动和反对声音，明显反映了华人对上述问题的焦虑。马来西亚政府也对此颇有疑虑，担心三家集团合并后，会不会重构马来西亚华人社会，甚至影响华人与马来人的种族关系，进而干涉马来西亚的政治、经济和文化制度。此外，海外华文报纸的全球化是否造成世界各地华人社会的扁平化？世界各地的中华文化经过数十年，甚至上百年与当地文化相融，形成了颇有特色的中华文化与当地文化的混合体，但这种混合体是否在海外华文报纸全球化的冲击下会消失？也就是说，海外华文报纸的全球化是否也按照西方跨国传媒的全球化对弱势民族文化进行同化的模式，而使得全球各地的中华文化与当地文化相互融合而形成的文化混合体趋于瓦解？这也是很值得思考的问题。

美国著名社会学家伊曼纽尔·沃勒斯坦（Immanuel Wallerstein）在论述全球化的概念时强调要以"世界体系"对全球化进行研究。他提出了在这个体系中，各个民族文化都是相互联系，而且动态变化，民族文化的社会地位可以轮换。他认为要跳出民族文化作为单元研究的视野，转向以"世界体系"为观照的整体研究方法。笔者认为，这对于从整体的角度研究海外华文报纸的发展状况、表现形态以及面对全球化呈现的统一形象有非常大的借鉴价值。事实上，由于文化的同一性，海外华文报纸从整体研究的角度出发，并无损学术研究的客观性和科学性,相反它却为我们提供整体研究海外华文报纸的研究视角,思考如何促进中华文化在海外传播,并承担中国与世界相互交流的桥梁角色,从而进一步推进中国的全球化,并塑造海外华人统一的形象。然而,令我们感到疑惑的是,"世界体系"的研究方法会不会造成少数族群文化的扁平化?少数族群文化在与其他族群文化之间位置变换过程中,会不会以牺牲某些特点为代价,而换取位置的变换呢?作为少数族群传媒,会不会在这么一个体系中,为寻找更有利的商业位置,而自我牺牲,从而失去了少数族群传媒的喉舌作用呢?

笔者认为,在民族国家仍然存在的背景下,少数族群文化很难与主流文化进行置换,更多的情况是少数族群文化在主流社会的影响下逐渐被同化。从这个角度来说,包括海外华文报纸在内的少数族群传媒如何在民族国家和全球化的背景下保留族群文化,并如何实现自身的生存与发展,是一个巨大的挑战。

上述三个问题,反映了包括海外华文报纸在内的少数族群传媒所面对的困境。这三个问题是在全球化背景下形成的,如何解决,怎样解决,对少数族群的定位尤其重要。少数族群传媒有其存在的合理性,在全球化背景下,虽然受到冲击,但是也产生了相当大的影响。笔者认为,在全球化趋势下,鉴于世界复杂的政治、经济和文化因素,未来少数族群传媒对世界的影响并不逊色于西方媒体。笔者也希望今后继续从事少数族群传媒的研究,将其放在全球化的背景下进行多因素和多学科交叉研究,以丰富和完善少数族群传媒理论,促进人们对少数族群传媒的认识。

第四节 研究延伸:少数族群传媒的理论建构

当前,美国学者对少数族群传媒的研究和理论建构,主要吸收了民族学、新闻传播学和国际政治学等相关学科的理论。从美国学者所发表的论文和研究的关注点来看,他们主要围绕三个方面展开研究。

一、少数族群传媒的全球化与本土化

美国少数族群传媒的现状及其对族群认同的影响,使我们清晰地认知:随

着网络的出现，以及移民全球化的趋势，为增强话语权以及提升经营管理水平，在受众、资本、技术条件同时具备的情况下，少数族群传媒已显现在本土化的基础上进行全球传播的趋势，比如说在美国的纽约中文电视和中文报纸，通过在网络提供视频、文字和照片信息，不仅面向美国华人传播信息，而且为中国人提供有关美国华人的信息。又如犹太人所创办的希伯来文报纸，如《犹太人报》（Der Yid）①，不仅面向美国的犹太人传播，也同时为以色列人提供信息服务。新媒体的发展，特别是网络的迅速发展，极大地推进了少数族群传媒的发展，也使得它们呈现出与当地主流传媒、跨国传媒既有相同的特点，又有显著的差异的特性。少数族群传媒的新的传播态势的出现，为美国研究少数族群的学者提供了新的研究背景，推动了少数族群研究的发展，取得丰硕的成果。如美国学者西蒙·科特尔（Simon Cottle）通过对来自非洲的黑人少数族群的研究，发现"在全球化、新媒体传播背景下，媒体在传播非洲黑人文化，培养族群归属感起着重要作用，由此提出了'新族群'的概念，描述了因为媒体的传播全球化，产生虚拟的网络少数族群社区等现象，并发展了全球化时代多元文化主义与多元种族主义的理论"②。

　　在全球化进程中，少数族群传媒一方面对全球化持欢迎态度，另一方面又对文化帝国主义和文化全球化持保留和抗拒态度，生怕文化全球化挤压了少数族群的生存空间。事实上，美国少数族群传媒的生存空间已经面临被实力雄厚的传媒集团逐渐蚕食的困境。比如说，鉴于美国华人人数众多、消费力强劲的事实，许多主流传媒集团都不约而同地创办华文传媒，或是在网络上开辟华文版，由此在一定程度上挤压了少数族群传媒的空间。如美国新闻集团属下的《华尔街日报》开辟华文版就是其中一例。全球化是一个历史趋势，美国学者巴赫·弗雷德里克（Barth Frederik）鉴于在全球化浪潮中少数族群传媒与主流社会的互动所产生的矛盾心理，鼓励其接受全球化的挑战，加强与西方文化的交流。他认为："少数族群传媒可以在全球化的进程中获得新的发展动力，既要实现自身的全球化，也要实现外在的全球化，与美国主流文化对接和融合，才能在美国主流文化与少数族群文化之间实现互动，得到提升，也可以在反西方文化全球化的'时空压缩'的过程中，获得展现少数族群文化魅力、扩展

---

　　①　意第绪语报，希伯来文名为 דער איד，主要是从德国移民到美国的犹太人使用的语言，印刷时采用希伯来文字，英文把 Yid 称为犹太人。该语言主要由德裔犹太人使用。
　　②　Simon Cottle. Ethnic Minorities and the Media: Changing Cultural Boundaries. Open University Press, 2000, p. 12.

文化影响力的机会。"①"少数族群文化只有融入美国本土文化,在全球化的背景下,才能获得更大的传播能量,才能获得生存。"②

从当前新媒体的发展趋势来说,少数族群传媒的传播全球化已经非常明显。这种现象一方面有助于扩大少数族群声音,使更多的人了解到少数族群所处的环境和面对的困难,在某种程度上使美国政府不得不重视少数族群的权益;另一方面,全球化又使少数族群与祖籍国加强了联系,使得国际政治呈现出更加复杂的局面。少数族群与当地主流社会的关系,在某种程度已经严重影响其祖籍国与美国的国际政治关系。比如说,以犹太人为传播对象的希伯来文报纸就是其中一个典型例子。众所周知,由于在历史上受过多次民族迫害,犹太人自发、自觉形成了强烈的族群认同感,使得美国犹太人非常关心以色列的国家命运。维系犹太人族群认同的希伯来文报纸,如《前进报》③,不仅历史悠久,而且还维系犹太人的文化传承和族群认同,大力鼓励犹太人积极参加政治选举,影响美国政府对以色列的政策,由此成为犹太人舆论的喉舌。希伯来文报纸的报道和舆论导向因此直接或间接对美国政治产生影响,对美以两国关系产生重大、深远影响。

基于新媒体的兴起和其全球传播的特点,美国学者从国际政治学的角度研究少数族群传媒的全球化与本土化,由此开辟了一个新的研究视野,创造了一个更加广阔的民族学研究领域,带给学界一个崭新的视角。从这个角度说,美国学者为开拓民族学的研究领域做出了很大的贡献。

二、少数族群传媒的再编码和再传播

从少数族群传媒全球化的过程和方式来看,它主要体现在两个层面:一是在少数族群社会中实现传播全球化;二是在全球范围内向不同种族传播。相比较而言,实现第一个层面的全球化要比第二个层面的全球化难度小很多。由于要向不同文化背景的人们进行传播,不仅需要雄厚的资本,而且还要进行二度编码和语境的转换④,导致传播过程复杂化。

---

① Barth Frederik. Ethnic Groups and Boundaries. Oslo: Universities Forlaget, 1969, p. 62.
② Barth Frederik. Ethnic Groups and Boundaries. Oslo: Universities Forlaget, 1969, p. 149.
③ 意第绪语报(Forverts),希伯来文名为פֿאָרװערטס,英文名为"The Forward",印刷时采用希伯来文字。该报创刊自1897年4月22日,现仍在发行。
④ 参见程曼丽《国际传播学教程》,北京大学出版社2006年版,第123页。

由于少数族群传媒向美国主流社会乃至全球传播的过程中，要经过文本的二度编码和再传播的阶段，也就是说少数族群传媒要通过多种手段，以当地主流语言翻译和传播少数族群的信息，这样必然增加了少数族群传媒全球化传播的难度，反映了少数族群传媒向美国主流社会和西方社会传播少数族群文化相对艰难的现实，凸显了少数族群传媒弱小的话语权，显示出少数族群传媒信息传播"逆差"仍然是一个现实问题。美国学者路易斯·卡因卡（Louise A. Cainkar）认为："在美阿拉伯人和穆斯林之所以被认为与恐怖主义有关，根本原因在于在美以及中东阿拉伯文媒体与主流媒体存在差距悬殊的传播力量，导致了整个穆斯林族群被主流媒体刻画成恐怖分子。"① 虽然美国号称全球资讯流通最自由的国家，但是法律也对信息的流通设置了许多阻碍，政府可以通过制度性的安排，对少数族群传媒的信息进行过滤和限制。在这样的环境下，少数族群传媒的再传播和再编码也必然受到影响。这也是造成少数族群传媒向主流社会和其他族群传播信息难度增加的原因之一。

全球化、民主化和信息资讯的自由传播导致了美国少数族群传媒迅速、持续、跨国界地发展，也导致少数族群、当地主流社会、西方社会之间形成了紧密的交流互动网络。在一个全球化的背景下，少数族群传媒能否传播少数族群信息的任务，仍然取决于西方社会对该信息的评价标准和少数族群传媒的效度和信度问题。美国学者埃洛斯·帕安尼能（Eloise Paananen）据此认为："少数族群传媒与主流社会的互动存在严重的不对等问题，这个问题导致了主流媒体在转载少数族群传媒的报道时有意无意地歪曲事实，丑化少数族群形象。"② 比如美国华文传媒指责政府把华人当作间谍，并把此种信息传递到美国主流媒体，然而主流媒体并没有对华文媒体再编码和再传播保持足够的公正性，即使有，也会选择一个负面的角度进行解读。帕安尼能认为："美国主流媒体对这些信息再组织和报道之后反而使主流社会对华人的误解更加严重，强化了华人不仅在文化上认同中国，而且在政治上认同中国的印象，这种情况进一步刻板了华人在美国人心目中的形象。"③ 这种现象说明少数族群传媒的全球化所造

---

① Louise A. Cainkar. Homeland Insecurity – The Arab American and Muslim American Experience After 9/11. New York：Russell Sage Foundation Publications，2011，p. 3.
② Eloise Paananen, George Tsui. The Chinese in American. New York：The Viking Press，2003，p. 78.
③ Eloise Paananen, George Tsui. The Chinese in American. New York：The Viking Press，2003，p. 134.

成的影响虽然能够引起美国政府的重视，但是在强大的主流文化和媒体面前，它们仍然显得非常弱小，只能在族群内部或者在政治选举、社会公共议题等特定领域产生影响。

鉴于少数族群传媒的传播特殊性，许多美国学者从新闻传播学的角度探讨了少数族群传媒的再编码和再传播对美国社会结构造成的影响，采用内容分析或文本分析等研究方法，对美国主流媒体关于少数族群新闻的再组织和再传播进行研究，讨论主流社会与少数族群的社会互动，从中寻找一条洞析美国少数族群与政府管理，以及美国种族关系变化的道路。这种研究视角由于具有前瞻性和创新性，又有多学科的交叉，目前成为许多美国学者研究少数族群的主要切入点。

三、少数族群传媒理论研究的缺陷

不可否认，许多西方学者对少数族群传媒的理论建构做出了重大贡献，但是从研究情况来看，大多数学者是来自美国，而且多是以美国的少数族群作为研究对象，如华人、南亚人、非洲黑人等，探讨少数族群传媒的文化适应和帮助新移民融入主流社会所发挥出来的作用，经常用问卷调查、电话访问等实证性研究方法进行量化研究，而缺乏对少数族群进行更深入的访谈和介入性调查，从而导致推导出来的理论存在很大的局限性。造成这个问题的主要原因是语言障碍。学者要想更深入研究少数族群传媒，最好能够掌握多种族群语言，以便于对它们进行纵向和横向研究。然而，这对于许多学者来说，是一件很困难的事情，绝大多数学者不可能做到这一点。故此，他们对少数族群传媒的研究便不可避免地存在许多问题。

1. 研究带有强烈的西方意识形态色彩

大多数研究是以美国境内的少数族群作为研究对象，探讨传媒如何推动外来移民的文化适应和融入。但是，有意无意地从美国价值观角度出发研究少数族群传媒的功能，特别是对来自亚裔移民和传媒带有歧视和偏见，非此即彼的二元判断经常反映在学者的研究结果当中，从中反映出美国学者在从事少数族群传媒的研究中，不论是研究视角，还是研究方法，均带有浓郁的美国主流意识形态。如太平洋战争爆发后，美国学者对在美日文传媒持有相当的警惕性，有关政府部门对该传媒经常实施战时检查制度，以防这些传媒挑动日裔反美情绪。

随着中国国力的增强，美国学者从意识形态的角度对美国华文传媒进行片面解读，认为这些华文传媒的存在，无助于美国价值观在华人中的广泛传播，反而进一步凝聚了美国华人对中国的认同。例如，美国学者怀斯等人在《纽约时报》《华盛顿邮报》等报纸上撰文批评华人和华文传媒的"中华文化混凝土情结"①，渲染华人从事间谍活动，导致主流社会对华人产生严重偏见。原本就存在的种族隔阂，在传媒的炒作下变成了一个中美两国的政治议题。从美国学者对德文传媒、日文传媒，再到华文传媒的研究历史，我们不难看到，只要美国跟某一个国家引起纠纷，或该国对美国构成威胁，那个国家在美国的后裔及其所创办的传媒便成为美国学者研究的对象，防范的色彩非常浓郁，冷战的思维极其明显，对这些来自敌对国或非友善国的后裔和传媒的研究存在或多或少的偏见和歧视。如美国纳兹利·奇贝利亚通过对美籍华裔与韩裔的比较研究，虽然肯定华裔的贡献，但是更加肯定韩裔在美国社会中的作用，这与美韩同盟、中美关系存在意识形态差异有密切关系。② 许多研究主题是少数族群及其传媒是否效忠美国，是否对美国国家利益构成威胁等，研究过程渗透了浓郁的美国意识形态，偏离了科学研究的客观公正原则。

2. 缺乏对传媒本身特点的研究

许多研究者对少数族群社区进行了深入调研，也对少数族群传媒进行了实证分析，但是他们的专业背景隶属社会学，对新闻传播学并不十分了解，往往站在主流社会的视角上看待少数族群传媒的生存与发展，认为在美国主流文化的同化下，随着少数族群逐步融入美国社会，少数族群传媒将逐渐消失，甚至有些学者断言其不具有生命力。如美国学者朱迪斯·布罗等人认为其生存期限大多很短。③ 然而，实际上，许多少数族群传媒生存时间都超过了2年，如美国的华文报纸，中国的台湾联合报系的《世界日报》与香港星岛报业集团的《星岛日报》以及有中国大陆背景的《侨报》等报纸，生存时间短的有10年、

---

① 资料综合来自：David Wise. China's Spies Are Catching Up. NewYork Times, December 10, 2011. Joby Warrick, Carrie Johnson. Chinese Spy 'Slept' In U. S. for 2 Decades. Washington Post, 2008. Terry S Trepper. Chinese Americans and Their Immigrant Parents: Conflict, Identity, and Values. London: Routledge 2000, p. 247.

② Nazli Kibria. Becoming Asian American: Second Generation Chinese and Korean American Identities. Baltimore, Maryland: The Johns Hopkins University Press, 2003, p. 60.

③ Judith R. Blau, Mim Thomas, Beverly Newhouse, Andrew Kavee. Ethnic Buffer Institutions - The Immigrant Press: New York City, 1820 - 1984. Historical Social Research, 1998, 23 (3): p. 20 - 37.

长的有20多年。它们不仅每天发行,而且发行量也非常稳定,《世界日报》还跻身20名发行量最高的报纸行列中。罗伯特·帕克预言少数族群传媒将随着少数族群融入主流社会而很快消亡,但是他没有意识到,正是少数族群传媒不断维护少数族群利益,以传承文化为己任,加上越来越多的外来移民,才使得它们虽然面临很多困难,但是仍然能够在长时间生存下来。由此可见,美国学者对少数族群传媒的生存与发展过于悲观,结论欠缺客观性。这些悲观的判断反映了学者缺乏对少数族群传媒特点的深入研究,在某种程度上说这些学者缺乏新闻传播学的学术素养。

3. 语言障碍使少数族群传媒研究缺乏创新

许多研究者是出生在美国本土的白人和少数族群新生代。由于他们从小接受美国文化教育,无法深切地触摸到少数族群的思想与文化,因此研究成果先天就存在客观性和准确性的问题。虽然许多移民到美国的少数族群学者借助通晓本族语言的优势,对少数族群传媒的特点与功能,特别是族群认同与国家认同进行了深入研究,然而,由于这些研究者大多只通晓两种语言(本族语言和英语),因此对其他少数族群传媒涉及很少,甚至根本无法开展研究。这样,研究只能停留在不断检验前人结论是否正确的层面上,造成研究缺乏创新。此外,由于经费和精力有限,研究者也无法寻求其他族群学者的帮助,翻译其所属的族群传媒的文本资料,以便进行比较研究。即使翻译过来的文本资料也存在内容是否符合原意以及观点是否客观公正的问题。罗伯特·帕克在19世纪20年代研究少数族群传媒时就遇到语言障碍,在对七种少数族群语言报刊的内容分析时不得不请多位通晓七种语言的少数族群学生和其他少数族群人士帮忙,导致其对报刊内容进行分析时存在信度问题。由此来看,要想推动少数族群传媒的理论建构更上一层楼,尽力消除或减少语言阻碍是当务之急。

总而言之,美国学者对少数族群传媒的理论建构为我们提供了一个新颖的视角,也对我国的民族研究提供了许多有益的启迪。我国是一个多民族国家,民族问题相对突出,可借鉴美国学者的研究,促进我国学界对国内少数族群传媒的研究。这不仅有助于人们更深入地认识少数民族的文化,促进不同民族间的文化交流,而且有助于造就一个各民族相互理解、相互尊重、文明共享的社会环境。

参考文献

中文书籍

[1] 艾四林，王贵贤，马超. 民主、正义与全球化：哈贝马斯哲学研究［M］. 北京：北京大学出版社，2010.

[2] （英）安东尼·吉登斯. 现代性与自我认同：现代晚期的自我与社会［M］. 赵旭东，方文，译. 上海：生活·读书·新知三联书店，1998.

[3] （英）安东尼·吉登斯. 现代性的后果［M］. 田禾，译. 南京：译林出版社，2000.

[4] （英）戴维·赫尔德，安东尼·麦克格鲁. 全球化与反全球化［M］. 陈志刚，译. 北京：社会科学文献出版社，2004

[5] （新加坡）崔贵强. 新马华人国家认同的转向 1945—1959［M］. 新加坡：新加坡南洋学会，1990.

[6] （新加坡）崔贵强. 东南亚华文日报现状之研究［M］. 新加坡：新加坡南洋学会，2002.

[7] （新加坡）崔贵强. 新加坡华文报刊与报人［M］. 新加坡：新加坡海天文化企业，1993.

[8] 程曼丽. 海外华文报纸研究［M］. 北京：新华出版社，2001.

[9] 佟立. 全球化与后现代思潮研究［M］. 天津：天津人民出版社，2012.

[10] 冯爱群. 华侨报业史［M］. 台北：学生书局，1967.

[11] 方汉奇. 中国新闻事业通史（第一卷）［M］. 北京：中国人民大学出版社，1992.

[12] 方积根，胡文英. 海外华文报刊的历史与现状［M］. 北京：新华出版社，1989.

[13] 方铁. 民族文化与全球化［M］. 北京：民族出版社，2006.

[14] 关世杰. 世界文化的东亚视角：全球化进程中的东方文明［M］. 北京：北京大学出版社，2007.

[15] (英) 简·阿特·斯科尔特. 解析全球化 [M]. 王艳莉, 译. 长春: 吉林人民出版社, 2003.

[16] 郝时远, 朱伦. 民族学人类学译丛 [M]. 北京: 中央民族大学出版社, 2009.

[17] (马来西亚) 华社资料研究中心. 马来西亚种族两极化之根源 [M]. 吉隆坡: 马来西亚雪兰莪中华大会堂, 1987.

[18] 韩震. 全球化时代的文化认同与国家认同 [M]. 北京: 北京师范大学出版社, 2013.

[19] 黄平. 本土全球化 [M]. 北京: 经济管理出版社, 2011.

[20] 贺金瑞. 全球化与交往实践 [M]. 北京: 人民出版社, 2013.

[21] 刘康. 文化·传媒·全球化 [M]. 南京: 南京大学出版社, 2006.

[22] 刘颖. 新社会运动理论视角下的反全球化 [M]. 上海: 复旦大学出版社, 2013.

[23] 刘丹. 全球化时代的认同问题与公民教育 [M]. 北京: 北京师范大学出版社, 2013.

[24] 刘义. 全球化背景下的宗教与政治 [M]. 上海: 上海大学出版社, 2011.

[25] 李丽娜. 全球化背景下的文化焦虑与探寻 [M]. 北京: 社会科学文献出版社, 2013.

[26] 李佩环. 全球化时代的文化交往及其走向 [M]. 广州: 世界图书出版广东有限公司, 2013.

[27] (英) 贾斯廷·罗森伯格. 质疑全球化理论 [M]. 南京: 江苏人民出版社, 2002.

[28] (美) 里斯本小组. 竞争的极限: 经济全球化与人类未来 [M]. 张世鹏, 译. 北京: 中央编译出版社, 2000.

[29] (美) 罗兰·罗伯森. 全球化: 社会理论和全球文化 [M]. 梁光严, 译. 上海: 上海人民出版社, 2000.

[30] (新加坡) 廖建裕. 华人移民与全球化 [M]. 新加坡: 新加坡华裔馆, 2011.

[31] (英) 马丁·阿尔布劳. 全球时代 [M]. 周宪, 译. 北京: 商务印书馆, 2001.

[32] 缪家福. 全球化与民族文化多样性 [M]. 北京: 人民出版社, 2005.

[33] 马戎. 西方民族社会学经典读本：种族与族群关系研究［M］. 北京：北京大学出版社，2010.

[34] 马戎. 民族社会学：社会学的族群关系研究［M］. 北京：北京大学出版社，2004.

[35] （英）科林·斯巴克斯. 全球化、社会发展与大众媒体［M］. 刘舸，常怡如，译. 北京：社会科学文献出版社，2009.

[36] 彭伟步. 东南亚华文报纸研究［M］. 北京：社会科学文献出版社，2005.

[37] 彭伟步. 海外华文报纸概论［M］. 广州：暨南大学出版社，2007.

[38] （美）萨斯基亚·萨森. 全球化及其不满［M］. 李纯一，译. 上海：上海书店出版社，2011.

[39] （新加坡）何舒敏. 新加坡最早的华文日报：《叻报》（1881—1923）［M］. 新加坡：南洋学报，1978.

[40] （新加坡）王慷鼎. 战后初期的新加坡华文报刊（1945—1948）［M］. 新加坡：新加坡国立大学中文系，1982.

[41] （新加坡）王慷鼎. 《中南日报》研究［M］. 新加坡：新加坡国立大学中文系，1983.

[42] （新加坡）王慷鼎，姚梦桐. 郁达夫研究论集［M］. 新加坡：新加坡同安会馆，1987.

[43] （新加坡）王慷鼎. 新加坡华文报刊史论集［M］. 新加坡：新加坡新社，1987.

[44] （新加坡）王慷鼎. 新加坡华文日报社论的沿革［M］. 新加坡：新加坡国立大学中文系，1989.

[45] （新加坡）王慷鼎. 新加坡华文日报社论研究（1945—1959）. 新加坡：新加坡国立大学中文系，1995.

[46] （新加坡）王慷鼎. 新加坡华文报刊史研究的回顾与前瞻［M］. 新加坡：新加坡国立大学中文系，1994.

[47] （新加坡）王慷鼎. 《槟城新报》政论编目索引［M］. 新加坡：新加坡国立大学中文系，1996.

[48] 王生才. 全球化理论社会［M］. 北京：社会科学文献出版社，2009.

[49] 吴庆棠. 新加坡华文报业与中国［M］. 上海：上海社会科学院出版社，1997.

[50] 徐艳玲，龚培河．从"被动全球化"到"主动全球化"：全球化视野中的中国社会主义历史演进［M］．济南：山东人民出版社，2013．

[51] 王士谷．海外华文新闻史研究［M］．北京：新华出版社，1998．

[52] 王士谷．华人华侨百科全书·新闻出版卷［M］．北京：中国华侨出版社，1999．

[53] 熊澄宇．西方新闻传播学经典名著选读［M］．北京：中国人民大学出版社，2004．

[54]（新加坡）徐艰奋．铁笔春秋：马来亚《益群报》风云录［M］．新加坡：新加坡新社，2003．

[55] 杨伯溆．全球化：起源、发展和影响［M］．北京：人民出版社，2002．

[56]（马来西亚）叶观仕．马新新闻史［M］．槟城：马来西亚韩江新闻传播学院，1996．

[57]（德）尤尔根·哈贝马斯．现代性的哲学话语［M］．曹卫东，译．南京：译林出版社，2004．

[58]（德）尤尔根·哈贝马斯．交往行为理论［M］．上海：上海人民出版社，2005．

[59] 俞可平．全球化与政治发展［M］．北京：社会科学文献出版社，2005．

[60] 杨力．海外华文报业研究［M］．北京：北京燕山出版社，1990．

[61] 杨雪冬．全球化：西方理论前沿［M］．北京：社会科学文献出版社，2002．

[62]（新加坡）卓南生．中国近代报业发展史［M］．北京：中国社会科学出版社，2002．

[63]（马来西亚）朱自存．纵观华报五十年：马来西亚华文报发展实况［M］．吉隆坡：马来西亚东方企业有限公司，1994．

[64]（马来西亚）潘友来．马来西亚华文报历史补白［M］．吉隆坡：大将出版社，2008．

[65] 郑晓云．全球化与民族文化［M］．北京：中国书籍出版社，2005．

[66] 张旭东．全球化时代的文化认同：西方普遍主义话语的历史批判［M］．北京：北京大学出版社，2005．

[67]（德）汉斯·冈特·布劳赫．全球化和环境挑战：21世纪的安全观重构［M］．张晓萌，译．南京：南京出版社，2015．

[68] 张玉国．国家力量与文化政策［M］．广州：广东人民出版社，2005．

[69] 阎学通，孙学峰，等．中国崛起及其战略［M］．北京：北京大学出版社，2006．

[70] 黄葳威．文化传播．台北：正中书局，1999．

[71] （美）约瑟夫·奈伊．硬权力与软权力［M］．门洪华，译．北京：北京大学出版社，2005．

[72] 张骥，刘中民，等．文化与当代国际政治［M］．北京：人民出版社，2003．

[73] 张旭东．全球化与文化政治［M］．北京：北京大学出版社，2014．

[74] 张平功．全球化与文化身份认同［M］．广州：暨南大学出版社，2013．

[75] 张国良．全球化背景下的新媒体传播［M］．上海：上海人民出版社，2008．

[76] 翟学伟．全球化与民族认同［M］．南京：南京大学出版社，2009．

[77] 张兵娟．全球化时代：传播、现代性与认同［M］．北京：中国广播电视出版社，2010．

[78] 世界华文传媒年鉴社．世界华文传媒年鉴［C］．北京：世界华文传媒年鉴社出版社，2003．

[79] 世界华文传媒年鉴社．世界华文传媒年鉴［C］．北京：世界华文传媒年鉴社出版社，2005．

[80] 世界华文传媒年鉴社．世界华文传媒年鉴［C］．北京：世界华文传媒年鉴社出版社，2007．

[81] 中国新闻社．2001年世界华文传媒论坛论文集［C］．香港：中国新闻社香港分社，2001．

[82] 中国新闻社．2003年世界华文传媒论坛论文集［C］．香港：中国新闻社香港分社，2003．

[83] 中国新闻社．2005年世界华文传媒论坛论文集［C］．香港：中国新闻社香港分社，2005．

[84] 中国新闻社．2007年世界华文传媒论坛论文集［C］．香港：中国新闻社香港分社，2007．

中 文 论 文

[85] 陈爱玲. 《南洋商报》新闻内容分析（1923—1941）[D]. 新加坡：新加坡国立大学中文系, 1998.（新加坡国立大学中文图书馆, 索引号为 PN5449 SIN. NY）

[86] 陈慧彬. 《总汇报》新闻内容分析 [D]. 新加坡：新加坡国立大学中文系, 1998.（新加坡国立大学中文图书馆, 索引号为 PN5449 SIN. ZHB）

[87] 程曼丽. 关于海外华文报纸的战略性思考 [J]. 国际新闻界, 2001 (3)：27 - 30.

[88] 程曼丽. 海外华文媒体的新变化 [J]. 新闻战线, 2004 (10)：78 - 80.

[89] 程曼丽. 华文媒体：面对"中国热"的冷思考 [J]. 新闻记者, 2005 (11)：42 - 44.

[90] 刘俊. "他者"的存在和"身份"的追寻 [J]. 南京大学学报, 2003 (5)：102 - 110.

[91] 邓绍根. 世界华文传媒协作化趋势的形成和特点 [J]. 青年记者, 2006 (19)：74 - 76.

[92] 方玲玲. 全球化背景下移民传媒的文化建构作用与生存空间——基于传播人种学的角度 [J]. 新闻与传播研究, 2006 (2)：15 - 20.

[93] 方曙. 惨淡经营中的拉美中文报刊 [J]. 香港地平线, 1980 (11).

[94] 裴永刚. 海外华文报纸态势分析 [J]. 当代传播, 2005 (2)：32 - 33.

[95] 郭招金. 全球化浪潮中的海外华文媒体 [J]. 对外大传播, 2005 (3)：40 - 41.

[96] 郭招金. 全球化浪潮中的海外华文报纸的定位与角色 [J]. 侨园, 2001 (6)：6 - 7.

[97] 韩震. 全球化时代的华侨华人文化认同问题研究 [J]. 华侨大学学报, 2007 (3)：85 - 90.

[98] 黄顺才. 马来亚华文报刊发展定量分析 [D]. 新加坡：新加坡国立大学中文系, 1996.（新加坡国立大学中文图书馆, 索引号为 PN5449 - MALH）

[99] 刘翎. 华文媒体的全球化生存 [J]. 南京政治学院学报, 2002 (2)：118 - 121.

[100] 廖建裕. 全球化中的中华移民与华侨华人研究 [J]. 华侨华人历史研

究，2012（1）：1-17.
[101] 彭伟步. 东盟五国对外媒介政策透视［J］. 国际新闻界，2002（6）：40-45.
[102] 彭伟步. 马哈蒂尔与传媒［J］. 国际新闻界，2004（2）：17-20.
[103] 彭伟步. 东南亚华文报纸版面编排史［J］. 中国记者，2005（4）：82-83.
[104] 彭伟步. 从中国妇女受辱案看马来西亚华文报的历史责任［J］. 东南亚研究，2006（3）：74-77.
[105] 彭伟步. 从新马华文报纸的历史看其与华人的关系［J］. BiblioAsia 新加坡国家图书馆学报，2007（2）：56-60.
[106] 王传荣. 袁方办报［J］. 华人时刊，1997（16）：17.
[107] （新加坡）尤今. 客家人在毛里求斯［J］. 海内与海外，1998（7）：21.
[108] 咏之. 澳大利亚的华文报纸［J］. 新闻爱好者，1999（1）：26-27.
[109] 王列耀. 东南亚华文文学：华族身份意识的转型［J］. 文学评论，2003（5）：179-184.
[110] 游俊豪. 马华文学的族群性：研究领域的建构与误区［J］. 外国文学研究，2010（2）：58-70.
[111] 姚逸思.《叻报》新闻内容分析（1887—1932）［D］. 新加坡：新加坡国立大学中文系，1998.（新加坡国立大学中文图书馆，索引号 PN5449SIN. LB）
[112] 邹德浩. 华文报纸在加拿大［N］. 环球时报，1999-08-06.

英文书籍

[1] Frederik B. Ethnic Groups and Boundaries［M］. Oslo：Universities Forlaget，1969.
[2] Boyer Paul. Urban Masses and Moral Order in America［M］. Cambridge：Harvard University Press，1978.
[3] Chen Mong Hock. The Early Chinese Newspapers of Singapore 1881-1912［M］. Singapore：University of Malaya Press，1967.
[4] Elizabeth Sinn. The Last Half Century of Chinese Overseas［M］. Hong Kong：Hong Kong University Press，1998.

[5] Eloise Paananen & George Tsui. The Chinese in American [M]. New York: The Viking Press, 2003.

[6] Francis L. K. Hsu, Hendrick Serrie. The Overseas Chinese: Ethnicity in National Context. Lanham, Maryland: University Press of America, 1998.

[7] Kashi·Yoji. The Nanyang Chinese National Salvation Movement 1937 - 1941 [M]. New York: Center for East Asian Studies. University of Kansas, 1970.

[8] Iris Varner, Linda Beamer. Intercultural Communication in the Global Workplace [M]. Shanghai: Shanghai Foreign Language Education Press, 2006.

[9] Kusuma Snitwongse, W. Scott Thompson. Ethnic Conflicts in Southeast Asia [M]. Singapore: ISEAS Publications, 2005.

[10] Lu Yu-sun. Programs of Communist China for Overseas Chinese. Kowloon [M]. Hong Kong: Union Research Institute, 1956.

[11] Matthew D. Matsaganis. Understanding Ethnic Media: Producers, Consumers, and Societies. Thousand Oaks, California: Sage Publications Inc, 2010.

[12] Chen Mong Hock. The Early Chinese Newspapers of Singapore 1881 - 1912 [J]. Singapore: University of Malaya Press, 1967.

[13] Masoud Mohammadi Alamuti. Critical Rationalism and Globalization [M]. London: Routledge Press, 2015.

[14] Nick Stevenson. The Transformation of the Media [M]. Beijing: Peking University Press, 2005.

[15] Suryadinata Leo. China and the ASEAN States: the Ethnic Chinese Dimension [M]. Singapore: Marshall Cavendish, 2005.

[16] Saskia Sassen. Losing Control: Sovereignty in the Age of Globalization [M]. New York: Columbia University Press, 2015.

[17] Simon Cottle. Ethnic Minorities and the Media: Changing Cultural Boundaries [M]. Maidenhead: Open University Press, 2000.

[18] Yen Ching Hwang. Studies in Modern Overseas Chinese History [M]. Singapore: Times Academic Press, 1995.

英 文 论 文

[19] An Chee Beng. Building a Malaysian Image: Chinese Newspaper in Malaysia [J]. Aliran Monthly (Penang), 1992 (12): 2-10.

[20] Blau. Judith R. Immigrant Communities and Their Newspapers in America. 1850-1930: New York Philadelphia Boston and Buffalo [J]. Sociological Analysis, 1998 (1): 13-24.

[21] Blau Judith R., Kenneth C. Land, Kent Redding. The Expansion of Religious Affiliation 1850-1930 [J]. Social Science Research, 1992 (3): 22-28.

[22] Judith R Blau, Mim Thomas, Beverly Newhouse, Andrew Kavee. Ethnic Buffer Institutions - The Immigrant Press: New York City, 1820—1984 [J]. Historical Social Research, 1998, 23 (3): 20-37.

[23] Peng Wei Bu. Ethnic and Culture Self-identity: From a Historical Perspective to See Overseas Chinese Language Newspaper and Its Relationship With Ethnic Chinese of Singapore and Malaysia [J]. Lee Kong Chian Research Report, NLB, Singapore, 2007 (2): 1-35.

[24] Park R. The Significance of Social Research in Social Service [J]. Journal of Applied Sociology, 1924 (4): 2-65.

出 版 感 言

2004年我进入北京大学，拜入程曼丽先生门下，4年后奉上极不成熟的一篇博士论文。抚今追昔，颇有沧桑之感。我于1997年开始研究海外华文传媒，目睹千禧年之后华文报纸面临越来越严峻的新媒体冲击，一直在思考其如何转型，或实现媒体融合，以延续生命周期，或拓展生存空间。幸运的是，经程曼丽先生的力荐和时任星洲媒体集团萧依钊总编辑的赏识，星洲媒体集团为我提供了两次赴马来西亚进行资料收集与田野调查的全部经费，令我能够有机会深入华人社会开展嵌入式的深度访谈，得到了丰富的第一手材料。与此同时，我申请并获得新加坡图书馆管理局设立的李光前学者研究基金，作为访问学者赴新加坡进行了长达6个月的研究活动，收集了东南亚华文报纸丰富的历史资料。我的东南亚研究也就是在此基础上得到深入与提升的。

本书虽来源于一篇普通的北京大学博士论文，但是凝聚了我18年的研究心血和在此期间的思索。从1815年《察世俗每月统记传》开始，海外华文报纸迄今已有200年的历史，在海外传播中华文化，为满足华人的信息需求做出了卓越贡献。然而，数字化、信息化、网络化的社会浪潮却对其产生了前所未有的冲击，华文报纸不得不考虑何去何从的问题。一些华文报纸不甘心话语权旁落，努力进行转型，实现媒体融合；而一些华文报纸依然我行我素，并不担心新媒体的冲击，不紧不慢地按照过去的节奏发行华文报纸，甚至不愿投资网站建设，但是从实际的效果来看，其并没有因为新媒体的冲击而关门倒闭。2008年美国次贷危机发生后，许多美国报纸结束了纸媒的历史，要么关门，要么只发行电子报纸，而作为少数族群传媒的代表，美国华文报纸却鲜少陷入主流报纸的困境，基本上没有出现纸媒的死亡潮。这就体现了华文报纸的特殊办报环境与特殊作用。华人相对封闭的经济圈和谨慎的理财思维，使华人经济比较少受到外围经济的冲击与影响。华人社会的文化习惯，使华人更愿意生活在设施比较完善的唐人街或华人聚集区，从而为报纸的社区化提供了相对集中的读者群和广告来源，并为报纸创造了独特的生存环境。报纸作为一种维系甚至强化族群和身份认同的载体，是联系华人的文化纽带，缓解了华人在异文化空间中所遭受到的文化挤压与痛苦，帮助新移民适应当地社会的生活。当前，海外华文传媒有1000多家，但报纸占绝对垄断地位，它们的新闻传播与教育功能非其他媒体所能取代。它们是实现文化传承的重要渠道，特别是文化副刊所隐藏的中华文化教育功能，更非新媒体和主流媒体所能取代。故此，华文报纸在千禧年之后虽面临严峻的挑战，但是其古老的以内容见长的办报模式仍然能够闪烁着智慧的光芒。

我博士毕业之后，此文一直被束之高阁，但至2015年，从海外华文报纸的发展现状来看，文章关于华文报纸的办报模式、办报思维仍有存在的价值等观点被证明是客观的，从而显示了本文的学术观点是经得起时间检验的，因此我决定重新整理出版。由于博士论文是于2008年前完成的，因此一些数据显得陈旧，而有些数据则有所更新。一些数据由于未有新数据出现而无法更新，在此表示歉意。此外，笔者才疏学浅，书中出现的差错也请读者批评指正。

程曼丽先生古典优雅，学术渊博。蒙其不弃，我得以拜入名下。程曼丽先生治学严谨，为人亲善，颇有大家之风范。每聆听其教诲，颇多启示，肃然起敬，不敢造次。负笈求学北大，得其悉心赐教，收获良多，致谢程曼丽先生，师恩永铭。笔耕文章虽颇多艰辛，但每念先生教诲之言，犹如锋芒刺背，不敢耽误。

春秋四载，日月如梭；寒窗四年，物转星移。得众位师长指点，拙作虽刀削斧斫，但仍嫌粗糙，诚惶诚恐。感谢北京大学与暨南大学多位师长，耗费心血，指点迷津。致谢暨南大学曹云华先生，不吝赐教，提携引导。此书之所以出版也归功于其他多位学者和业界人士相助。星洲媒体集团原总编辑萧依钊、新加坡国立大学王慷鼎博士、南洋学会崔贵强先生等予我诸多指教，感激涕零。另致谢中山大学出版社翁慧怡之辛勤编辑劳动。

彭伟步

2008年3月6日初稿
2008年5月19日终稿
2015年6月4日再修改